SOBRE O ANTISSEMITISMO

MARK MAZOWER

Sobre o antissemitismo

A história de uma palavra

Tradução
Denise Bottmann

COMPANHIA DAS LETRAS

Grafia atualizada segundo o Acordo Ortográfico da Língua Portuguesa de 1990, que entrou em vigor no Brasil em 2009.

Título original
On Antisemitism: A Word in History

Capa
Gabinete Gráfico

Preparação
Ângela Vianna

Índice remissivo
Gabriella Russano

Revisão
Huendel Viana
Ana Maria Barbosa

Dados Internacionais de Catalogação na Publicação (CIP)
(Câmara Brasileira do Livro, SP, Brasil)

Mazower, Mark
Sobre o antissemitismo : A história de uma palavra / Mark Mazower ; tradução Denise Bottmann. — 1ª ed. — São Paulo : Companhia das Letras, 2025.

Título original : On Antisemitism : A Word in History.
ISBN 978-85-359-4264-4

1. Antissemitismo – História 2. Ciência política 3. Judaísmo – História I. Título.

25-295075.0 CDD-305.8924

Índice para catálogo sistemático:
1. Antissemitismo : História : Sociologia 305.8924

Aline Graziele Benitez – Bibliotecária – CRB-1/3129

EDITORA SCHWARCZ S.A.
Rua Bandeira Paulista, 702, cj. 32
04532-002 — São Paulo — SP
Telefone: (11) 3707-3500
www.companhiadasletras.com.br
www.blogdacompanhia.com.br
facebook.com/companhiadasletras
instagram.com/companhiadasletras
x.com/cialetras

Em memória de
Michael Davies (1959-2024)

Sumário

Introdução

Confusão

"É uma coisa e tanto dar sentido a uma palavra", disse Alice em tom pensativo.

Lewis Carroll, *Aventuras de Alice no País das Maravilhas e Através do espelho*[1]

Um dos vislumbres mais nítidos da vida no Terceiro Reich começou como um conjunto de anotações de Victor Klemperer, um professor de literatura que queria registrar como as palavras estavam mudando e como termos que antes tinham ajudado a elucidar o mundo passavam a toldá-lo. Klemperer tentava entender como a ditadura nazista convertera a linguagem num instrumento de poder, mas a verdade é que as próprias palavras são coisas mutáveis. É por isso que os bons dicionários rastreiam as alterações em seu uso, as variações de sentido que aparecem ou desaparecem conforme umas ficam obsoletas e surgem outras. Essas mudanças podem nos apanhar de surpresa, e quando isso acontece podem causar confusão e debate. É isso o que nos traz à palavra que está no centro deste livro.[2]

Foi em 1879 que um demagogo panfletista alemão chamado Wilhelm Marr anunciou a formação de uma Liga de Antissemitas para se opor à concessão de plena igualdade jurídica aos judeus. Num piscar de olhos surgiu um substantivo abstrato: "antissemitismo". O termo ingressou na *Encyclopaedia Britannica* em 1910 e se difundiu mundialmente depois que Adolf Hitler converteu uma versão extremista do credo no núcleo ideológico da guerra da Alemanha para dominar a Europa. "O antissemitismo", observou o historiador Salo Baron em 1942, "se tornou uma potência mundial."[3]

Hoje, dezenas de países se empenham em combatê-lo, enviados o monitoram e há forças-tarefa e grupos de trabalho incumbidos de erradicá-lo. No entanto, entre os acusados de antissemitismo, que vão desde os supremacistas brancos ao secretário-geral da ONU, nunca houve tão pouco consenso sobre o seu verdadeiro significado: "Quando se trata de antissemitismo, muitos de nós literalmente não sabemos do que estamos falando e de bom grado o admitimos", observou o historiador David Feldman. "Quanto aos demais que pensamos que de fato sabemos [...] somos congenitamente incapazes de concordar entre nós." Há discussões sobre o hífen: anti-semitismo x antissemitismo. Há antiantissemitismo e agora há também antiantiantissemitismo.[4]

As coisas nem sempre foram tão complicadas. Antony Lerman, o editor veterano do *Antisemitism World Report*, nos lembra que apenas meio século atrás o inimigo, segundo o consenso geral, era a extrema direita, que, com sua estereotipia racista, suas teorias da conspiração e sua negação do Holocausto, causara tantos danos e provocara sofrimentos tão indizíveis. A confusão em que nos encontramos começou quando a luta contra esses extremistas veio a se emaranhar a uma pergunta que quase ninguém fazia: quando a crítica a Israel é antissemita? Uma questão vital, mas não resolvida, é a que ponto um Estado judaico (uma entidade política) é essencial para ser judeu (uma identidade étnica ou religião), e até hoje ela é ardorosamente discutida entre os próprios judeus, além de fazer parte do debate mais amplo sobre a questão de Israel e da Palestina. O resultado é agora uma incerteza geral sobre o que se pode dizer a respeito de Israel sem ser acusado de antissemitismo. Como acabamos nessa situação complicada? Essa é a pergunta que este livro tenta responder.

A sombra do genocídio nazista paira inevitavelmente sobre qualquer discussão acerca do assunto, pois foi apenas depois de 1945 que o estudo do antissemitismo passou a ser realmente sistemático. Em 1939, fora feito um levantamento das atitudes em relação aos judeus no East End de Londres, sem causar grande impacto. Mas, dez anos depois, quando um grupo de cientistas sociais emigrados, que se estabeleceram na Universidade de Columbia, publicou suas descobertas sobre as raízes do ódio, o resultado foi uma série de estudos que tiveram grande circulação, o que incentivou a continuidade das pesquisas. "A história do antissemitismo, que antes da guerra era a reserva de uma dupla de ousados pioneiros, [está] agora atraindo a atenção de muitos estudiosos", observou um deles duas décadas mais tarde. Desde então, as pesquisas acadêmicas se multiplicaram em muitas disciplinas e forneceram percepções sem as quais não seria possível escrever este livro. Mas o Holocausto avulta sobre o tema também num outro sentido, como um importante fenômeno cultural de nossos tempos. Porque, como influência moldando as formas como agora geralmente se entende o antissemitismo, os estudos acadêmicos ficam em segundo lugar, atrás de algo que poderíamos chamar de consciência do Holocausto. O século XIX é descrito como uma época em que as pessoas pensavam com a história; no que se refere ao antissemitismo, pensamos atualmente com o Holocausto.[5]

A consciência pública geral acerca da Solução Final não surgiu de imediato. Quando a discussão teve uma efetiva continuação nos anos 1960 e 1970, na Europa, ela envolvia um acerto de contas geracional com o passado no mesmo campo em que haviam ocorrido as perseguições, deportações e carnificinas da época da guerra. Mas, conforme a memorialização do Holocausto se difundiu pelo mundo, ela converteu a história numa fonte de moral abrangente e de lições políticas: dar testemunho em vez de permanecer em silêncio; agir, sem ficar de lado apenas assistindo; combater o ódio e o preconceito. No final do século, a cada década apareciam dezenas de filmes. Mais de quarenta governos agora criaram cerimônias de rememoração, e o número de visitantes a Auschwitz em anos recentes quadruplicou, chegando a mais de 2 milhões por ano. Nem todos acharam isso muito bom. "Em prol de nossa sanidade coletiva como judeus, todos nós deveríamos parar por um momento", escreveu o arquivista do Estado israelense Evyatar Friesel, que fugira da Alemanha nazista quando menino, "e tentar nos controlar."[6]

Ao lado dos benefícios evidentes, uma das consequências tem sido o que um crítico chamou de "analogias exageradas e equivocadas com o Holocausto e o nazismo". A familiarização com a catástrofe parece ter deixado algumas pessoas mais propensas a traçar paralelos alarmantes entre o presente e o passado do que a registrar as significativas diferenças. Em Israel, onde antes os primeiros dirigentes do país tinham realmente desencorajado as lembranças da fraqueza judaica, os anos 1970 viram o Holocausto ser convertido numa inevitável figura retórica, sobretudo depois que o primeiro-ministro Menachem Begin, cujos pais tinham sido mortos na guerra, passou a comparar reiteradamente a difícil situação de Israel à dos judeus sob o nazismo. Nos Estados Unidos, onde os judeus americanos de modo geral gozavam de prosperidade e segurança, no final do século intensificou-se um paradoxal sentimento de incerteza. Numa pesquisa de 1960, indagados sobre o que pensavam lhes reservar o futuro, rabinos americanos haviam declarado com otimismo que o antissemitismo continuaria a se reduzir e que, até o final do século, o conflito no Oriente Médio estaria resolvido. Uma pesquisa entre a comunidade judaica dos Estados Unidos por volta da mesma época revelou que tanto Israel quanto o Holocausto haviam causado "efeitos notavelmente leves sobre a vida interior da judeidade americana". No final do século, eles eram centrais para a autodefinição da judeidade, e o marcante sucesso material vinha acompanhado por um sentimento crescente de ansiedade e vitimação. Muitos comentadores ficaram desconcertados. Embora "a comunidade judaica americana tenha se tornado o modelo do que um grupo étnico é capaz de realizar", observou o escritor Leon Wieseltier em 2002, "proliferam analogias imprecisas e inflamatórias. A imagística do Holocausto está por toda parte".[7]

Os dados de pesquisa sobre as atitudes sociais nos Estados Unidos indicaram que a acentuada queda constatada na discriminação antijudaica não dera qualquer sinal de reversão significativa no novo milênio: antes que o líder veterano da Liga Antidifamação se afastasse, em 2015, uma manchete falou na "face declinante do antissemitismo".[8] É verdade que, com o reingresso do nacionalismo de direita na corrente dominante, cemitérios e outros centros comunitários judaicos passaram a ser cada vez mais atacados como representantes de Israel durante a Segunda Intifada e a guerra global ao terror a partir de 2001.[9] A constante invocação do Holocausto, porém, conferia ao passado um peso enganoso. Aliás, em muitos lugares outros grupos estavam sendo mais afetados pela crescente xenofobia do que os judeus; além disso, nem muçulmanos nem árabes eram mais nazistas que os israelenses. O antissemitismo árabe "é direcionado em primeiro lugar e sobretudo contra Israel, e não necessariamente contra a judeidade mundial", observou Yehoshafat Harkabi, ex-chefe do Serviço de Informação Militar de Israel. "Ou, mais precisamente, por causa de Israel, é dirigido também contra os judeus."[10]

No entanto, os fantasmas do passado genocida se infiltraram nos corredores do poder, invocados em apoio a novos acordos políticos e diplomáticos. Em 2004, o Congresso americano disse ao Ministério de Relações Exteriores que elaborasse relatórios de acompanhamento sobre o preconceito antijudaico em nível mundial. Quando o Ministério objetou que outros grupos raciais e religiosos poderiam reivindicar tratamento semelhante, o congressista Tom Lantos, sobrevivente da ocupação nazista da Hungria, retrucou que "a atual irrupção da velha doença do antissemitismo é mais perniciosa do que qualquer coisa que temos visto desde o Holocausto". O Ministério das Relações Exteriores foi vencido, a Lei Complementar do Antissemitismo Global foi aprovada, e hoje mais de vinte governos criaram postos para combater o antissemitismo. Nenhuma outra forma de preconceito racial ou religioso goza de atenção internacional comparável.[11]

A lei de 2004 mudou as coisas também de outra maneira. Rompendo com as décadas anteriores, ela abrangeu no antissemitismo "a difamação do sionismo [...] e a incitação contra Israel". Antes, a oposição ao antissemitismo e o apoio a Israel eram considerados dois assuntos largamente separados. "Atribuir a condenação das ações de Israel na Campanha do Sinai ao antissemitismo", escreveu um comentador em 1957, "é forçar o termo tornando-o irreconhecível." Para a maioria dos judeus americanos nos anos 1950 e 1960, o antissemitismo era sobretudo um problema interno, ligado a uma luta local mais ampla contra a discriminação e o preconceito: se tinha uma dimensão internacional, ela estava na União Soviética e na Alemanha Ocidental, não no Oriente Médio. Os primeiros governos israelenses, por sua vez, viam o antissemitismo como uma praga da diáspora, sem relação com seus problemas regionais próprios. Somente a partir dos anos 1970 um número crescente de israelenses começou a interpretar a hostilidade árabe como antissemitismo; somente então os manifestantes judeus americanos contra o ódio passaram a incluir a defesa de Israel em sua esfera de ação. Antes visto de forma otimista, como coisa capaz de se dissolver graças à educação, o antissemitismo passou a ser visto à luz do Holocausto como um ódio sem igual. Hoje, muitas pessoas ficariam perplexas ao saber que houve uma época em que defender Israel contra as críticas e combater o antissemitismo não estavam correlacionados.[12]

Na fusão dessas coisas, algumas sólidas organizações de defesa judaica, como o Comitê Judaico Americano (AJC, na sigla em inglês) e a Liga Antidifamação (ADL, na sigla em inglês), desempenharam um papel importante. As pessoas gracejavam dizendo que, como *think tank*, o AJC era mais "*think*" do que "*tank*", pelo seu rigor analítico. Nos anos 1940, suas palavras de ordem eram, segundo um historiador contemporâneo, "diálogo, flexibilidade, racionalidade e pesquisa", e seu setor com o magnífico nome de Divisão de Pesquisa Científica gozava de grande prestígio. Mas as organizações mudam e, principalmente em nossos tempos frenéticos, é difícil angariar fundos e fazer campanha mantendo ao mesmo tempo uma reputação de imparcialidade nas pesquisas. Hoje o gracejo do *think tank* está com a validade vencida. Na verdade, agora faz pelo menos uma década que seu especialista de longa data em antissemitismo se retirou da entidade, argumentando que o AJC havia sacrificado "um instinto de reflexão séria [...] em favor de uma ardorosa defesa de Israel". Em dívida com uma nova classe de megadoadores com pautas marcadamente ideológicas, velhos bastiões da filantropia judaica têm dificuldade em manter ao menos uma aparência da duradoura ficção de que são intrinsecamente apolíticos. Alguns se tornaram tão partidaristas que o crítico Peter Beinart chegou a perguntar se a luta contra o antissemitismo não perdera o rumo.[13]

Uma parte do problema é que é muito fácil rotular uma pessoa ou uma instituição de antissemita, e isso facilita o uso de táticas para ganhar atenção, como a lista feita para a imprensa dos "Dez Mais do Antissemitismo Global", do Centro Simon Wiesenthal, que uma vez colocou os fabricantes do sorvete Ben & Jerry lado a lado com o Hamas e o Irã.[14] E visto que os doadores usualmente contribuem mais quando a preocupação com o antissemitismo aumenta, e os dados dos crimes de ódio são sabidamente suscetíveis de manipulação, muitas vezes os grupos de campanha se sentem tentados a pintar as condições nas cores mais apavorantes. FUNCIONÁRIOS DA ADL DIZEM QUE O ANTISSEMITISMO ESTÁ SE PROPAGANDO PELO MUNDO INTEIRO: essa foi, meio século atrás, a manchete de um artigo cético na imprensa judaica. Vinte anos depois, o historiador e rabino Arthur Hertzberg observou que os próprios dados da ADL não davam base à "conclusão sensacionalista". As coisas não mudaram muito: hoje, até os próprios pesquisadores da organização reclamam da confiabilidade dos alertas feitos pela liderança da entidade. Com o ativismo ligado no modo pânico permanente, fica difícil saber em quais números ou avaliações é possível confiar, e isso realmente não ajuda ninguém, a não ser, talvez, os antissemitas. Nas palavras do editor-chefe do *Forward*: "Chamar tudo de crise é ruim para os judeus".[15]

Como se isso não bastasse, a enorme atenção dada em tempos recentes à definição de antissemitismo tem criado seus próprios problemas. Como bem sabem os estudiosos da área, essa definição sempre foi um campo minado. O conceito, cujo próprio nome deriva de uma teoria racial desacreditada, é rotineiramente aplicado a tudo, de preconceitos e estereótipos a sentimentos, atitudes e formas de legislação, sem falar em atos de violência que vão de insultos mesquinhos a massacres e ao genocídio. Ele também inclui a atribuição de motivos que muitas vezes são obscuros até para os perpetradores, e bem como a interpretação dos contextos que têm significado ambíguo. E com frequência oculta generalizações duvidosas sobre a psicologia humana, a natureza das interações sociais e a identidade do Outro.[16] Nada disso contribui para uma definição clara. O historiador israelense do Holocausto Yehuda Bauer afirmou certa vez que o antissemitismo é "o termo errado" que "cria uma barafunda de projetos de pesquisa" e inclui "dizer absurdos". "O termo 'antissemitismo' é uma armadilha e uma cilada em que caímos mesmo conhecendo seus perigos", escreveu o autor Ben Halpern. "Ele mostra os objetos que traz à nossa atenção sob um enfoque, na melhor das hipóteses, vago e distorcido, quando não em total confusão." Halpern tentou analisar cuidadosamente o emaranhado das múltiplas conotações do termo; quanto mais persistia, menos seus esforços pareciam chegar a uma definição.[17]

Como que corroborando a força desses alertas, uma recente tentativa de definição, patrocinada por uma organização pouco conhecida, chamada Aliança Internacional de Rememoração do Holocausto (Ihra, na sigla em inglês), mostra o tipo de problema que pode decorrer de uma abordagem fragilmente concebida.[18] Propondo-se a esclarecer a linha divisória entre antissemitismo e crítica fundamentada a Israel — coisa que é inquestionavelmente necessária —, a tentativa serviu apenas para borrá-la ainda mais (para detalhes, ver capítulos 9 e 10). No entanto, a definição Ihra foi adotada em dezenas de países, e nos Estados Unidos foi citada num decreto executivo de 2019 que ampliava as proteções federais contra a discriminação. Um projeto de lei de 2023 (H.R. 6090) chegou a propor a exclusão do uso de outras definições, para não "falhar em identificar muitas das manifestações modernas de antissemitismo" — referindo-se a críticas a Israel. Percorremos um longo caminho desde 1981, quando um importante estudioso podia discutir meticulosamente a maneira de definir o antissemitismo no periódico acadêmico *Modern Judaism* sem fazer qualquer menção a Israel.[19]

Alguns pesquisadores recentes propõem a útil sugestão de diferenciar antissemitas e crenças antissemitas: os primeiros correspondem àqueles que são possuídos por uma ideologia e se veem de fato obcecados pelos judeus, por considerá-los dotados de algum poder sobre a vida das nações e dos indivíduos; as segundas, àquele amplo repertório de estereótipos e clichês preconceituosos sobre os judeus em geral que nos foi legado pelo passado. Os primeiros deram origem ao termo "antissemitismo", frequentemente tinham orgulho em se dizer "antissemitas" e se viam como atores políticos num movimento que atingiu o apogeu nas décadas centrais do século XX. As segundas fazem parte de um vasto reservatório cultural de preconceitos e generalizações que se encontram em muitas sociedades, não só sobre os judeus, mas também sobre muitas raças, crenças e grupos étnicos. Hoje em dia, a quantidade de antissemitas ferrenhos é relativamente pequena em comparação à época da Segunda Guerra Mundial, e as políticas que outrora adotavam — discriminatórias e, ao fim e ao cabo, assassinas — ainda são em maior parte desacreditadas no Ocidente. Mas a quantidade de crenças antissemitas banidas pela sociedade não é maior do que a de outros tipos de fanatismo, e uma direita explicitamente racista está em ascensão nos dois lados do Atlântico.[20]

Numa época em que comunidades judaicas do mundo inteiro precisaram se acostumar a ter de estudar ou orar sob guarda armada, não há dúvida alguma de que os judeus continuam a figurar entre aqueles grupos que hoje representam alvos por serem quem são. Assim, qualquer pessoa que leva o antissemitismo a sério, como problema persistente, certamente há de se sentir desalentada com a confusão que cerca o termo, sem falar em seu emprego abusivo, que ameaça privá-lo de sentido. Ele não só presta um verdadeiro desserviço a suas vítimas como, ao contribuir para sufocar a discordância política frente às ações de Israel nos territórios ocupados, também serve para encobrir a continuada injustiça e violência sistêmica contra os palestinos. E, embora uma parte do antissionismo mascare um sentimento antijudaico, isso não é o que ocorre em grande parte dele. Para os governos israelenses, com certeza não é de proveito algum serem incentivados a pensar que qualquer crítica a suas políticas reflete invariavelmente um preconceito étnico. Nem — será que é preciso dizer? — será benéfico para os judeus ou qualquer outra pessoa quando a luta contínua contra a discriminação e o preconceito for usada de maneira oportunista para tentar destruir a autonomia das universidades, as liberdades políticas e a própria liberdade de pensamento.

Definições e teorias não faltam. Este livro oferece outra abordagem, sugerindo vermos o antissemitismo em seu contexto histórico, como um termo que é utilizado para designar coisas distintas em épocas distintas. Para evitar mal-entendidos, deixemos claro desde já que o antissemitismo é muito mais do que uma palavra, e que a história abarca muito mais do que a linguagem: certamente não é possível tratar as questões em jogo apenas por meio de uma análise semântica. Mas, como observou certa vez o crítico cultural Raymond Williams, tem vezes em que provavelmente não há como entender as questões que nos dizem respeito sem considerar determinadas palavras em si como aspectos integrantes de um problema maior. E como as palavras não existem fora do tempo e do espaço, precisamos entendê-las em seu cenário. “Necessitamos saber, se possível, a data e o local de seu nascimento”, escreveu o filólogo vitoriano Richard Trench, “os sucessivos estágios de sua história subsequente, em companhia de quem seguiram, todo o caminho que percorreram e o que os trouxe até o ponto em que nos encontramos agora.” O que vem a seguir, então, é uma espécie de esboço histórico que vê a ascensão e a queda do antissemitismo como um movimento político sobretudo europeu na Parte I, passando, na Parte II, a analisar as origens e a difusão de um novo paradigma conceitual, que se produziu nos anos 1970 como forma de racionalizar a crescente crítica a Israel. Isso, nos primeiros anos do novo milênio, levou a uma campanha internacional dirigida contra aquilo que alguns chamaram de "novo antissemitismo", que em parte se sobrepunha e em parte se contrapunha aos entendimentos anteriores do termo. A palavra era a mesma, mas o mundo havia mudado. A esperança por trás deste livro é que uma apresentação do surgimento e da difusão do conceito possa nos ajudar a entender o tipo de função que ele desempenha hoje e talvez continue a desempenhar no futuro. Como escreveu George Orwell: "A pior coisa que se pode fazer com as palavras é se render a elas".[21]

PARTE I
A EUROPA NA ERA DOS ANTISSEMITAS

1. Deus, nação e eternidade

Depois de ser apresentado, [o professor Cohen] disse: "Pediram--me para falar sobre o problema judaico. Senhores, não existe nenhum problema judaico" — e então se sentou.

Dr. Judah L. Magnes, em memorial sobre a vida do professor Morris Raphael Cohen, docente e filósofo, 1927[1]

Concepções idealistas do sionismo são naturalmente indissociáveis do dogma do eterno antissemitismo.

Abram Leon, *The Jewish Question: A Marxist Interpretation*[2]

Os nacionalistas do século XIX projetavam a ideia de seu povo num passado distante. Lutando pela independência, os gregos sonhavam com os antigos, os italianos sonhavam com Roma. Quanto aos alemães, alguns optavam pelas tribos teutônicas, enquanto outros preferiam os arianos, que soavam menos brutais. Foi essa linhagem pseudorracial específica que — como informou um jornalista francês anônimo logo após a Guerra Franco-Prussiana —

deu inspiração a um novo movimento político. "Formou-se um partido antijudaico [...], e foi denominado partido *antissemita*", escreveu ele em 1881. E prosseguiu explicando que

> na Alemanha, tudo tem um ar essencialmente científico [...]. Hoje, quando o progresso da linguística comparada deu certa popularidade aos nomes das raças arianas, [...] as pessoas sabem também que as raças arianas são contrapostas em nome da gramática e da etnologia às raças semitas, que não têm qualquer parentesco próximo com elas [...]. Chamar os judeus de *semitas* é frisar sua origem estrangeira, é entregar-se ao teutonismo atualmente em voga, é, em suma, atiçar a tão sensível fibra nacional sempre que roça em qualquer coisa que não seja germânica.[3]

Uma Alemanha então recentemente unificada, as novas postulações do racismo científico, sensibilidades nacionalistas: a invenção do conceito de antissemitismo por volta de 1880 fez parte do nascimento do moderno. Era, de fato, uma reação contra a modernidade, que retratava os judeus como únicos responsáveis por grande parte de todos os motivos de queixa que a vida da época apresentava, e o fazia usando os veículos destacadamente modernos da imprensa popular e da política partidária. Difundindo-se, o movimento atraiu a atenção de críticos. Os liberais o viam como um insulto à razão e um acicate para fornecer instruções à opinião pública; a esquerda revolucionária o encarava como o diagnóstico errôneo de um problema real — o capitalismo — e o considerava um "socialismo dos tolos". Para ambos, ele era um sinal de que a modernidade estava perdendo seu rumo.

Mas um grupo de pensadores não se surpreendeu nem viu nada de muito novo no que se passava. O sionismo surgiu mais ou menos na mesma época de seus correlatos nacionalistas europeus, e, como eles, era um fenômeno político moderno que abrangia um amplo leque de possibilidades ideológicas. Ele também convertia a fé religiosa tradicional numa aspiração política: abraçando o apego oitocentista romântico ao território, seus líderes propugnavam com surpreendente ousadia a Terra Santa, local onde gerações de judeus devotos aspiravam a ir para morrer e como lugar para os judeus irem viver. E, como outros nacionalismos europeus da época, o sionismo pensava o futuro com e por meio da história. Via os judeus não só como aqueles que comungavam uma mesma fé, mas como uma unidade nacional, um povo que fora lançado ao exílio antes de ser redimido pelo retorno — sob um ou outro sistema político — à sua terra ancestral. Nada menos do que a miraculosa mescla entre uma força positiva e uma força negativa os mantivera juntos ao longo de seus muitos séculos de andanças e desgraça. A força positiva era a promessa do retorno de Israel a Sião; a força negativa era o antissemitismo. "Quem pode nos dizer", escreveu Josef Hayyim Brenner em 1914, "se, caso não existisse esse ódio universal e compreensível a um ser tão estranho, o judeu, esse ser estranho, teria sobrevivido? Mas o ódio era inevitável e, assim, a sobrevivência era igualmente inevitável!"[4]

Os primeiros sionistas em geral alegavam que a igualdade jurídica e civil por si só nunca poria realmente um fim ao preconceito antijudaico, visto que a liberdade para os judeus era impossível enquanto vivessem em sociedades que os odiavam. A independência nacional por fim lhes traria a normalidade e permitiria talvez até a genuína cooperação internacional com que sonhavam, como tantos nacionalistas do século XIX. "A emancipação jurídica dos judeus é a realização suprema de nosso século", escreveu o ativista Leo Pinsker em 1882.

> [Mas] a emancipação civil e política dos judeus não é suficiente para elevá-los na estima dos povos. A única solução adequada seria a criação de uma nacionalidade judaica, de um povo vivendo

em seu solo, a autoemancipação dos judeus; sua emancipação como uma nação entre nações pela aquisição de um lar próprio.[5]

Para a maioria dos pensadores sionistas, era esperável o ódio que os judeus enfrentavam ao seu redor: os judeus, pregavam eles, estavam fadados a ser vistos como estrangeiros pelos não judeus. Era "uma lei geral", escreveu Pinsker, "que nenhum povo, falando em termos genéricos, tem qualquer predileção por estrangeiros". O antissemitismo, a seu ver, era apenas mais uma forma de animosidade nacional, análoga, por exemplo, à inimizade entre alemães e poloneses. Outros diziam que o ódio aos judeus era diferente por ser único e atemporal. Fosse como fosse, a maioria dos pensadores sionistas concordava que o antissemitismo fazia parte da ordem natural das coisas, com uma solução óbvia: o Estado judaico. Quais seriam as feições desse Estado, não estava claro: poucos imaginavam uma entidade politicamente independente do tipo que acabou surgindo, e mais raros ainda eram os que imaginavam que os grandes centros judaicos da Europa Centro-Oriental seriam algum dia varridos. Mas os benefícios de um governo judaico próprio eram amplamente incontestes: se fosse criado, de preferência na Palestina otomana, os judeus sem dúvida migrariam para lá, e o antissemitismo desapareceria. Por que Deus tinha demorado até o final do século XIX para revelar essa solução, esse era um problema sobre o qual não se detinham.[6]

Para os críticos judeus do sionismo, essa abordagem revelava uma complacência — e até uma aceitação — frente ao antissemitismo. "Durante os quarenta anos de existência do sionismo, manteve-se praticamente constante a seguinte regra: quanto mais sombrio o mundo, mais luminoso se faz dentro da tenda sionista; quanto pior para os judeus, melhor para os sionistas", escreveu Henryk Erlich num artigo na imprensa iídiche de Nova York em outubro de 1938. Erlich era um líder da União Trabalhista Judaica

[Jewish Labor Bund], o maior partido político judaico na Polônia entreguerras. Os apoiadores do Bund acreditavam no que chamavam de "aqui" — a necessidade de lutar por um futuro em que os judeus de fato viviam —, e não no "lá" do sionismo, que a seu ver provavelmente recriaria na Palestina a mesma intolerância que os judeus queriam vencer na Europa. Erlich alertou sobre uma contradição intrínseca do programa sionista.

> Quando os sionistas falam ao mundo não judeu, são excepcionais democratas e apresentam as condições na atual e futura Palestina como exemplos de liberdade e progresso. Mas, caso se funde um Estado judaico na Palestina, seu clima espiritual será: medo eterno do inimigo externo (árabes), luta interminável por todo pedacinho de terra, toda migalha de trabalho, contra o inimigo interno (árabes) [...]. É nesse tipo de clima que a liberdade, a democracia e o progresso podem florescer? Não é nesse clima que o reacionarismo e o chauvinismo costumam germinar?[7]

O Bund — antes rival do sionismo nas terras russas — viria a ter um fim trágico como força política, efetivamente esmagado entre a dupla inimizade dos nazistas e dos comunistas, e o próprio Erlich foi assassinado por ordem de Stálin quando estava na prisão soviética durante a guerra. Mas havia uma notável antevisão no que ele escreveu. Depois da criação de Israel, o jornalista William Zukerman, de espírito semelhante, refletiu sobre a ligação entre o antissemitismo e o novo Estado. "Sem o antissemitismo", escreveu ele, "Israel seria apenas mais um pequeno Estado, como a Irlanda, a Grécia, a Dinamarca e o Líbano. Com o antissemitismo, é um Estado com a missão messiânica especial de redimir todos os judeus." Assim, para Zukerman, não era apenas o sionismo, mas também Israel que de certa forma precisava do antissemitismo no mundo para justificar a si mesma — a mesma Israel cuja liderança do país prometeu dar segurança aos judeus, permitindo-lhes escapar às garras do antissemitismo que recaía sobre eles. Seria mesmo possível acabar com o antissemitismo dessa maneira, por meio do triunfo do nacionalismo judeu? Ou ele seria simplesmente substituído, como alertara Erlich, por uma nova inimizade criada pela fundação de um Estado judaico em terras árabes?[8]

Como que corroborando a percepção de Zukerman, a ideia de que o antissemitismo era um ódio que detinha a chave para entender o passado judaico moldou o perfil dos estudos profissionais e acadêmicos nos primeiros anos de Israel: um grupo de historiadores sionistas — a chamada Escola de Jerusalém — estruturou os séculos de vida judaica na Europa como a história de "um povo apartado", condenado à perseguição enquanto continuasse "no exílio", infindavelmente assediado pelo que alguém chamou de "o mais longo ódio" de todos, uma aversão gentia visceral que podia desaparecer de vista por algum tempo, mas que sempre iria ressurgir.[9] Na versão deles, a história se converteu num drama cósmico eterno em que "nem o judeu nem o antissemita mudam, apenas as máscaras que os antissemitas usam". Era um tipo de história judaica que realçava não tanto, por assim dizer, *nossas* ações e realizações, mas sim um conjunto de incessantes sentimentos, estereótipos e ideias que *eles* tinham sobre *nós*. (Nas palavras de um historiador da Inquisição espanhola chamado Benzion Netanyahu, essa visão veio a influenciar a perspectiva de seu filho, o primeiro-ministro de Israel a ocupar o cargo por mais tempo.)[10]

Os primeiros dirigentes do novo Estado judaico rejeitavam essa visão deprimente do passado. Desaprovavam a discussão acerca do Holocausto, para que não se perpetuasse a ideia dos judeus como fracos; a obsessão com o antissemitismo, pensavam, só acentuaria a velha história de passividade e impotência. Segundo eles, a criação de Israel devia marcar o momento em que o antissemitismo deixaria de ter importância ou, mais precisamente, passaria a ter importância apenas como motivação para que os judeus da diáspora voltassem de seu "exílio". Mas os historiadores da Escola de Jerusalém discordavam: o antissemitismo nunca perderia a importância. Nem era apenas o passado europeu que eles pintavam em tons sombrios; alegavam que um fenômeno profundamente arraigado como o antissemitismo não poderia terminar com o Holocausto, e o viam ao redor de si, na União Soviética de Stálin e nas Nações Unidas, numa metástase que se tornava força mundial com seus esteios no Oriente Médio e no mundo muçulmano. Para esses estudiosos, a hostilidade árabe em particular não era um tipo de reação natural à existência de Israel, conforme os bundistas haviam alertado, nem o reflexo de um sentimento de solidariedade étnica ou religiosa para com os palestinos expropriados. Era muito mais simples do que isso: era a mais recente encarnação do ódio imorredouro. Essa interpretação basicamente convertia a diplomacia num ataque preventivo ou numa tarefa inútil — pois o que se poderia fazer perante a eterna antipatia a não ser manter-se em vigilância permanente? Qualquer paz seria apenas temporária. Em suma, essa era uma visão que abolia o espaço para o pensamento político e deixava apenas a figura do inimigo imortal.

Se perguntássemos como o sionismo — cujo sonho original havia sido devolver os judeus à normalidade política, quando não os converter num farol para as nações — veio a adotar essa visão tão esquálida, teríamos de dizer que, nesse caso, tal como em outros, foi por se alimentar de ideias que herdara da tradição religiosa. A expressão hebraica *sinat Yisrael* ("ódio a Israel") em particular era um axioma bem estabelecido no pensamento rabínico de que os não judeus invariavelmente odeiam os judeus. Até onde sabemos, esse tropo veio a se entrincheirar em algum momento entre o final da Antiguidade tardia e o período inicial da Idade Média, como parte de um processo maior então em curso de demarcar a fronteira entre judeus e não judeus. Desde essa época, muitas gerações de rabinos o aceitaram como um truísmo. "Um dos aspectos únicos de nossa história", observou o importante rabino talmúdico e ortodoxo Joseph B. Soloveitchik, "certamente é nossa capacidade de evocar a *sinat Yisrael*, a hostilidade persistente e sempre presente que a humanidade nos dirige como povo; é um fato estranho e inexplicável de nossa história."[11]

Na verdade, as evidências sugerem que, nos tempos antigos, os judeus tinham aceitado que as nações eram de diversos tipos e que nem todas elas eram necessariamente hostis; a visão mais simples e mais rígida veio depois. Mesmo assim, muitos comentadores recorrem à Bíblia para confirmar sua visão pessoal de uma nação judaica cercada pela hostilidade, citando em particular a narrativa do Antigo Testamento sobre Esaú, o irmão que foi usurpado de seu direito de primogenitura por Jacó, perdendo a primazia que seria sua. Assim, em termos teológicos, pode-se dizer que a antipatia original de não judeus pelos judeus está localizada na afirmação bíblica de que "Esaú odeia Jacó". Em suma, a *sinat Yisrael* oferece uma explicação religiosa do antissemitismo como o preço que os judeus devem pagar pelo favor de Deus.

Essa visão não se restringia aos rabinos. A perspectiva de que os judeus são — nas palavras da Bíblia — um "povo que vive apartado" se tornou um lugar-comum para muitas figuras públicas israelenses e, talvez, um corolário da visão igualmente axiomática de que os judeus têm uma obrigação especial de amar e cuidar uns dos outros. Havia, claro, alternativas mais positivas — a de que estavam destinados a se tornar uma "luz para as nações", por exemplo, ou que havia, em termos filossemitas oitocentistas, alguma especial "missão de Israel" no mundo, que lhes fora reservada por Deus. Mas o fato de ser possível contrabalançar a *sinat Yisrael* com outras visões, também de origem bíblica, que atestam ideias de coexistência pacífica não diminui sua relevância. O primeiro-ministro Yitzhak Shamir frequentemente invocava a expressão; o diplomata erudito Yaakov Herzog promovia uma enorme defesa sua. Ela foi várias vezes adotada e também rejeitada por Yitzhak Rabin, que por fim veio a considerá-la um impedimento para a paz.

Como se poderia interpretar historicamente a *sinat Yisrael*, esta não é uma pergunta fácil de responder, pois a ideia teológica de que ela está tão intimamente ligada ao caráter único dos judeus coloca um problema especial quando se pensa sobre o passado. O historiador Yosef Yerushalmi, numa obra clássica, identificou-a como um paradoxo central que se apresentava à sua profissão. "A historiografia judaica", escreveu ele,

> deve se colocar em decidida oposição a seu próprio tema, não neste ou naquele detalhe, mas perante o núcleo central: a crença de que a divina providência é não só um fator causal último, mas também ativo na história judaica, e a crença correlata no caráter único da própria história judaica.

Em outras palavras, considerar que a experiência judaica é condicionada por alguma relação de tipo único com Deus é aceitar uma premissa que não só está fora da própria história, mas, em certo sentido, também a contradiz.[12]

Yerushalmi tinha em mente aqueles historiadores nacionalistas que viam o passado judaico como a história de um povo único cujo papel central para Deus era tido como um dado de fato. Shmuel Ettinger, uma figura estimulante na Escola de Jerusalém, criticou os que "convertem os judeus num elemento marginal ou mesmo fortuito [...] na estrutura da história mundial". O historiador Yitzhak Baer formulou certa vez a espantosa afirmação de que "existe um poder que eleva o povo judeu acima do âmbito de toda a história causal". Como que dizendo: os judeus, em virtude de sua relação especial com Deus, estão isentos das leis que se aplicam a todos os outros.[13] A história, porém, como área do conhecimento secular que procura explicar os acontecimentos referindo-os à ação humana, é fundamentalmente incompatível com uma concepção de mundo teológica que invoca o divino como causa. Para os incapazes de seguir Baer em seu caminho místico, a conclusão é clara: em resumo, a história não pode ser entendida em termos de um conceito como *sinat Yisrael*. Nem, pela mesma razão, pode utilizar sua versão levemente secularizada, que é a clássica ideia sionista do antissemitismo como "ódio eterno". Mas, se o antissemitismo não é uma história única e contínua reconduzindo-nos até o surgimento dos judeus — ou, em outros termos, se não é a Aliança de Deus com seu Povo Eleito que oferece o ponto de partida —, então o que nos resta é a pergunta-chave que os historiadores sempre enfrentam: por onde começar?

Talvez pelo simples e incontestável fato de que o preconceito contra os judeus foi, durante séculos, algo muito comum. Se isso não tinha um rótulo, era porque vigorava em sociedades em que preconceitos de toda espécie eram normais, como é o caso em grande parte da história registrada. As guerras do passado, afinal, viam erguerem-se ódios terríveis contra todos os tipos de povos: os judeus não eram de forma alguma os únicos alvos. Isso não significava que o preconceito contra eles não possuísse determinadas características ou justificativas — no mundo antigo politeísta, eram marcados por seu exclusivismo, o culto a um único deus e o desprezo pelos deuses dos outros —, mas pode ser difícil argumentar que enfrentavam uma animosidade especialmente intensa em comparação a outros grupos.[14]

No entanto, onde o cristianismo estava estabelecido como religião de Estado, as coisas mudaram bruscamente para pior; na verdade, a longevidade do ódio antijudaico na Europa se deve muito ao sucesso político do cristianismo ao longo de dois milênios, precisamente porque esse monoteísmo sucessor não perdoava os judeus por se recusarem a reconhecer Cristo como o Messias. O fato de que o cristianismo nascera do judaísmo e afinal se definia contra ele impedia ainda mais de se aceitar essa obstinação. À antipatia cristã pelos judeus acrescentava-se o fato de que os cristãos afinal também haviam escolhido incorporar a Bíblia hebraica como parte de suas Escrituras Sagradas. Quando o teólogo Marcião, do século II d.C., propôs excluir o Antigo Testamento como não cristão, suas ideias foram rejeitadas. A teologia do cristianismo, assim, existia num estado de profunda ambivalência em relação aos judeus, que formavam um grupo tolerado, gozando de uma condição jurídica variável e vivendo — segundo eles mesmos — numa espécie de provisoriedade secular na longa espera pelo seu Messias. No decorrer dos anos, a precariedade da posição deles se interiorizou como uma característica de sua sina: o estudioso Simon Rawidowicz observou em 1948 que gerações de rabinos, uma após a outra, acreditavam que os judeus estavam prestes a se extinguir, cada qual esquecendo que as anteriores haviam receado exatamente a mesma coisa. Como disse ele: "O mundo forma muitas imagens de Israel, mas Israel forma apenas uma imagem de si mesma: a de um ser constantemente à beira de deixar de existir, de desaparecer".[15]

Essa persistente sensação de medo existencial era reforçada por experiências traumáticas de expulsões e massacres, por trás das quais estavam os vários estereótipos negativos que se assenhoreavam da mente dos povos cristãos da Europa, preconceitos que eram sustentados por séculos de ensino eclesiástico: a suposta obscuridade e a não confiabilidade deles, seu espírito de clã e alegado sentimento de superioridade em relação aos não judeus, as narrativas aterrorizantes de sua sofreguidão pelo sangue cristão. Um tanto mais tarde veio o suposto gosto por dinheiro e riqueza, crença consolidada em muitos lugares pelo fato de os judeus serem obrigados por lei a se dedicar a ocupações como empréstimos financeiros, atividades bancárias e comércio. Todos esses estereótipos lançaram profundas raízes no solo da cristandade, influenciaram marcadamente o pensamento ocidental e floresceram nos tempos modernos em teorias da conspiração que se espalharam pelo mundo afora.[16]

Todavia, esses preconceitos da época medieval e do início da modernidade também expressavam os pressupostos de tempos muito diferentes dos nossos. Quando o estudioso Amos Funkenstein perguntou retoricamente a que ponto o antissemitismo moderno tinha "raízes na tradição cristã", sua resposta foi muito clara: "Quaisquer que sejam suas forças motrizes, o antissemitismo parece estar a mundos de distância das atitudes antijudaicas cristãs". [17]

Na história não existem linhas fixas e imutáveis, e as animosidades e os preconceitos cristãos dos séculos iniciais continuaram a alimentar o antissemitismo até o século XX e mais além. Uma transformação fundamental em mais de um milênio de relações entre judeus e cristãos, contudo, veio com o Iluminismo. Entre a segunda metade do século XVIII e meados do século XIX, a transição para o capitalismo, a difusão de novas tecnologias e o crescimento de grandes cidades trouxeram mudanças radicais nas concepções de religião, tempo e história. O surgimento do alfabetismo em massa e o aparecimento de uma esfera pública permitiram que as ideias circulassem e fossem discutidas mais amplamente e com maior liberdade do que jamais ocorrera antes. Nasceu a política no sentido moderno, e o surgimento do cidadão e do sujeito político da modernidade trouxe pela primeira vez a questão da emancipação jurídica e dos judeus.[18]

Com o advento de ativistas e agitadores, o clima ideológico da metade do século XIX em geral era de tempestuosa contestação. Para além das disputas travadas na imprensa, esse sentimento se manifestou também linguisticamente, em uma avalanche de novos termos opositivos acrescidos do prefixo *anti* — as *anti*-palavras. *Anti-Darwinian* e *anti-Protestant* surgiram na Inglaterra; *anti-républicaine* e *anti-revolutionnaire*, na França. Nos Estados Unidos, ganharam espaço os termos *anti-abolicionist* (1854), *anti-slaveryst* (1862), *anti-Negro* (1862), *anti-Coolie* (1869) e *anti-Chinese*. Na Alemanha, o *Antisemitismus* (1879), de fato, foi uma expressão que marcou seu tempo.

A própria cunhagem de um novo termo — "antissemitismo" — na Europa, no último quarto do século XIX, indica a importância desses desenvolvimentos que deixaram sua marca. Ainda mais notável é o fato de que, nas décadas seguintes, iniciou-se uma era cuja história é impossível de narrar plenamente sem que o tema do antissemitismo desempenhe papel central. Nunca é demais frisar o caráter inédito desse desenvolvimento. Pode-se afirmar que antes disso, por muitos séculos, os judeus não tinham sido de grande importância do ponto de vista da história mundial: não era implausível vê-los como uma pequena e antiga seita ignorada pelo poder, não muito diferente da dos pársis ou dos jainistas, notável principalmente por sua afinidade ancestral com os dois monoteísmos de muito maior êxito, o cristianismo e o islamismo — que tanto deviam a ela.

Por obra dos nazistas, tudo isso mudou: de repente, todo mundo globo afora falava sobre os judeus. "Eles se tornaram o que os nazistas sempre alegaram: o ponto focal da história", escreveu o sociólogo Max Horkheimer em 1942. "Rompendo todos os precedentes históricos anteriores, [o antissemitismo] ultrapassou as fronteiras de qualquer país ou grupo particular de países", observou o historiador Salo Baron no mesmo ano. "Tornou-se um fator de destaque nas relações internacionais." Em 1950, Hannah Arendt chamou a atenção — como poucos haviam feito ou fizeram desde então — para "o fato absurdo de que um fenômeno tão pequeno (e, na política mundial, tão insignificante) como a questão judaica e o antissemitismo tenha se tornado o agente catalisador, em primeiro lugar, do movimento nazista, então de uma guerra mundial e, por fim, da criação de fábricas da morte". Isso, escreveu ela, "era um insulto ao senso comum".[19]

Alguns números dão base à afirmação de Arendt. No começo do século XX, mais de 80% da população judaica mundial vivia na Europa. Os judeus, contudo, mal chegavam a constituir 2% da população total do continente, com cerca de 400 milhões de pessoas, e menos de 1% da população mundial. Foi esse minúsculo grupo religioso — ou, mais precisamente, um conjunto de atitudes hostis e obsessivas em relação a ele — que desempenhou um papel de desmedida importância nas décadas seguintes. Quando os nazistas tomaram o poder na Alemanha em 1933, eles fizeram com que fossem oficialmente adotadas políticas antissemitas extremas no país mais poderoso do continente e, com as conquistas e ocupações, na maior parte da Europa. O que começara para os judeus da Alemanha como humilhação, agressão, discriminação sistemática e então expulsão física havia se tornado, no inverno de 1941-2, uma política sem precedentes e ainda hoje sem igual, que visava ao extermínio biológico de tipo semi-industrial de toda a população judaica do continente e conseguiu matar mais da metade dela antes que a tentativa malograsse com a derrota do nazismo.

As consequências globais foram implacáveis: depois do Holocausto, os judeus constituíam menos de 1% da população europeia e mal chegavam a 0,1% do total da população mundial. Pela primeira vez em muitos séculos, o centro de gravidade da história judaica estava fora da Europa, e em 1950 a judeidade europeia representava apenas um terço dos judeus do mundo, contra quatro quintos em 1900. Em 2010, quatro quintos da população judaica no planeta vivia nos Estados Unidos e em Israel. Se antes de 1950 o antissemitismo era basicamente uma questão europeia, depois disso deixou de sê-lo.[20]

MUDANÇAS NA POPULAÇÃO JUDAICA 1900-2010 (EM MILHÕES)[21]

	TOTAL MUNDIAL	EUROPA	ESTADOS UNIDOS + ISRAEL (PÓS-1948)	EUROPA COMO % DO TOTAL MUNDIAL
1900	11,3	9,0	1,6	80
1950	11,5	3,5	6,3	30
2010	13,9	1,4	11,6	10

O sociólogo W. E. B. Du Bois já em 1942 assinalara que o antissemitismo tinha implicações mundiais. Observando que aqueles que pensavam sobre a questão naquela época muitas vezes pareciam empenhados em ganhar entrada no que ele surpreendentemente chamou de "Europa branca", Du Bois escreveu numa resenha acerca de duas obras sobre o assunto:

> é curioso notar que, nesses dois livros, o problema é concebido como a recusa da cultura aristocrática e dominante atual em admitir a cultura judaica como parceira igual. Não há claramente nenhuma concepção de outro ponto de vista: o de considerar os judeus como um entre muitos grupos, compostos de chineses, japoneses, indianos orientais, negros africanos, negros americanos e índios americanos — povos que formam a grande maioria dos habitantes da Terra e também são excluídos da companhia da aristocracia dirigente mundial.[22]

Com as mudanças demográficas geradas pela guerra, o desafio lançado por Du Bois se tornou ao mesmo tempo mais presciente e mais inalcançável. Por um lado, o antissemitismo não podia mais ser concebido como um problema exclusivamente europeu: não havia como escapar à relação entre antissemitismo, raça e império apresentada por Du Bois. Por outro lado, a coligação antirracista mais ampla que ele propunha — e da qual os judeus participaram nas primeiras décadas do pós-guerra — parece hoje mais inexequível do que nunca, com o definhamento da velha esquerda, no seio da qual essa visão surgiu naturalmente, com Israel acusado de colonialismo e as categorias raciais americanas lançando negros contra brancos numa linha divisória quase intransponível. Hoje é difícil lembrar uma época em que a principal organização pelos direitos civis dos negros, a Associação Nacional para o Progresso das Pessoas de Cor (NAACP, na sigla em inglês), tinha um presidente judeu (na verdade, teve três entre 1930 e 1975), e quando a venerável Liga Internacional Contra o Racismo e o Antissemitismo, na França, era mais um farol para o futuro do que uma seta apontando para um passado inatingível. A luta contra o antissemitismo, que outrora unificava, agora divide, e esse desdobramento também faz parte de nosso tema.

Como veremos, muitas coisas são responsáveis por essa mudança. Mas a principal é que o cenário da discussão contemporânea sobre o antissemitismo mudou radicalmente: a questão histórica da falta de poder dos judeus no sistema europeu de Estados nacionais foi substituída pela questão bastante diferente do poder de um Estado nacional judaico no Oriente Médio. Isso se deu com uma rapidez estonteante: ainda é possível, no tempo de uma geração, ter nascido num mundo onde o centro da vida judaica estava — como havia estado por muitos séculos — na Europa; ter chegado à maturidade na Guerra Fria, quando os judeus dos Estados Unidos conquistaram predomínio entre seus correligionários em escala mundial; e finalmente ter visto Israel ultrapassar os Estados Unidos como o país com a maior população judaica do mundo. Pois o Holocausto não foi apenas uma tragédia sem precedentes; foi também um divisor de águas. Nos anos 1920, em sua maioria os judeus viviam como minorias vulneráveis em Estados europeus, enfrentavam uma discriminação em rápido crescimento nos Estados Unidos e, na Palestina, uma minúscula população vivia com uma autorização imperial britânica dada apenas a contragosto sob a égide da Liga das Nações. Hoje as coisas se mostram muito diferentes: o antissemitismo organizado da Europa combate os fantasmas do passado, os judeus americanos prosperaram e Israel se tornou um Estado nuclear populoso, ainda que sob assédio, com elevada renda per capita, uma ampla minoria árabe e os benefícios de um relacionamento especial com a potência militar mais poderosa do planeta. Assim, o contexto para entender o antissemitismo mudou mais e com maior rapidez do que a maioria das pessoas percebe. Estamos muito longe do mundo que cunhou o termo.

2. A emancipação e seus inimigos
1880-1914

Portanto, o primeiro objetivo político do antissemita é desfazer o pecado original da Europa oitocentista: revogar a emancipação jurídica concedida aos judeus [...]. [*Os ideólogos* antissemitas] *pressupõem a emancipação e investem contra ela, o que os converte num fenômeno totalmente novo na história judaica.*

Amos Funkenstein, *Perceptions of Jewish History*[1]

A era da Emancipação representou uma ruptura radical com todo o passado da judeidade.

Arthur Hertzberg, *The Zionist Idea: A Historical Analysis and Reader*[2]

O antissemitismo surgiu como movimento político numa época em que a Europa estava em meio a uma longa transformação que foi um marco histórico. Durante mais séculos do que as pessoas conseguiam se lembrar, o continente europeu tinha sido uma terra de impérios, ducados, cidades-Estado e principados governados quase inteiramente com base no princípio hereditário, em conformidade com os preceitos cristãos. No entanto, num processo que se iniciou na segunda metade do século XVIII e se prolongou até meados do século XX, a Europa se converteu num turbulento conjunto de Estados nacionais mais ou menos seculares, governados por várias formas de política de massa, variando da ditadura à democracia. Velhos hábitos de deferência e sinais de distinção desapareceram, e a monarquia, onde não foi eliminada, viu-se drasticamente reduzida. Os poderes da Igreja estabelecida foram delimitados. As aristocracias fundiárias foram expropriadas ou obrigadas a tolerar soluções de compromisso com camadas sociais inferiores que tinham representação política própria. O ancien régime, que fora montado em torno de uma sociedade basicamente agrária e iletrada e de um velho sistema de guildas e corporações, cedeu lugar a uma sociedade incessantemente mutável de cidades enormes, liberdade comercial, comunicações ágeis, alfabetização em massa e enriquecimento rápido. Seu núcleo consistia na codificação da lei e na substituição de súditos por cidadãos. Pela primeira vez surgiram partidos políticos com programas ideológicos defendidos no campo de batalha da opinião pública. Hoje tudo isso faz parte de nosso mundo a tal ponto que é fácil esquecer como esse processo é recente, a drástica ruptura com o passado que representou e quantos conflitos acarretou.

A formação de uma concepção moderna de cidadania universal começou com as revoluções americana e francesa, mas o processo avançou pelo século XX e, em alguns aspectos, continua até hoje. Prosseguindo na batalha por muitas décadas, e com numerosas reversões e contestações, ele abrangia a luta para a expansão do direito ao voto para mulheres, pobres, despossuídos, dissidentes e não conformistas. A luta pela abolição da escravização e da servidão fazia parte desse movimento: o fim de ambas foi um marco numa jornada muito mais longa. O voto masculino universal só foi conquistado em toda a Europa no começo do século XX; o direito das mulheres ao voto só foi assegurado ainda mais tarde. E é no quadro dessa grande luta que devemos ver, em todo o continente europeu, a campanha para eliminar a inabilitação civil e política enfrentada pelos judeus da Europa — para conquistar o reconhecimento como membros plenos dos países onde viviam, elegíveis para prestar serviço militar, comprar terras, ingressar na política, andar por onde quisessem e residir sem restrições. Em sua soberba apresentação recente desse processo, o historiador David Sorkin observa que o Holocausto e a criação de Israel, somados, obscureceram a importância fundamental dessa transição na história judaica moderna. Como pontua ele, o Holocausto e a criação de Israel "foram reações, na verdade desdobramentos, da emancipação. No jargão filosófico, foram epifenômenos. A emancipação foi e continua sendo o principal acontecimento".[3]

A importância desse avanço para a liberdade política foi claramente entendida na época. "Qual é [...] a grande tarefa de nossa época?", perguntou o poeta judeo-alemão Heinrich Heine em 1828. "É a emancipação. Não só dos irlandeses, dos gregos, dos judeus de Frankfurt, dos negros das Índias Orientais e de povos igualmente oprimidos, mas de todo o mundo." O próprio termo "emancipação" era novo, tendo se difundido na Europa em decorrência sobretudo da publicidade em torno do debate na Inglaterra sobre a aceitação de católicos no Parlamento.[4]

Naquela altura, a gradual abertura do antes fechado mundo da vida comunal judaica já estava bem avançada. O governo dos Habsburgo levou a certo abrandamento das velhas restrições em 1781, quando o imperador José II, influenciado por ideais do despotismo esclarecido, lançou um édito de tolerância para os dissidentes religiosos de seu império católico. Ele, pessoalmente, não era simpático aos judeus — muitos pensadores iluministas não o eram —, mas isso lhe importava menos do que os princípios racionalistas de abolir a discriminação religiosa e avançar rumo à igualdade jurídica entre seus súditos. Em nome de tornar "a população judaica útil ao Estado", o imperador lhes abriu acesso a alguns ofícios, concedeu-lhes admissão muito condicional nas universidades e permitiu que se estabelecessem em lugares antes vetados. Essas medidas ilustravam um caminho para a emancipação — por meio dos decretos de um monarca autocrático, na forma de privilégios que podiam ser concedidos com uma das mãos, mas retirados com a outra.

Um modelo muito diferente foi fornecido pelas revoluções Americana e Francesa, nas quais a sublevação política levou a novas ordens constitucionais, que propunham um modelo universal de cidadania e impediam drasticamente, quando não apenas aboliam, a denominação religiosa como indicador de privilégio ou desvantagem. Os exércitos napoleônicos difundiram essas novas ideias nas cidades e províncias que ocuparam, e os judeus locais fizeram jus a liberdades das quais nunca antes haviam gozado na história. Mais de quarenta anos após a morte de Napoleão, sua memória como o "herói imortal que trouxera os Direitos do Homem e do Cidadão para os israelitas da Europa nas asas de suas águias vitoriosas" ainda despertava gratidão em círculos judaicos. O triunfo da *indiferença* do Estado ao judaísmo representava uma mudança assombrosa na cultura política de uma Europa cristã, que foi jubilosamente saudada por alguns, mas deixou outros — tanto judeus quanto cristãos — desorientados e, em alguns casos, angustiados. Representava o afastamento radical de um passado em que o governo, o serviço militar e a maioria das profissões e formas de trabalho eram reservados exclusivamente para os cristãos.[5]

As inovações trazidas pela conquista francesa não sobreviveram por muito tempo à derrota de Napoleão, mas vale notar que, quando o Congresso de Viena se reuniu em 1815 para debater a ordem pós-napoleônica na Europa, foi o conservador Metternich quem defendeu a eliminação das inabilitações civis dos judeus. Em outras palavras, a causa da emancipação judaica — como seu tardio e desesperado inimigo, o antissemitismo — encontrou apoio tanto na Revolução Francesa quanto no mundo da Restauração Europeia que a sucedeu. Tornou-se um ideal de salões e racionalistas iluministas, uma espécie de movimento político disputando a opinião pública em revistas e jornais, com capacidade de travar campanhas e contracampanhas para além das fronteiras nacionais. Grandes conquistas seriam feitas ao longo do meio século seguinte, mas elas também provocariam crescente oposição.

Havia em geral três zonas geográficas de emancipação claramente distintas. Na primeira, abrangendo Estados Unidos, Inglaterra, França e Itália, a batalha pela igualdade judaica teve uma vitória relativamente rápida. Os direitos foram logo assegurados nos Estados Unidos, graças às garantias da Constituição Federal e de sua clara separação entre Igreja e Estado, e mais lentamente nos estados da Federação, onde restrições jurídicas menores sobreviveram no século XIX. Na Inglaterra, mais de uma vez houve obstrução a projetos de lei para suspender todas as inabilitações civis atribuídas aos judeus, mas, com a força do sentimento liberal no país e uma série de concessões e acordos avulsos, no final do reinado da rainha Vitória, em 1901, restavam poucos impedimentos institucionais à integração. Na França, onde foi um ministro da Justiça judeu, Adolphe Crémieux, quem aboliu em 1848 a escravização nas colônias e eliminou a pena de morte por crimes políticos, os judeus em meados do século gozavam de igualdade perante a lei. Na Itália independente, havia generais e ministros de governo judeus. Um prefeito judeu de Roma, Ernesto Nathan, ocupou o cargo entre 1907 e 1913, presidindo a explosão imobiliária da nova capital e lançando as bases para seu sistema educacional laico e sua rede de transportes públicos.

Se esses países representavam o extremo das possibilidades liberais, também era verdade que lá vivia apenas uma pequena parcela dos judeus da Europa naquela época — algo entre 5% a 10% do total. A população judaica europeia crescera muito depressa, passando de menos de 1 milhão em 1700 para 2 milhões em 1800 e cerca de 5 milhões em meados do século XIX. O crescimento mais rápido, contudo, se deu na Rússia, totalmente não emancipada, a qual, incluindo as províncias polonesas que conquistara no começo do século XIX, tinha dois terços ou mais da judeidade europeia, em sua grande maioria vistos como "súditos estrangeiros". Confinados basicamente numa área conhecida como Zona de Assentamento, os judeus sofriam as restrições e a violência do governo russo com poucas esperanças ou possibilidades claras de mudança. A luta mais acirrada para ter lugar na vida política, portanto, ocorreu entre as duas zonas de cada lado, no coração da Europa Central. Foi na Alemanha e no Império Austro-Húngaro — onde os argumentos iluministas pela emancipação entravam em choque com o crescente nacionalismo étnico — que as tensões se mostraram mais agudas.

"A emancipação dos judeus se tornou uma questão tão sensível", observou o escritor alemão Karl Gutzkow, simpático à causa judaica, "que mal se pode mencioná-la sem se ver imediatamente envolvido em controvérsias." Em muitos Estados havia uma oposição feroz. Na Suécia, o decreto de 1838 abolindo a discriminação contra judeus foi revogado diante dos protestos públicos; na Hungria, a Dieta arriscou elaborar um projeto de lei de emancipação e depois desistiu. Na Itália do começo do século XIX, o reino da Sardenha reintroduziu seu velho código de vestimenta especial, e o papado reativou medidas do século XVI para confinar os judeus romanos no gueto.[6] E os reacionários não eram os únicos opositores à liberdade judaica. No outro extremo do espectro político estava o anarquista francês Pierre-Joseph Proudhon, que, na esfera privada, despejava seu ódio virulento em tiradas contra esse "inimigo da humanidade" que devia ser "mandado de volta para a Ásia ou exterminado". As posições mortíferas de Proudhon eram extremistas demais para ser representativas da esquerda revolucionária, mas muitos socialistas partilhavam os clichês antissemitas da época. Karl Marx, cujos textos eram imbuídos de estereótipos antijudaicos, era mais característico — não se opunha à emancipação jurídica, mas alegava que não era suficiente: para ele, "o judeu" sintetizava tudo o que havia de errado na sociedade burguesa, uma encarnação da alienação que, portanto, precisava da revolução como qualquer outro.[7]

As revoluções de 1848 que se alastraram na França, no norte da Itália e nas terras da Europa Central mostraram claramente que a causa dos judeus estava associada de maneira intrínseca a liberais e radicais: como observou o filósofo alemão Bruno Bauer, a *emancipação*, junto a palavras como "liberdade", "direitos humanos" e "justiça", fazia parte do novo vocabulário liberal da época. Até judeus participavam como ativistas políticos, o que nunca ocorrera antes; rabinos de mentalidade reformadora saudavam o alvorecer de uma nova era. "Louvado seja Deus — não se fala mais em 'judeu' ou 'cristão'", escreveu em Berlim um jovem estudioso chamado Moritz Steinschneider à sua noiva em março de 1848.[8] (Credita-se ao polímata Steinschneider ter criado mais tarde o termo "antissemítico", muito depois que o brilho da revolução fenecera.) Mas, mesmo em alguns daqueles meses movimentados, houve episódios mostrando que nem todos acolhiam bem essa perspectiva inédita. As notícias da revolução em Paris levaram a tumultos antijudaicos na Alsácia. Em cidades de toda a Europa, ataques a judeus se tornaram corriqueiros, muitas vezes realizados pela polícia ou pela guarda nacional. Os motivos alegados para tal violência iam desde os velhos preconceitos religiosos à disparada nos preços dos alimentos (sempre um problema a cada primavera), que era atribuída a especuladores judeus, e até à indignada oposição ao ingresso de judeus em negócios ou bairros antes vetados. No entanto, grande parte dessa violência tinha em seu cerne um novo elemento: a oposição à nova ordem civil prenunciada pela emancipação judaica.[9]

A oposição ao liberalismo também tinha profunda penetração nas comunidades judaicas. O envenenamento de um rabino reformista por obra de seus oponentes na cidade de Lemberg, na Galícia dos Habsburgo, durante as revoluções de 1848, tem sido descrito como o primeiro assassinato de um líder judaico por outro judeu desde os tempos romanos. Isso demonstrou que a emancipação não apenas gerou debates no interior das sociedades mais amplas em que os judeus viviam, mas também desencadeou discussões igualmente acaloradas entre os próprios judeus, pelas mudanças drásticas que, evidentemente, ela traria para o curso geral e a organização de suas vidas.[10] Em Lemberg, o choque entre defensores judaicos do Iluminismo e seus oponentes hassídicos viera fermentando durante anos. Mas, entre judeus de toda a Europa, o que alguns viam como oportunidade, outros viam como motivo de profunda apreensão. Para muitos deles, o preço do ingresso na vida política moderna parecia intoleravelmente alto, ameaçando a essência de sua fé e de seus hábitos.

O modo de vida comunal era, de costume, isolado. Mesmo em data tão avançada quanto 1740, se a pessoa fosse flagrada na comunidade judaica de Berlim portando um livro em alemão, isso podia levar à sua expulsão. Assim, uma das exigências mais notáveis do imperador José II fora a de que as crianças judias deviam aprender a língua da sociedade em que viviam: “O que queremos é que todos os nossos súditos saibam ler, escrever e fazer contas. Para isso, dificilmente há necessidade de eruditos”. Muitos rabinos e seus seguidores passaram a temer o debilitamento do ensino judaico, súbitas mudanças na indumentária, nos modos e na socialidade, bem como novos perigos, como o teatro, a filosofia ou o bigode (em vez da barba). O rabino lituano Jacob Halevi Lifschitz recordava a época em que

> somente a Torá era ainda a única nacionalidade que tínhamos [...]. As pessoas em geral eram disciplinadas, piedosas e humildes [...] e não tinham a presunção de expor em público suas ideias, questionando os pensamentos dos líderes [...]. Naquela época era inaudito dar atenção à opinião da multidão em nome da "opinião pública", e as disputas internas eram trazidas perante Deus, por meio daqueles que exceliam na Torá.[11]

O fracasso da Revolução de 1848 representou um retrocesso para a causa da emancipação, e, com o esmagamento de um levante após o outro, a escala das forças alinhadas contra ela se tornava ainda mais clara. Meros rumores de emancipação haviam desencadeado tumultos e protestos. Pelo menos em uma comuna de Baden, os judeus de fato pediram para não ser emancipados, temendo as consequências. Polêmicas em prol de sua liberdade eram respondidas por panfletos acusadores. Entraram em circulação os primeiros ensaios visivelmente antissemitas, denunciando os judeus pelo controle da economia: refutando a premissa de *A emancipação civil dos israelitas*, do político italiano Massimo d'Azeglio, seus oponentes alertavam que a emancipação iria simplesmente conceder aos judeus licença para oprimir os cristãos. O necessário era aquilo a que o compositor Richard Wagner, entre outros, se referia como "emancipação *em relação* aos judeus".[12]

Nas terras germânicas, a escala da oposição cristã levou os apoiadores da emancipação a adotarem um programa gradualista, começando por reformas educacionais voltadas para a criação de um novo tipo de judeu, cuja fé pessoal não impedisse a fluência na língua nacional e a participação na vida patriótica do país.

O objetivo final evidente era a assimilação; um resultado menos previsível foi a reestruturação da vida institucional religiosa judaica e o surgimento de denominações reformadas, conservadoras e ortodoxas. Assim, o movimento pela "reforma dos judeus" surgiu como um acompanhamento da expansão de seus direitos civis e políticos, e a própria religião se transformou. A aposta assimilacionista era de que os judeus, deixando de se diferenciar de seus concidadãos cristãos, exceto na questão da fé pessoal, conseguiriam dessa maneira erradicar os motivos de hostilidade contra eles. O futuro mostrou coisa bem diferente.

Foram as rápidas mudanças políticas entre 1867 e 1871 — época do apogeu do liberalismo — que constituíram o verdadeiro ponto de inflexão na Europa Central. Com a unificação da Alemanha e a criação do Império Germânico sob liderança prussiana, pela primeira vez a igualdade jurídica subitamente se tornou realidade. Importantes reformas constitucionais no império dos Habsburgo trouxeram quase ao mesmo tempo um resultado similar. Nenhum dos dois reinos constituía uma democracia em sentido moderno, mas em ambos fora eliminada a maioria dos impedimentos constitucionais à igualdade jurídica.

A conquista foi celebrada de forma concreta com o surgimento de uma multiplicidade de grandes sinagogas na segunda metade do século XIX em lugares centrais das grandes e pequenas cidades da Europa. Símbolos do orgulho da classe média judaica e da respeitabilidade recém-conquistada, elas atestavam a transformação da vida comunal decorrente do crescimento e a prosperidade de uma elite urbana judaica, que pela primeira vez participava publicamente da vida de seus países. A tendência se iniciara com a grande sinagoga de Leopoldstadt em Viena, em 1858, à qual se sucedeu, no ano seguinte, sua correlata igualmente grandiosa na cidade húngara de Pest. A sinagoga central da Oranienburger Strasse, com capacidade para 3 mil fiéis, abriu suas portas em Berlim em 1866, na presença do próprio Bismarck. Mas estas eram apenas as mais conhecidas entre dezenas delas. Nada menos que cinquenta sinagogas, algumas enormes, foram construídas no vistoso estilo neomourisco, que evocava uma refinada conexão com a Espanha medieval e os árabes. Presente em cidades de todas as partes, de Manchester a Kiev, esse estilo fora inaugurado com a sinagoga Semper em Dresden, inspirando outras em Leipzig e Colônia. Seguiram-se as de Zagreb, Praga, Estocolmo, Besançon, Florença, Turim, Pilsen, São Petersburgo, Esztergom, Timisoara, Trieste, Antuérpia, Kiev e Sarajevo, com seus luxuosos interiores policromáticos, cúpulas douradas e pilares indicando a influência do Alhambra, do Taj Mahal ou das mesquitas de Constantinopla. Outras rendiam homenagem a Bizâncio, ao revivalismo românico ou ao art nouveau. Em Roma, o gueto que confinara os judeus da cidade durante três séculos foi demolido; em seu lugar ergueu-se o amplo edifício de colunas da Grande Sinagoga, numa mescla de estilos admirável mesmo para aquela época eclética, que combinava o greco-romano com o babilônico, o egípcio faraônico e o art nouveau, encimada por um domo quadrado de alumínio que ainda hoje pode ser visto a quilômetros de distância ao redor.[13]

Símbolos de um desejo de participar de um passado histórico e de um futuro em comum, e expressando acima de tudo uma confiança inquebrantável de que a maré seguia na direção da liberdade e do progresso, hoje essas sinagogas se erguem — onde ainda sobrevivem — como monumentos perdidos a um tempo remoto. Muitas nas terras alemãs foram destruídas pelo fogo durante a *Kristallnacht* [Noite dos Cristais Quebrados] em 1938 ou na guerra subsequente. Outras encontraram uso no pós-guerra como estábulos, armazéns ou escritórios. As sobreviventes nos relembram que, mesmo enquanto esse admirável fenômeno arquitetônico de amplitude continental atestava a escala histórica da transformação judaica europeia, as contracorrentes também ganhavam força. A partir do final dos anos 1870, essa oposição se cristalizou no discurso de um novo movimento político: o antissemitismo.

Muitas pessoas na Europa, se não a maioria delas, independentemente da classe social ou da geografia e se estendendo por todo o espectro político, alimentavam preconceitos contra os judeus. Esses preconceitos estavam presentes entre a enorme quantidade de estereótipos que os europeus mantinham entre si e com os outros, e podiam se encontrar na direita e na esquerda, entre clérigos e *philosophes*, entre obcecados com "a questão judaica" e pessoas indiferentes a ela. Aliás, podiam ser vistos mesmo entre os próprios judeus. Apesar disso, a emancipação prosseguira e ganhara terreno. Nosso interesse aqui, portanto, não se refere a atitudes, símbolos ou estereótipos, e sim a ações, teorias e organizações políticas e suas consequências. O que havia de novo no antissemitismo dos anos 1880 era uma espécie de movimento político que veio a ter êxitos e fracassos nas décadas seguintes. Ele surgiu como um contramovimento visando a retardar, deter e talvez até, para alguns, reverter as conquistas das campanhas de emancipação judaica, e seu sucesso dependia não tanto de persuadir as pessoas sobre os estereótipos negativos a respeito dos judeus — que eram moeda corrente —, e sim levá-las a crer que os judeus constituíam uma séria ameaça a seus principais interesses sociais ou políticos.

Ao lado dos ensinamentos da Igreja, as bases intelectuais desses argumentos haviam sido lançadas ao longo das duas ou três gerações anteriores por intelectuais e estudiosos que trabalhavam nas áreas de antropologia, história e filologia comparada. Suas publicações sustentavam a ideia de que os judeus constituíam um grupo coeso fundamentalmente estranho às sociedades a seu redor. Alguns antissemitas os definiam em contraposição à cristandade, outros em contraposição a algum ideal de helenismo, e outros, ainda, diziam que tudo se resumia à questão da raça. Alguns criticavam os judeus por se afastarem, outros por se misturarem. A questão não era a coerência: havia múltiplas versões da mesma ideia de base. O que tais estudos popularizaram foi uma espécie de teoria do poder, cada vez mais ligada à nova linguagem da luta biológica, que permitia vincular a questão da emancipação judaica (que, em si, era um problema secundário para a maioria das pessoas) a outras preocupações da época, mais solidamente estabelecidas e debatidas de forma mais ampla: o futuro da nação, o respeito pela monarquia e pela Igreja, a saúde das massas, as virtudes e os defeitos do capitalismo.

Às vezes dava certo; muitas vezes, não: numa Europa onde os estereótipos antissemitas eram corriqueiros, mas não considerados, em si mesmos, especialmente dignos de comentários, antissemitas rematados podiam parecer obsessivos como profetas — destacavam-se pela importância que atribuíam a uma questão que outros consideravam marginal. Lutavam para obter respeitabilidade social, pois o antissemitismo, em sua dependência da imprensa e da publicidade, em sua consciência histórica e, acima de tudo, em seu chamado à ação, era em larga medida um movimento da nova política de massas, dirigindo-se a setores da população como camponeses, estudantes e artesãos, que agora apareciam pela primeira vez como atores no palco nacional. Se a emancipação era uma conquista obtida por meio do trabalho de intelectuais e elites, o antissemitismo era uma espécie de potencial sublevação vinda de baixo, prenúncio talvez de que um futuro democrático compreendia um lado mais sombrio.

Porque muitos dos sentimentos mistos despertados pela emancipação judaica refletiam o fato de que ela coincidira com outra mudança bem mais importante e abrangente no padrão da vida europeia: a difusão do capitalismo e de um modo de vida monetizado por todo o continente. Como a emancipação, a chegada do capitalismo estava longe de ser incontestada e gerava não só ganhadores, mas também perdedores. Aumentou o endividamento no campo, e a disponibilidade de produtos manufaturados baratos e o surgimento das primeiras lojas de departamentos deixaram muitas guildas, comerciantes e artesãos em posição de desvantagem, criando um profundo reservatório de potencial descontentamento. Cidades cresceram extraordinariamente rápido, produzindo enormes periferias habitadas por um vasto proletariado pobre. Assim, o antissemitismo era uma espécie de contrarreacão aos ritmos acelerados dos tempos modernos, que trazia a promessa de uma vida melhor, de um retorno a hábitos mais antigos e mais familiares. Era uma visão salvífica cuja aceitação dependia apenas de um conjunto de asserções sobre a culpa judaica e tinha a vantagem de fornecer uma encarnação física para as forças de outra forma abstratas por trás da sublevação social.

Havia, naturalmente, outras formas de explicar e criticar o surgimento do capitalismo que não se concentravam nos judeus. A mais óbvia e influente era o socialismo. Mas, enquanto os socialistas identificavam como principal clivagem política a separação entre as classes sociais, os antissemitas enfatizavam a raça, a religião e a etnia: dessa maneira, suas ideias se prestavam ao novo espírito nacionalista que se alastrava pela Europa. Podia-se discernir uma ponta de antissemitismo também em alguns escritos socialistas, principalmente quando tinham como alvo o poder internacional das elites das finanças e dos bancos, mas, se havia uns poucos socialistas para os quais a questão constituía uma parte importante de suas ideias, para muitos deles o antissemitismo era um anátema e uma tolice intelectual.

Foi em 1874, em meio a uma súbita crise econômica na Alemanha, que um jornalista antiliberal chamado Otto Glagau publicou uma série de artigos atacando seus inimigos por criarem um vale-tudo na economia que levara a fraudes, falências, reduções na força de trabalho e total degeneração moral. Segundo ele, era uma crise social de primeira ordem, e os culpados eram "os judeus". Eles estavam

> por toda parte, forçando caminho para avançar, para subir, tomando a frente e falando pelos outros [...]. Na verdade, eles exercem a soberania sobre nós; têm uma perigosa supremacia e exercem uma influência muito sinistra. Depois de vários séculos, volta a ser o mesmo caso de uma pequena tribo estrangeira dominando a verdadeira grande nação. Toda a história do mundo não conhece nenhum outro exemplo de um povo sem lar, de uma raça que é decididamente degenerada física e psicologicamente, exercendo seu domínio sobre o mundo inteiro.[14]

Aí já se pode ver muito do que viria a se desenrolar. Os judeus representam uma nova ameaça, adquirindo não só direitos, mas o domínio sobre os alemães, e não só sobre os alemães, mas sobre "o mundo inteiro". Seu poder é econômico, e eles têm se beneficiado — desonestamente —, enquanto os alemães honestos perdem tudo. Não têm lar nem sentimento nacional. Não fazem segredo de sua busca por poder — pelo contrário, é sua ousadia que é condenada — e não são refreados pela moral. Apesar da emancipação, são irremediavelmente "estrangeiros", e sua relação com a sociedade germânica não é religiosa, e sim racial e biológica: trazem a ameaça da degeneração física. Em suma, o problema aqui não é apenas um estereótipo nem a fé: é toda uma teoria da história mundial.

Um enquadramento histórico mais amplo, para não dizer desconexo, foi apresentado num opúsculo que se tornou um sucesso de vendas. Tendo cerca de doze edições em menos de uma década, *Der Sieg des Judenthums über das Germanenthum* [A vitória do judaísmo sobre o germanismo] foi escrito pelo jornalista Wilhelm Marr, que alertava que os judeus estavam próximos da vitória em sua luta de 1800 anos pela supremacia e se mostravam prestes a conseguir converter a Alemanha na "nova Palestina da Europa". Em 1879, ele criou a Liga de Antissemitas (Antisemiten-Liga), entidade política para que "alemães não judeus de todas as denominações, todos os partidos e todas as posições sociais" trabalhassem a fim de salvar o país da "completa judeização". Enfatizando seu compromisso com os "meios legais", Marr declarava que a liga lutaria para "obrigar os semitas a voltar a uma posição correspondente à sua força numérica". Retrospectivamente, pode-se ver essa declaração como a proposta de um modelo político de unidade racial, que considerava secundárias todas as outras diferenças ideológicas, uma espécie de antecessor distante do Partido Nazista e seu sonho de uma "Comunidade do Povo" (*Volksgemeinschaft*).[15]

Marr, evidentemente, não era de forma alguma o primeiro. Pelo menos duas décadas antes disso vinha se desenvolvendo em círculos católicos uma espécie de hostilidade protopolítica contra os judeus: campanhas de petições na Baviera, por exemplo, haviam conseguido se opor à legislação da igualdade civil logo após as revoluções de 1848. Muitos liberais alemães tinham suas dúvidas sobre a emancipação, e o antissemitismo era um grande unificador ao longo da linha divisória cristã.[16] O que Marr trouxe foi a energia política e a força mobilizadora dos radicais de uma geração anterior, chocando o establishment político da época com sua politização racializada dos resultados da emancipação. Por uns poucos anos subsequentes, o "movimento do antissemitismo" foi amplamente debatido na imprensa, em especial com o peso de um dos estudiosos mais importantes da Alemanha, o historiador Heinrich von Treitschke, por trás. Mas, com a mesma rapidez com que surgiu, a luta terminou em meio a brigas e rivalidades pessoais. Alguns dos antissemitas professos queriam que a emancipação fosse revogada; outros, não. Alguns eram cristãos devotos apavorados com a menção à raça; outros rejeitavam qualquer sugestão de que o movimento pudesse ter como base preconceitos religiosos. E havia também o esnobismo: muitos conservadores achavam que os líderes eram atiçadores da ralé, ex-radicais com passado duvidoso e não inteiramente respeitáveis. Em meados de 1885, um de seus membros mais jovens se mostrara totalmente desalentado.

> Em sua aparência exterior, o antissemitismo (ou, pelo menos, os antissemitas) se tornou mais ou menos falido [...]. Esses "antissemitas-empreendedores" que agora boiam na superfície são na verdade sujeitos absolutamente não confiáveis: estouram como bolhas de sabão à mais leve pressão e se dispersam como "palha ao vento".[17]

Os antissemitas, assim, podem ser vistos como um grupo marginal de obcecados que não conseguira entrar no sistema dominante e tivera muito pouco impacto na política partidária alemã antes da eclosão da guerra em 1914. Mas marginalização política não equivale a fracasso, e os antissemitas introduziram ideias que demonstraram ter uma longa vida pela frente.

Na França, o antissemitismo político surgiu praticamente na mesma época em que aparecera na Alemanha, e lá também os iniciadores foram os jornalistas e a imprensa. Havia também outras semelhanças: quebras do mercado financeiro, fraudes, escândalos que colocavam o novo capitalismo à luz dos holofotes; transformações desnorteantes na vida nacional, como ferrovias e capitais urbanas em rápido crescimento que dominavam as províncias e atraíam imigrantes. Mas o contexto político era muito diferente e, portanto, o caráter e o significado do antissemitismo também eram. Muito antes da proclamação da Terceira República em 1870, os judeus franceses já estavam mais integrados à vida nacional do que seus análogos alemães. Na Alemanha, com sua delicada mescla de protestantes e católicos, não era fácil para o nacionalismo antijudaico assumir uma forma confessional: o elemento unificador era a raça. A situação na França era diferente, em suma, e não só porque o país era esmagadoramente católico. Ele era também uma república, nascida da derrota, aliás contestada, na Guerra Franco-Prussiana. Depois que as leis anticlericais de 1880-2 eliminaram os jesuítas e instituíram o ensino obrigatório público gratuito e o casamento civil, muitos católicos franceses passaram a hostilizar a Terceira República e se esforçavam em explicar como o país caíra nas mãos dos inimigos da Igreja e da monarquia. O antissemitismo oferecia uma espécie de resposta.

Assim, quando o jornalista Édouard Drumont se lançou à série de escritos violentamente antissemitas que lhe trariam fama, seu ponto de partida foi a defesa da fé. Católico fervoroso que se via combatendo Satanás, Drumont foi influenciado por escritores que o antecederam, como o agora esquecido Roger Gougenot des Mousseaux, cujo texto *Le Juif, le judaïsme et la judaïsation des peuples chrétiens* [O judeu, o judaísmo e a judeização dos povos cristãos], de 1869, alertara que a principal ameaça aos valores cristãos no mundo moderno era o judeu assimilado. O livro que trouxe renome a Drumont foi *La France juive* [A França judia], um sucesso de vendas com 1200 páginas em dois volumes, uma crítica cáustica da Terceira República como criação judaica.[18]

O católico fanático também era racista, e seu jornal antissemita, *La Libre Parole*, com amplo público leitor, veiculava caricaturas etnicamente estereotipadas de um tipo ainda relativamente incomum na época. "Os semitas", segundo o escritor, "têm um cérebro de forma diferente do nosso." Ele dava ênfase à tomada judaica da França e às sinistras conspirações para concentrar todo o poder em suas mãos. Para ajudar os leitores a reconhecê-los, descrevia suas características externas: "O famoso nariz encurvado, os olhos faiscantes, o corpo longo demais, os pés chatos, as pernas recurvas, pelos despontando por todo lado, a mão úmida e viscosa como a do hipócrita e traidor. Muitas vezes têm um braço mais curto do que o outro". Foi com base nesse tipo de conhecimento científico que Drumont levou seus seguidores a entrar na batalha no caso Dreyfus.[19]

O famoso caso que ajudou a definir o curso da história francesa por mais de meio século teve início em 1894, quando um capitão de artilharia francês e judeu chamado Alfred Dreyfus foi indevidamente acusado de ser espião dos alemães. Julgado culpado por um tribunal militar com base na mais frágil das evidências, foi dispensado do Exército e enviado para a penitenciária na ilha do Diabo, uma colônia penal na costa da Guiana Francesa. A luta para provar sua inocência se arrastou por mais de dez anos, até que a sentença foi anulada em 1906. No meio-tempo, o caso se tornou um campo de batalha entre diferentes visões da França. Contra os apoiadores de Dreyfus alinhava-se uma variedade sortida de monarquistas, católicos e defensores da honra do exército francês, incluindo Edgar Degas e Auguste Renoir. As ruas de Paris e de outras cidades francesas se tornaram a arena dos embates. Um lado defendia a emancipação, o legado da Revolução e os benefícios da assimilação à civilização francesa; o outro identificava a França com a cristandade, a Igreja católica e a disposição de manter firme posição contra as tentações da modernidade. Não por acaso, foram esses mesmos anos que viram a ascensão do santuário de Lourdes como a grande inspiração para o catolicismo popular e o surgimento de uma nova política católica.

Os seguidores de Drumont possuíam um inegável talento para táticas de choque e retórica sanguinária. Mas, como na Alemanha, os antissemitas descobriram que o sucesso imediato na política era mais elusivo do que o sensacionalismo literário e jornalístico. Seu camarada de armas, o marquês de Morès, era um aventureiro aristocrático instável, amante de duelos, cuja carreira especulativa o levara a Dakota do Norte, onde havia publicado *The Bad Lands Cow Boy* e fundado a Northern Pacific Refrigerator Car Company antes de perder uma fortuna e ir tentar a sorte na Índia e na Indochina francesa. Sem dinheiro e de volta à França, Morès descobriu Drumont e, partilhando a mesma aversão pela República, ajudou-o a organizar um congresso de antissemitas professos num subúrbio de Paris. Alguns meses depois, eles formaram uma Liga Antissemita Francesa, precursora das milícias de extrema direita dos anos entreguerras: o alvo principal eram os judeus, mas não muito atrás ficavam também maçons, protestantes e britânicos. Morès chegou a montar um esquadrão de capangas desempregados, vestindo-os como caubóis para atacar os defensores de Dreyfus e irromper em suas reuniões. O ponto alto das ligas antissemitas se deu em 1898, quando estouraram mais de cinquenta motins pela França, com multidões de centenas ou mesmo milhares de pessoas que atacavam e pilhavam lares e negócios de judeus. As ligas se dissolveram logo depois, mas a participação de estudantes, comerciantes, soldados e trabalhadores indicou a amplitude do apoio dado a ela.[20]

A política de Morès era uma miscelânea confusa de monarquismo, anarquismo e sindicalismo que seu biógrafo descreve como uma "salada mista ideológica"; a de Drumont não se revelava muito mais clara. Ambos eram melhores em lançar insultos do que em formular políticas. Morès morreu antes dos quarenta anos. Quanto a Drumont, sua carreira parlamentar durou poucos anos. Depois que o papa conclamou os católicos franceses a aceitarem a República, ele atendeu ao chamado, desconcertando muitos de seus apoiadores. Um terceiro líder da Liga Antissemita, Jules Guérin, tentou organizar um golpe de Estado e foi preso após um cerco policial ao seu reduto: ele passou a última década de vida na prisão. "Hoje, o antissemitismo está num período de declínio", escreveu em 1910 um dos ex-seguidores de Drumont, o jornalista Raphaël Viau, numa rememoração nostálgica dos anos com seu ídolo. Como muitos, Viau deixara o movimento bastante tempo antes.[21]

Somente na Áustria dos Habsburgo, em Viena, capital do Império, o antissemitismo político floresceu num cenário parlamentar. O Partido Social Cristão, modelo formador para o jovem Adolf Hitler, que era dirigido pelo vienense Karl Lueger, dominava a tal ponto a política municipal que o imperador acabou obrigado, contra sua inclinação pessoal, a reconhecê-lo como prefeito em 1897. Ele tinha o respaldo do papa Leão XIII e se beneficiou do voto masculino universal, que fora implantado no mesmo ano. O valor de Lueger consistia em mostrar como criar com êxito um partido político católico de massas. Admirador de Drumont, ele era um político nato e um pragmatista que reconheceu no antissemitismo um caminho para o poder, embora, depois de ocupar o cargo, pouco o tenha utilizado de forma sistemática. Conhecido por seus devotados seguidores como o Rei de Viena ou o Belo Karl (*der schöne Karl*), Lueger era um afável oportunista ideológico. Seus discursos criticavam severamente os judeus por oprimirem os cristãos, e ele apoiava especificamente as tentativas de restringir a imigração judaica no Império. Mas o famoso comentário "Eu decido quem é judeu" sintetizava sua verdadeira indiferença pela questão. Apesar do compreensível alarme expresso num importante jornal austríaco de que Viena era "a única grande cidade no mundo cujo administrador é um agitador antissemita", não houve nenhum grande ataque aos direitos jurídicos dos judeus durante seu mandato.[22]

Quase trinta anos depois, em sua cela na fortaleza de Landsberg, Adolf Hitler, que fora preso em 1923 após o malogro do Putsch da Cervejaria de Munique, relembrou a Viena de Lueger. A cidade tinha sido uma espécie de laboratório de politicagem antissemita, e o estudante sem um tostão fora um atento observador. Lueger, segundo Hitler, tinha entendido mal a "questão judaica", com sua indiferença para questões de raça. Nesse aspecto, Hitler preferia o pangermanista Georg von Schönerer, que também fora atuante na capital austríaca, mas com êxito político muito menor. A importância de Schönerer, escreveu Hitler, consistia em perceber a natureza essencialmente racial, mais do que religiosa, da luta. Se Schönerer falhara, foi porque, à diferença de Lueger ou, aliás, dos social-democratas austríacos que eram seus grandes rivais, ele não tinha qualquer talento para a política de massas. Hitler viria a combinar o racialismo de um com o gênio político do outro. Mas seria necessário vir a Primeira Guerra Mundial e o caos subsequente para criar as condições para que isso acontecesse.[23]

"Embora o antissemitismo tenha sido desmascarado e desacreditado, é de se temer que sua história ainda não tenha chegado ao fim." Assim encerrava o escritor Lucien Wolf seu verbete "Anti-semitism" publicado na *Encyclopaedia Britannica* em 1910. O alerta de Wolf refletia não só o fracasso básico do movimento do antissemitismo nas três décadas desde seu surgimento, mas também a preocupação de que houvesse mais coisas pela frente. Em 1914, não restara na Europa Ocidental e Central um único partido devotado à causa, e nenhum dos direitos civis conquistados pelos judeus no século anterior fora revogado. Mas o antissemitismo racial estava em ascensão, e na imprensa circulavam cada vez mais amplamente termos racistas insultantes e caricaturas estereotipadas. Na França, o caso Dreyfus mostrava a que ponto o antissemitismo impregnava todo o movimento antirrepublicano, reforçando um novo tipo de nacionalismo que idealizava as regiões, a

Igreja e o território, e via os judeus como o arquetípico intruso. O propagandista literário Maurice Barrès declarou que não precisava de provas para confirmar a culpa de Dreyfus, pois sua raça já era prova suficiente. A Action Française, outra emissão anti-Dreyfus, remodelou a direita francesa e a direcionou para o que seria conhecido mais tarde como fascismo: seu ideólogo principal, o escritor Charles Maurras, acabou sendo apoiador do marechal Pétain e do governo colaboracionista de Vichy durante a Segunda Guerra Mundial, quando finalmente a tradição anti-Dreyfus francesa veio a provar do verdadeiro poder. Vale notar que nem Barrès nem Maurras eram figuras marginais: ambos gozavam de grande sucesso literário e influência cultural.

Os intelectuais de direita (como os intelectuais em geral) não conseguiram encontrar esse tipo de adulação na Grã-Bretanha. Mas, mesmo lá também, a imigração em massa de judeus russos no final do século gerou falatórios descontentes de antipatia nativista. "No continente, a questão judaica explodiu", escreve um historiador da judeidade britânica; "na Grã-Bretanha, ficou meramente cozendo em fogo brando." Não havia nenhuma política antissemita organizada — afinal, os tóris já haviam sido liderados por um primeiro-ministro de ascendência judaica — e, no começo do século XX, judeus de importante notoriedade tiveram fácil admissão na corte do rei Eduardo VII. Mas havia uma ampla discussão sobre se os judeus podiam ser realmente assimilados, e a preocupação com a imigração em massa levou à aprovação da Lei dos Estrangeiros de 1905, para estancar seu fluxo. O sentimento anti-imigração chegou a se estender à cidadezinha empobrecida de Limerick, no oeste da Irlanda, que sofreu uma breve convulsão com a violência de uma turba antijudaica em 1904, depois que um padre local tomou como alvo as 35 famílias judaicas que lá haviam se estabelecido. O lexicógrafo James Murray, fundador do *Oxford English Dictionary*, admitiu por volta daquela época que lamentava não ter incluído desde o começo um verbete em seu dicionário para "antissemitismo". Duvidara que o termo fosse durar, mas percebeu que havia se enganado. "Os anos finais do século XIX mostraram que, muito infelizmente, o cristianismo é apenas um acobertamento temporário da selvageria brutal", escreveu ele. "É intoleravelmente triste para alguém como eu, que se lembra de 1848 e das grandes esperanças que tínhamos nos anos 1850."[24]

Nas terras germânicas, o impacto do antissemitismo sobre a sociedade foi muito mais profundo, sobretudo depois que, em 1888, a monarquia passou para as mãos do kaiser Guilherme II, profundamente antissemita. Seus pais haviam considerado "lunáticos" os demagogos antissemitas, e em várias ocasiões até frequentavam a sinagoga para afirmar sua visão. Sabiam que o filho iria alimentar um ódio vulgar e vigoroso contra — sem qualquer ordem em especial — judeus, austríacos, liberais, católicos, ingleses, eslavos e chineses. Seguidor de teorias conspiratórias antissemitas, com o tempo Guilherme se tornou mais explícito e extremado em suas posições. "Os judeus são os parasitas de meu Império. A questão judaica é um dos maiores problemas com que tenho de lidar", disse ele. "E, no entanto, não se pode fazer nada para enfrentá-la!" No exílio após a Primeira Guerra Mundial, as obsessões antissemitas do kaiser atingiram o grau de transtorno mental, e ele morreu em junho de 1941 enaltecendo a conquista alemã da Europa como uma "sucessão de milagres" que varreria os judeus do continente.[25]

As atitudes da elite na Alemanha seguiram a orientação do kaiser. A ciência das raças gozava de enorme prestígio e progrediu ali mais que em qualquer outro lugar. As confrarias estudantis, que constituem um útil indicador dos pontos de vista dos futuros dirigentes do país, no começo do século XX estavam relativamente purgadas dos integrantes judaicos. Preconceitos semelhantes circulavam mais abaixo na escala social e irrompiam em aspectos como as controvérsias da época sobre a mudança de nome. Com o decreto de emancipação de 1812, os judeus na Prússia tinham sido obrigados a escolher um sobrenome para se registrar a fim de obter a cidadania. Mas os antissemitas odiavam a ideia de que, com essa mudança, ficaria mais difícil distinguir os judeus entre o conjunto da população. Em 1893, o caso "Schmul-Goetze" virou notícia nacional depois que um comerciante judeu chamado Schmul entrou com o pedido para mudar seu sobrenome para Goetze, que soava mais germânico, por ter sido o de seu avô. Quando a solicitação foi aprovada, outro Goetze escreveu em protesto e organizou uma carta assinada por mais 26 pessoas que afirmavam se tratar de um "sobrenome legitimamente germânico cristão", e não para ser utilizado por alguém com a "finalidade expressa de ocultar sua ascendência judaica". Organizações antissemitas deram apoio, e as listas de assinaturas se multiplicaram. Uma petição assinada por 116 portadores do sobrenome, enviada ao kaiser, alegava que a mudança de nome indicava que "[os judeus] estão plenamente cientes de sua incapacidade de algum dia se tornarem alemães"; eles eram, afirmava o texto, uma "espécie tribal" estrangeira.[26] Episódios como este eram ao mesmo tempo farsescos e trágicos: sugerem que a questão não se resumia ao fracasso político do antissemitismo organizado. Em grande parte da Europa Central, a emancipação despertara inimizades e suspeitas que certamente não vinham se enfraquecendo e permeavam cada vez mais a vida cotidiana.

E havia as terras no Leste Europeu. Em 1898, o mesmo ano em que ocorreram balbúrdias antijudaicas na França, eclodiu uma onda muito mais ampla e séria de tumultos na Galícia, distante província oriental do Império Austro-Húngaro. Os perpetradores eram, na maioria, camponeses, operários e mineiros poloneses, e os alvos eram judeus que moravam nas vilas e aldeias da região, cujas lojas e lares foram saqueados e vandalizados. Registraram-se cerca de quatrocentos ataques, antes de serem reprimidos pela polícia e pelo Exército. A volatilidade da situação tomou as autoridades de surpresa, porém, por fim, mais de 5 mil pessoas foram detidas e mais de 2 mil foram condenadas.[27] Quanto às terras do Império Russo, que deu ao mundo uma nova palavra — "pogrom" —, a violência foi em escala ainda maior, e a reação do Estado a ela, muito mais ambígua. Lá também o cenário era o da economia agrária, que operava na base de uma diferenciação étnica entre o campesinato cristão e intermediários judeus dos vilarejos que administravam as fazendas, possuíam lojas e tabernas e atuavam como negociadores no comércio de cereais. As forças da modernidade — as ferrovias que facilitavam a reunião de grandes turbas e a imprensa em busca de notícias sensacionalistas (o que ainda era novidade numa sociedade em larga medida iletrada) — criaram uma mistura explosiva num mundo onde ainda se acreditava, no âmbito geral, no velho libelo de sangue. Embora fosse relativamente rara a violência direta das massas, ela se deflagrou após o assassinato do tsar Alexandre II em 1881. De forma ainda mais impressionante, em 1903 — dentro e em torno da cidade bessárabe de Chisinau —, dezenas e dezenas de judeus foram mortos, um massacre que chocou o mundo. Meros quinze anos depois, esse número iria parecer comparativamente trivial.[28]

Como os Habsburgo, as autoridades imperiais russas viam os distúrbios públicos como um desafio à sua legitimidade. Mas a diferença era que a corte Románov era antissemita e via uma potencial ameaça em praticamente qualquer espécie de atividade política-partidária. Preocupada (por boas razões) com conspirações terroristas, apoiou o crescimento de organizações pró-monarquistas e pró-eclesiásticas que podiam ser utilizadas para a violência antissemita ou antirrevolucionária. À volatilidade se somava a persistência do antissemitismo popular e do velho ódio aos judeus, atiçados pela imprensa local, a qual era, ela mesma, difícil de controlar e estava nas mãos de nacionalistas. Nas vésperas do episódio de Chisinau, por exemplo, foi o jornal diário regional *Bessarabets* que publicou o libelo de assassinato ritual e congregou um grupo de ardorosos antissemitas locais, que difundiram boatos sobre malignos complôs judaicos contra o campesinato.[29]

A natureza violenta do antissemitismo russo levou a uma sucessão de *causes célèbres* de repercussão internacional, contribuindo para a péssima posição do país aos olhos da opinião pública liberal no exterior. Uma década depois dos pogroms de Chisinau, veio o escandaloso julgamento de Mendel Beilis em Kiev, em que os antissemitas locais, com o respaldo das autoridades tsaristas, haviam levado um judeu a julgamento pelo suposto assassinato de um garoto para usar seu sangue para a matzá. O caso seria ridículo se não tivesse implicações tão sérias. Era um extraordinário e arrepiante exemplo para relembrar o que muitos russos comuns acreditavam a respeito dos judeus e a persistência no século XX do libelo medieval de sangue em grandes faixas da Europa.[30]

Vale notar em particular uma admirável reação ao próprio julgamento. No prazo de algumas semanas, meia dúzia de teatros em Nova York — lar de uma quantidade enorme de judeus russos recém-chegados — apresentou peças em iídiche sobre o caso, e o nome de Mendel Beilis se tornou familiar nos dois lados do Atlântico. O fato é que uma era de internacionalização não deixava passar incólumes nem o antissemitismo nem seus críticos. Esse processo começara logo depois de se iniciar uma agitação antissemita organizada em 1880, com o trabalho de agitadores de França, Alemanha, Romênia e Austro-Hungria para criar um movimento antissemita por meio de uma série de conferências internacionais nos primeiros anos daquela década. Pouco efeito elas tiveram. Muito mais êxito teve o contrainternacionalismo, por meio do qual se uniram comunidades e notáveis judaicos nos Estados

Unidos, na Grã-Bretanha e na França, mobilizando-se em defesa dos correligionários no exterior que estavam enfrentando perseguições, sobretudo na Europa Oriental e nas terras otomanas, por parte não tanto desses ativistas políticos, mas sim de Estados discriminatórios ou permissivos. Já no Congresso de Berlim, em 1878, grupos judaicos alemães e franceses haviam feito lobby junto às grandes potências para adiar o reconhecimento da Romênia recém-independente enquanto seus políticos não firmassem o compromisso de que o país respeitaria os direitos judaicos. O pogrom de Chisinau marcou a data da primeira chegada de organizações judaicas americanas ao palco internacional. Em sua esteira, foi criado em Nova York o Comitê Judaico Americano, a fim de "impedir a infração dos direitos civis e religiosos dos judeus e amenizar as consequências da perseguição".[31] Nas Guerras dos Bálcãs de 1912-3, mais uma vez grupos judaicos fizeram lobby junto às grandes potências pelos direitos das minorias, desenvolvendo lentamente uma experiência que lhes seria muito útil alguns anos depois. Dessa forma, a chamada questão judaica se tornou parte da diplomacia europeia e passou a integrar o projeto liberal de "civilizar" o continente e o mundo por meio do direito internacional.

Mas o internacionalismo judaico gerou uma contrarreação. Para os antissemitas, os sinais da influência judaica sobre a diplomacia europeia confirmavam seus pesadelos: parecia-lhes que eram judeus proeminentes, operando nos bastidores, que realmente controlavam os destinos do mundo, utilizando suas lendárias riquezas para dobrar as nações segundo a sua vontade. Evidentemente, a conspiração internacional radical não era um medo recente: desde os finais do século XVIII, monarquistas católicos temiam a ameaça da maçonaria, e nos anos 1820 teciam fantasias sobre a existência de redes revolucionárias clandestinas. Agentes da polícia secreta temiam uma internacional anarquista. No final do século, a tendência na imaginação cada vez mais racializada da época era ver os judeus mexendo seus pauzinhos. Assim, a internacionalização crescente da luta contra o antissemitismo reforçou receios já bem entranhados quanto à existência de um pérfido sistema secreto de dominação judaica. A manifestação mais conhecida desses temores foi um texto com o nome de *Os protocolos dos sábios de Sião*, publicado pela primeira vez num jornal de São Petersburgo por Pavel Krushevan, jornalista que estivera no centro da agitação por trás do pogrom de Chisinau: muito provavelmente, foi ele quem inventou e lançou o que fingia ser a tradução das atas de uma reunião secreta de uma cabala de anciães judeus planejando a dominação global. Hoje não precisamos relembrar o dano que as teorias da conspiração podem causar. Depois da Primeira Guerra Mundial, de 1914-8, a ameaça delineada nos *Protocolos* assombrou a mente de homens como Adolf Hitler e, com a ascensão dos nazistas, levou a uma outra guerra mundial que converteria o destino dos judeus numa questão central.[32]

3. O antissemitismo em ascensão

1914-33

Uma cruzada de antissemitismo tem grassado do Reno ao Vístula e do Báltico ao mar Egeu nos últimos seis meses, com uma força vingativa que quase ultrapassa todas as manifestações prévias de ódio antijudaico desde o início da guerra.

Israel Cohen, 1932[1]

Se nunca tivesse havido a Primeira Guerra Mundial, hoje poderíamos estar prestando a Wilhelm Marr e sua laia tão pouca atenção quanto prestamos àqueles obscuros monarquistas franceses *fin-de-siècle* que continuavam na esperança da volta de um rei que nunca viria. Em 1914, apesar da presença ubíqua de estereótipos e preconceitos contra os judeus, a onda de emancipação corria em favor deles e os movimentos antissemitas pouco tinham avançado contra ela. Onde houvera a conquista dos direitos civis, eles não tinham sido revogados. Uns poucos episódios na Europa nos primeiros dias e meses da guerra eram de pouca importância em comparação às investidas contra outras minorias. Mas a duração do conflito, o número vertiginoso de mortes e as notáveis sublevações que se seguiram em todo o continente mudaram tudo: o triunfo dos antissemitas foi essencialmente um produto do terremoto ideológico que resultou da primeira guerra total.

Quando estourou a guerra, os judeus ingressaram nas fileiras dos exércitos europeus, unindo sua sina à de seus conterrâneos. Para os politicamente mais conscientes, era uma oportunidade de provar seu patriotismo e mostrar que partilhavam não só os direitos, mas também os deveres da emancipação. Entre os muitos judeus alemães educados que se uniram ao chauvinismo do momento estava o poeta Ernst Lissauer, compositor do ignominioso poema de guerra "Hassgesang gegen England" [Canção de guerra contra a Inglaterra]. Nas fileiras do exército francês estava o jovem antropólogo judeu Robert Hertz, que elogiou a camaradagem que encontrou nas trincheiras e começou a fazer um estudo etnográfico de seus colegas soldados antes de morrer em ação. Um dos poetas de guerra britânicos mais conhecidos da Frente Ocidental era Siegfried Sassoon, pertencente a uma rica dinastia anglo-judaica, educado em Cambridge, jogador de críquete e neto de um comerciante magnata de Bagdá. Escritor admirável e oficial de bravura quase suicida, Sassoon foi condecorado com a Cruz Militar na Frente Oriental, antes de passar com igual coragem a denunciar a guerra.[2]

No entanto, na zona que se estendia do Báltico ao mar Negro, a casta militar continuava fechada para os judeus. Com efeito, a eclosão da guerra levou a ocupação inimiga, a deportação em massa e a violência destruidora contra civis em uma escala até então inédita e converteu os judeus e outras minorias em objetos de imediata suspeita. A partir do final de 1914, exércitos imperiais — otomano, russo e austro-húngaro — tomaram como alvo populações suspeitas que moravam perto das linhas de frente ou em zonas de fronteira sensíveis, onde ocorreram vários dos primeiros massacres e deportações. Na Anatólia Ocidental, o infortúnio recaiu sobre os gregos; nas terras otomanas orientais, foram os armênios os escolhidos para morrer, numa preliminar da violência genocida do ano seguinte. Na fronteira sul do Império dos Habsburgo, foram os sérvios étnicos. E nas terras fronteiriças ocidentais do Império Russo, foram sobretudo os judeus.[3]

Para centenas de milhares de judeus confinados na Zona de Assentamento em cidadezinhas e vilarejos cada vez mais abarrotados e empobrecidos, vulneráveis a ataques do campesinato hostil ao redor, a única escapatória antes da guerra havia sido a emigração: calcula-se que cerca de 1,5 milhão de judeus migraram para os Estados Unidos entre 1880 e 1914, fazendo de Nova York, por ampla margem, a maior cidade judaica do mundo. Mas, quando a guerra estourou em 1914 e os exércitos imperiais varreram a região, as rotas transatlânticas de emigração foram fechadas, e as comunidades judaicas da Zona de Assentamento ficaram submetidas à violência iniciada *não por tumultuadores* locais, como no passado, mas pelo próprio exército russo. No segundo semestre de 1914, unidades russas avançaram a oeste do Império e entraram nas faixas da Galícia austro-húngara, onde se lançaram a uma orgia de destruições. Os soldados incendiaram cidades e mataram seus habitantes judeus, muitas vezes numa espécie de sádico esporte sangrento. Não é de se admirar que o retorno do exército austro-húgaro tenha despertado um "frenesi de júbilo" entre os sobreviventes.[4]

Com o sucesso da contraofensiva germânica, o exército tsarista caiu. Na retirada, reagiu ordenando que grande parte da população civil sob seu comando se afastasse da frente de batalha: o exército considerava os judeus da Zona de Assentamento como uma potencial quinta-coluna pró-germânica e direcionou sua violência contra eles. Até o verão de 1915, calcula-se que 600 mil judeus russos haviam fugido ou tinham sido deportados para a Rússia Central, rumando para leste num "terror indescritível", obrigados pelo exército que se retirava perante o avanço germânico. Dessa forma, foi a própria guerra que finalmente destruiu a Zona de Assentamento, e as proibições legais até então existentes à mobilidade judaica perderam qualquer pertinência. Em meados dos anos 1920, a população judaica da Rússia fora dessa área era o dobro do que tinha sido antes.[5]

Em Londres e Nova York, os mesmos grupos judaicos que antes estavam monitorando o antissemitismo oficial russo ficaram na vã expectativa de que o governo tsarista reconhecesse a contribuição dos 200 mil judeus que haviam se juntado ao exército. Quando o governo imperial emitiu uma proclamação de autonomia para os poloneses, supuseram que se seguiria outra para os judeus. "Em vista dos grandes princípios liberais pelos quais os Aliados estavam lutando", escreveu Lucien Wolf, um dos principais especialistas anglo-judaicos, "[cremos que] será impossível que o governo russo mantenha o atual sistema." No entanto, os ministros do tsar não deram qualquer sinal de atender às demandas de tomarem posição contra o antissemitismo, de refrearem o exército ou de atenuarem as restrições jurídicas que os judeus ainda enfrentavam.[6]

Conforme a guerra se estendia, outro elemento entrou na equação: o financiamento das operações. Todos os lados começaram a recorrer aos mercados financeiros americanos a fim de levantar empréstimos, e, ironicamente, pela visão de mundo antissemita adotada em comum por estadistas e diplomatas de ambos os lados, passou-se a considerar importante persuadir os financistas judeus americanos. "O antissemitismo [russo] dificulta muito obter o auxílio financeiro judaico para os Aliados", escreveu um ministro adjunto britânico em janeiro de 1916. "E essa guerra pode se dar em torno das finanças."[7] Diante da obstinação da elite russa, diplomatas britânicos e franceses começaram a procurar outra questão que pudesse granjear a boa vontade judaica para com as potências da Entente. Para vários altos executivos das Relações Exteriores, havia uma: o sionismo. Em sua maioria, eles não sabiam muito bem o que era exatamente, e menos ainda estavam em posição de avaliar sua popularidade entre os próprios judeus. Recebiam sinais ambíguos sobre a questão e quase certamente tinham parca noção da profunda ambivalência (para não dizer aversão) que as elites judaicas, tanto na Inglaterra quanto nos Estados Unidos, sentiam por toda a ideia de um Estado nacional judaico. O que sabiam é que era mais fácil prometer terras otomanas inimigas numa futura partilha territorial do que pressionar a Rússia aliada a fazer concessões. Assim, os britânicos desistiram de seu empenho não propriamente muito vigoroso de usar a guerra para lutar pela emancipação judaica na Rússia e acabaram lançando a Declaração Balfour. Em novembro de 1917, quando as tropas do Império Britânico começavam a derrotar o exército otomano da Palestina, e com a Rússia num turbilhão revolucionário, o ministro britânico das Relações Exteriores, Arthur Balfour, formalizou seu decisivo compromisso de apoio britânico ao "estabelecimento na Palestina de um lar nacional para o povo judeu".[8]

O efetivo significado disso ficou deliberadamente vago. A noção de um "lar nacional" não tinha nenhum sentido definido no direito internacional, e não estava nada claro quem haveria de governar o território correspondente quando a guerra terminasse. Além disso, grande parte da elite judaica assimilada da Europa Ocidental e dos Estados Unidos era intensamente antissionista e não gostou nada da ideia. O lobbista Lucien Wolf temia que a Declaração Balfour enfraquecesse a posição dos judeus na Inglaterra e lançasse suspeitas sobre a lealdade deles, e fez o que pôde para evitá-la. Numa carta ao *The Times*, ele e os outros signatários judaicos insistiram que os judeus do mundo não eram "uma nacionalidade sem lar, incapazes de plena identificação social e política com as nações onde vivem". Numa afirmação que viria a se tornar um conhecido refrão liberal, o economista libertário anglo-judeu J. H. Levy protestou:

> Se nós mesmos nos proclamamos estrangeiros [...] não consigo entender em que bases podemos alardear que estamos sendo injustamente tratados como estrangeiros [...]. A única coisa que o sionismo parece capaz de alcançar é a criação de uma base lógica para o antissemitismo.[9]

No que se referia à judeidade europeia oriental, a Declaração Balfour despertou enorme comoção. Mas mesmo ali a maioria dos judeus não queria deixar a terra de nascença, e as potências centrais continuavam a ser as garantidoras mais prováveis de seus direitos do que os adversários delas. O exército alemão que ocupava o território russo foi saudado pelos judeus russos como libertador, e Berlim apresentava a Alemanha como redentora das nações cativas da região. Em 1916, o general Hindenburg anunciou que o iídiche seria reconhecido como língua oficial e apresentou planos de conceder a comunidades judaicas certo grau de autogestão local. No começo de 1918, com a Rússia incapacitada pela revolução e uma provável paz germânica por toda a Europa Oriental, o ministro das Relações Exteriores da Alemanha endossou a ideia dos direitos das minorias. Seu parceiro austro-húngaro acenou com uma representação proporcional e até com uma secretaria de Estado de assuntos judaicos. Esquecidos no curso posterior da história e hoje quase incompreensíveis para nós, esses indicadores — lembretes de como poderia ter sido outro o destino judaico numa Europa monárquica conduzida pela Alemanha — se perderam poucos meses depois na derrota germânica. Uma das primeiras tragédias da Frente Oriental da Alemanha na Segunda Guerra Mundial viria a ser o fato de que muitas comunidades judaicas polonesas saudaram calorosamente a Wehrmacht [as Forças Armadas], na expectativa de que ela viesse a cumprir o mesmo papel que fora desempenhado pelo exército do kaiser no conflito anterior.[10]

No segundo semestre de 1918, os acontecimentos tiveram uma guinada inesperada quando o Império Germânico e o Império Austro-Húngaro seguiram a mesma sina tsarista e começaram a se desintegrar com imprevista rapidez. Com a Rússia já mergulhada na guerra civil, abriu-se um vazio no poder, com poloneses, ucranianos e outros povos lutando por sua independência: em meio a combates de uma desnorteante complexidade, os judeus da região sofreram uma carnificina em escala de horror totalmente inédita. Ao publicar as notícias da cidadezinha de Proskurov, um *shtetl* [povoado] na ex-Zona de Assentamento, onde soldados ucranianos massacraram mais de mil judeus em fevereiro de 1919, o *New York Times* descreveu a ocorrência como "o primeiro de uma nova série de eventos que saem do âmbito dos pogroms comuns e adquirem o caráter de chacina". Nacionalistas de todos os naipes entraram em choque com o recém-formado Exército Vermelho, grupos anarquistas, insurreições camponesas, aventureiros psicopatas e caudilhos. Nas províncias orientais das terras austro-húngaras, comunidades judaicas foram atacadas por nacionalistas poloneses. Unidades paramilitares alemãs de direita, combatendo o bolchevismo e os nacionalistas poloneses e ucranianos, tomaram-nas como alvo numa zona que se estendia da Estônia, ao norte, até a Ucrânia, ao sul. Eclodiu uma onda de pogroms que tornava irrisória qualquer coisa ocorrida sob o regime tsarista. É impossível determinar os números com precisão, mas a quantidade de mortos foi vertiginosa: somente na Ucrânia podem ter perecido 100 mil judeus, e milhões foram desalojados antes que a guerra civil chegasse ao fim. Não havia ocorrido nada similar à matança de civis nessa escala nos tempos modernos europeus — apenas a mortandade dos armênios na Anatólia superava esse número.[11]

Reunindo-se em Paris para a conferência de paz na primavera de 1919, enquanto o combate propagava-se no leste, delegados judeus tentaram levar os sofrimentos e as aflições de seus correligionários à atenção dos vencedores. Mas estes tinham muitas outras coisas na cabeça e pouco se interessaram, até que chegou a Paris a notícia sobre a violência das unidades militares polonesas, e os Quatro Grandes se aperceberam de que o redesenho do mapa da Europa ia ser mais complicado do que tinham pensado, visto que os novos Estados nacionais, em vez de garantidores da paz, poderiam com a mesma facilidade se tornar fomentadores da guerra. Solicitou-se ao chamado Comitê dos Novos Estados a elaboração de um arcabouço jurídico para os direitos das minorias, o qual foi devidamente englobado pelos tratados que conferiam reconhecimento internacional ao assentamento territorial pós-guerra, incluído no direito internacional e convertido em responsabilidade de uma nova organização mundial permanente: a Liga das Nações. Talvez esse tenha sido o momento de apogeu do internacionalismo judaico, uma época em que a preocupação com os direitos dos judeus parecia andar lado a lado com a extensão dos benefícios do direito internacional a todos, em que as prerrogativas da emancipação judaica foram não só ampliadas, mas também asseguradas por uma supervisão internacional protetora. As ideias por trás das proteções da nova Liga das Nações foram, de início, levadas muito a sério, e, nos anos 1920, os judeus e os alemães foram os principais entre as minorias étnicas da Europa Oriental que se reuniram no Congresso Europeu das Nacionalidades para pressionar pela defesa dos direitos que lhes tinham sido assegurados pelo acordo de paz.

O acordo de paz marcou uma mudança na forma de pensar a relação entre minorias e maiorias. O velho modelo liberal oitocentista de emancipação tivera como premissas a assimilação e o tratamento igualitário das pessoas independentemente de religião; em Versalhes, ele cedeu lugar a um modelo nacionalista que tinha como fundamento o Estado nacional e assegurava direitos coletivos às minorias com base na etnia. Para os judeus da Europa Oriental, isso era um avanço em comparação ao regime sob o qual viviam antes, mas também os tornava reféns da nova configuração de poder. Pois, como minorias, ficavam sujeitos à autoridade de Estados nacionais então recentemente instituídos que se indignavam com a indesejada supervisão da Liga das Nações. Além disso, o sistema inteiro era criação das grandes potências vitoriosas, da derrota alemã e da queda russa. Qualquer recuperação germânico-russa conjunta poderia ameaçar a sobrevivência dele.

Tudo isso ainda estava no futuro. No começo dos anos 1920, as forças da emancipação judaica pareciam ter triunfado em toda a Europa, e o antissemitismo como movimento político parecia derrotado. O regime mais antissemita do continente — o do tsar russo — fora derrubado sem qualquer possibilidade de recuperação; a emancipação finalmente — e de súbito — chegara à Rússia com as revoluções de 1917, enquanto tinha-se a impressão de que as grandes potências liberais estavam preparadas para exercer sua benévola proteção sobre as terras da judeidade asquenaze na Europa Oriental. Em 1925, após reuniões entre grupos judaicos comunais e o governo em Varsóvia, foi anunciado um pacto judaico-polonês para "acabar com o antissemitismo". "O povo polonês", teria dito o ministro das Relações Exteriores numa visita transatlântica, "despertou para a percepção de que seu antissemitismo é um erro." Dois anos depois, chegou o que talvez tenha sido o ponto culminante dessa reação, quando se iniciou o julgamento de Sholem Schwarzbard, em Paris. Schwarzbard era um jovem judeu que perdera a família nos pogroms de 1919 na Ucrânia; como vingança, ele assassinara o líder nacionalista ucraniano, Symon Petlyura, que estava exilado em Paris. O surpreendente no julgamento, que terminou sensacionalmente com a absolvição de Schwarzbard, foi que os dois lados concordaram numa coisa: o antissemitismo era deplorável. Um comentador observou: "O assassino não tinha matado um homem; ele golpeara o antissemitismo [...]. O antissemitismo se chamava [...] Petlyura". Este último, por sua vez, sempre insistira que não era antissemita. Para os grupos judaicos, o processo de Schwarzbard foi uma oportunidade de julgar o antissemitismo perante o tribunal da opinião mundial. Levou à formação de uma Liga Internacional Contra o Antissemitismo, atuante entidade de autodefesa que pressionou por uma nova legislação permitindo que os antissemitas fossem julgados nos tribunais franceses.[12] A eficácia dessa estratégia, porém, se demonstraria questionável. Entre as duas guerras mundiais, iriam-se registrar várias tentativas de usar os tribunais em diversos países para processar o antissemitismo, mas nenhuma chegou a ter êxito inquestionável, e a proteção da lei mostrou que tinha sérias limitações. Um processo de grande destaque, julgando os editores que publicaram em Berna, na Suíça, *Os protocolos dos sábios de Sião* em 1933-4, e que pôs os nazistas no banco dos réus, se encerrou com um veredicto insatisfatoriamente indeterminado.[13]

De fato, longe de se ter derrotado o antissemitismo, nos estágios finais da Primeira Guerra Mundial viu-se sua intensificação também em grande parte da Europa Central e Oriental. Na verdade, foi a violência anárquica da última fase da guerra e de suas decorrências que mais contribuiu para a ascensão do antissemitismo como movimento político. O cataclismo da guerra fora avassalador, sua conclusão, uma cascata de consequências imprevistas que se seguiram aos milhões de mortos durante o combate: a súbita derrota das potências centrais e a derrubada de monarquias multisseculares; hiperinflação e aguda instabilidade econômica; pandemia e influxos maciços de refugiados despossuídos, ascensão dos Estados Unidos como principal potência na determinação do futuro da Europa; e, acima de tudo, a vitória inédita de um movimento revolucionário radical — o bolchevismo — na Rússia avultando-se no leste. Tudo isso veio como uma guinada desconcertante e, para muitos, simplesmente inexplicável. Multiplicaram-se teorias conspiratórias antijudaicas como explicação pronta para a mudança vertiginosa, e, assim, foi no começo dos anos 1920 que *Os protocolos dos sábios de Sião*, texto pouco conhecido em 1914, alcançou um público supreendentemente amplo nos dois lados do Atlântico. Políticos britânicos e franceses de alto escalão se indagavam seriamente se o livro continha a chave para se entender o que estava acontecendo no mundo. Em Nova York, observou um magnata judeu americano, os *Protocolos* eram "assunto de conversa em todas as salas de estar e em todas as esferas sociais". Henry Ford deu à obra enorme destaque e foi quem mais contribuiu para criar um clima favorável para o antissemitismo nos Estados Unidos do entreguerras.[14]

Talvez seja tentador enxergar paralelos com a rapidez com que teorias conspiratórias se difundem em nossa época, mas, sejam quais forem os abalos causados pela crise financeira mundial de 2008-9 ou pela covid-19, nem de longe eles têm a magnitude do impacto da Primeira Guerra Mundial. O que alimentou essa guinada para uma visão de mundo antissemita foi, principalmente, o receio de que a conferência de paz de Paris fosse apenas o prelúdio da plena instauração do socialismo revolucionário por toda a Europa. Nos meses turbulentos após o súbito fim da guerra, isso não parecia impossível. Houve greves, ocupações de fábricas e tumultos de Clydeside até o norte da Itália que revelavam a nova força da classe trabalhadora organizada e da esquerda. Em especial a Alemanha, abatida pela súbita derrota, a escassez de alimentos e de combustível e a epidemia de gripe, foi atingida no final de 1918 por uma onda de revoluções socialistas efêmeras, com judeus radicais se destacando entre os líderes insurrecionistas. Já preocupados com a suposta ameaça dos milhares de judeus da Europa Oriental (*ostjuden*) que estavam fugindo da violência na fronteira russo-polonesa e iam para a Alemanha e a Áustria, militares desmobilizados entraram em ação. Muitos integrantes do Freikorps direitista que, a seu ver, estavam defendendo a Alemanha contra o bolchevismo eram firmemente antissemitas; a clandestina Organização Cônsul foi criada como um esquadrão da morte para "livrar o governo alemão de socialistas e judeus". Bielorrussos e alemães étnicos desalojados pela guerra civil russa e pelo avanço bolchevique anunciavam o que diziam ser um novo inimigo sinistro: o bolchevismo judaico. Pouco interessava que os judeus em sua maioria não fossem bolcheviques, nem que os bolcheviques não fossem judeus: essa ameaça mítica se apoderou da imaginação de muita gente.[15]

Foram nesses mesmos meses que os judeus vieram a ocupar um lugar central na visão de mundo de Hitler. Durante a guerra, na caserna militar que se tornara seu lar, ele dera a seus companheiros de armas pouco ou nenhum indício de suas futuras obsessões: na verdade, o próprio tenente Hugo Gutmann, adjunto de comando que o recomendara para uma Cruz de Ferro, era judeu. Poucos dias antes da chegada de Hitler a Munique, em novembro de 1918, como jovem soldado diante de um futuro incerto, a monarquia bávara havia sido derrubada por um grupo de revolucionários liderado pelo socialista Kurt Eisner. Para a opinião pública alemã, um aspecto não pouco chocante dessa guinada era que Eisner, o novo ministro-presidente da Baviera, com alguns membros de seu governo, era judeu: isso era tão extraordinário porque, à diferença de outros lugares, os judeus na Alemanha não haviam ocupado nenhum cargo importante no governo antes da Primeira

Guerra Mundial. Ao despertar para um regime socialista sob um líder judeu, muitos integrantes da comunidade judaica de Munique ficaram apreensivos: "Consideramos preocupante na época que tantos judeus tivessem se tornado ministros", relembrou a feminista Rahel Straus. "Foi um grande infortúnio. Foi o começo da catástrofe judaica [...]. Sabíamos disso na época e o dissemos." Interessante notar que, naquele tempo, o próprio Hitler optou por não se desmobilizar nem ingressar nas formações paramilitares de direita: em vez disso, manteve-se no Exército, servindo à nova república socialista. Chegou a ser filmado quando marchava no cortejo fúnebre de Eisner, assassinado por um nacionalista de direita em fevereiro de 1919. Mas, na atmosfera ardentemente antissemita da repressão contrarrevolucionária que se seguiu, o futuro Führer — e muitos conterrâneos seus — passou a atribuir as desgraças da Alemanha aos judeus.[16]

Numa cervejaria de Munique, em agosto de 1920, mal tendo se passado um ano e meio desde o funeral de Eisner, Hitler fez um discurso com o título de "Por que somos antissemitas?". A essa altura, ele era atuante no turvo mundo da política bávara de extrema direita, e o discurso, com duas horas de duração, era ciosamente elaborado para tentar diferenciar o novo Partido Nazista de seus rivais. Numa época em que grande parte de Munique discutia a proeminência dos judeus na política, não bastava ser antissemita, o importante era explicar a razão. Hitler decidiu fazer isso de duas maneiras. A primeira consistia em dar grande ênfase ao racismo biológico. Afirmando que seu partido estava na vanguarda do movimento antissemita na Alemanha como um todo, Hitler alertava que os judeus eram um bacilo que ameaçava a saúde do povo germânico: aí estavam as origens de um conjunto de ideias que, duas décadas depois, levaria ao assassinato em massa promovido pelo Estado. A segunda, que refletia as esperanças do novo partido de obter o apoio dos socialistas e dos operários nacionalistas, consistia em se abster da usual ênfase conservadora e católica sobre a ameaça do bolchevismo. O discurso mostra que o futuro ditador alemão reconhecia, embora obliquamente, que algumas pessoas em seu público ainda não viam a pertinência do antissemitismo para suas preocupações e até se sentiam envergonhadas em ser identificadas com ele. "Como você pode ser antissemita socialista? Não tem vergonha?", imagina Hitler que objetariam, e então alardeia: "Chegará um tempo em que perguntaremos: 'Como socialista, como pode você não ser antissemita?'". Na mesma linha, ele imagina outra objeção, de que, "antes da guerra, ninguém ouvia nada sobre os judeus". "Você diz: antes da guerra, não se ouvia falar deles", retruca Hitler. "Mas como são deploráveis aqueles que agora ouvem tudo isso e ainda assim não têm coragem de se juntar a nós." Sua tarefa era conquistar os que ainda não estavam no campo da extrema direita, e seus comentários — que constituem quase como uma espécie de relatório codificado de sua evolução ideológica — servem para lembrar que a política antissemita alemã enfrentara significativos obstáculos sociais antes de 1914. Mas, entre a chocante humilhação da derrota, a queda da monarquia e o medo da revolução, tais reservas e tabus se esmigalharam. A maioria dos partidos conservadores adotou concepções antissemitas e até começou a barrar membros judeus em suas fileiras. Hitler seguia a tendência da época, usando o antissemitismo para que seu apelo transpusesse as divisões de classe da sociedade germânica.[17]

A primeira onda de violência de direita terminou com tumultos antissemitas em Berlim e o fracassado Putsch da Cervejaria em Munique, tentado por Hitler em 1923: preso por seu papel na tentativa de golpe, ele ocupou a cela na prisão de Landsberg que antes abrigara o assassino de Eisner e se pôs a trabalhar no relato de seus anos iniciais, narrados para pavimentar seu caminho rumo à consciência política antissemita. *Minha luta* descrevia seu pai como um homem cosmopolita, funcionário público do Império que desaprovava o antissemitismo e o nacionalismo, considerando-os vulgares. Hitler escreve que foi apenas com a mudança para Viena que enfim entendeu o poder oculto dos judeus e seu desejo de dominação mundial. Na verdade, ele atribuiu retrospectivamente aos anos em Viena — e ao serviço militar durante a guerra — um antissemitismo obsessivo que os que o conheceram na época duvidavam que de fato existira, e passou depressa por cima de sua decisão potencialmente embaraçosa de servir ao governo Eisner na Baviera no final de 1918. O livro atendeu à sua finalidade: depois de sair da prisão em 1924, Hitler viu que o antissemitismo racial, em vez de bloquear politicamente seu caminho para o poder, podia ajudar a levar o sucesso do Partido Nazista para dentro do sistema parlamentar da própria República de Weimar.[18]

E isso não acontecia apenas na Alemanha. Na Polônia, país com a maior população judaica na Europa, um novo governo confessadamente antissemita deixou claro que não tinha a menor intenção de cumprir seus deveres de atender aos direitos das minorias. Na Romênia, havia a fúria de que as grandes potências liberais continuassem a humilhar o país defendendo os direitos judaicos, as novas populações judias de dimensões consideráveis da Grande Romênia ampliada, que surgira em 1919, eram deliberadamente mantidas num limbo político. Na Hungria, um soviete revolucionário fora derrubado pelo regime anticomunista do almirante Horthy, que instituiu seu próprio Terror Branco: os direitistas viam a malograda revolução pró-bolchevique de Béla Kun, ele próprio judeu, como mais uma "revolução judaica". Com a perda maciça de território húngaro, imposta pelo tratado de paz de Trianon, houve uma explosão de antissemitismo no país. "A Hungria se tornaria um país judaico?", perguntou preocupado um alto bispo católico em setembro de 1918. Em dois anos, a preocupação se tornou uma visão plenamente desenvolvida da Hungria como o bastião da civilização cristã, salvando a Europa da "moral judaica". Visões que em 1918 eram extremistas, em 1920 eram dominantes.[19]

Ao longo da década, porém, a contrarrevolução foi contida porque os vencedores liberais da Primeira Guerra Mundial ainda subscreviam o sistema internacional. Entrava uma enxurrada de capital americano na República de Weimar, o bolchevismo estava detido na fronteira polonesa-soviética e a Liga das Nações continuava a supervisionar o assentamento na Europa Oriental. Enquanto prevalecesse esse equilíbrio de poder, era possível conter os efeitos políticos dos regimes antissemitas na Europa Central e Oriental. Mas o fim da República de Weimar em meio à crise mundial marcou o início da vitória do antissemitismo em escala europeia. Com a tomada nazista do poder em 1933, a Alemanha caiu nas mãos de um partido que se distinguia dos rivais apenas pela importância que atribuía ao combate aos judeus: no programa de fundação do Partido Nazista em 1920, nada menos que oito dos 25 pontos lidavam de uma maneira ou de outra com a questão. Entre os compromissos do partido estavam retirar a cidadania alemã dos judeus, afastá-los de cargos públicos e identificá-los como ameaça racial à nação. Dessa forma, o Partido Nazista se posicionava para reduzir a emancipação. O que isso significava no papel era claro: a lenta retirada dos direitos que haviam tornado os judeus parte integrante da nação alemã e sua exclusão do corpo político. O que isso significava na realidade ainda não estava claro.

4. O antissemitismo como potência mundial

1933-45

É ruim ser oprimido por uma minoria, mas pior é ser oprimido pela maioria. Pois há uma reserva de poder latente nas massas ao qual, se for posta em jogo, a minoria raramente consegue resistir.

Lorde Acton, *The History Of Freedom in Antiquity*[1]

A *questão judaica é a chave da história mundial.*

Departamento de Imprensa do Reich,
3 de fevereiro de 1944[2]

Numa história desse tipo, é tentador e quem sabe, em certa medida, inevitável apresentar o antissemitismo como se existisse isoladamente, algo a ser entendido em seus próprios termos, sem referência a atitudes e questões mais amplas. Mas ele quase nunca é uma força ou um programa autônomo — uma das razões para o fracasso dos movimentos antissemitas pré-1914 foi, talvez, pensarem que podia ser —, e não é possível entendê-lo adequadamente quando formulado como se fosse independente de seu contexto histórico. Isso se aplica em especial à era do fascismo, quando o antissemitismo organizado atingiu seu apogeu. Os historiadores têm dedicado muito tempo a examinar a que ponto o antissemitismo foi realmente importante para a direita europeia do entreguerras e durante a guerra. Essas questões, mesmo quando chegamos ao Holocausto em si, se mostram mais complicadas do que poderiam parecer à primeira vista.

Para o movimento fascista italiano, por exemplo, que deu seu nome ao fenômeno mais amplo do fascismo, o antissemitismo foi de importância muito menor do que as lutas com o operariado nas cidades industriais do norte ou entre os proprietários fundiários e os trabalhadores sem-terra lavrando as propriedades do vale do Pó. O antissemitismo não desempenhou nenhum papel efetivo na ascensão do fascismo ao poder. Os preconceitos e estereótipos antijudaicos circulantes na Itália estavam associados à Igreja católica e, assim, se viam um tanto enfraquecidos pelo vigoroso anticlericalismo ligado a grande parte da vida política italiana: o próprio Mussolini não se interessava muito pela questão. Na verdade, sua amante, Margherita Sarfatti, era judia, e pelo menos uma figura de alto escalão no regime tinha uma esposa judaica. Havia judeus fascistas, bem como antifascistas, e o regime, procurando se opor aos britânicos no Mediterrâneo oriental, até permitira que os sionistas revisionistas de Vladimir Jabotinsky criassem uma academia naval para treinar integrantes de seu movimento da juventude, o Betar. (Jabotinsky, figura de destaque no movimento sionista, acreditava nas armas e na inspiração judaicas por trás da formação da Legião Judaica no Exército Britânico durante a Primeira Guerra Mundial.) Somente no final dos anos 1930, quando se aproximou dos nazistas, Mussolini introduziu leis antissemitas por razões que ainda são discutidas e que acabaram tendo resultados catastróficos para a vida dos judeus na Itália: o impacto sobre a burguesia judaica assimilada do país foi captado de forma inesquecível no romance de Giorgio Bassani, *O jardim dos Finzi-Contini*, mas as repercussões foram sentidas em todo o espectro social e devastaram algumas das comunidades mais antigas da Europa.[3]

Com o nacional-socialismo alemão, a história foi muito diferente. Para Hitler, a raça era a chave da história, e o antissemitismo estava no cerne do programa do partido. Mas, mesmo no caso dos nazistas, não existe um verdadeiro consenso sobre a contribuição desse elemento programático para o sucesso do partido, sobretudo porque, no final dos anos 1920, esse foco nazista sobre o antissemitismo era partilhado por pouquíssimos de seus concorrentes políticos. Grande parte do eleitorado de Hitler era quase certamente tão motivada pela vontade de rever as fronteiras de Versalhes impostas à Alemanha, de fomentar o emprego e de reconquistar o orgulho internacional por meio do rearmamento quanto pelo ódio aos judeus. O que está claro é que o público alemão estava muito ciente, desde a época em que Hitler tomou o poder como chanceler, na primavera de 1933, de que o antissemitismo nazista não ia se contentar com o legalismo antiquado do passado. O nazismo era um credo de direita radical, não conservador, e não ia recuar os ponteiros do relógio para o século XIX. Ia se arriscar para muito além do que jamais haviam sonhado os Wilhelm Marr da época de Bismarck.

Mesmo assim, a escala da violência antijudaica que explodiu nas ruas alemãs na primavera de 1933 foi chocante até para os conservadores da coalizão no governo. Ela não se resumiu a boicotes de lojas e negócios, mas incluiu agressões, espancamentos, saques e pilhagens em lares domésticos, e mesmo assassinatos: a violência foi pior nas cidades menores do que nas maiores, visando desproporcionalmente aos *ostjuden* menos assimilados, mas não poupou ninguém, nem sequer turistas. Como ela veio acompanhada por um ataque igualmente selvagem a comunistas, social-democratas e líderes sindicais, desde o início criou-se a ligação com a ideia de que os próprios judeus eram um inimigo político. Essa aguda violação das normas sociais existentes logo foi aceita como o sinal de uma nova dispensação ideológica, e houve poucos protestos. "Alemães não judeus, numa quantidade assombrosa", escreveu um historiador, "não conseguiam se dar conta do que estava se passando ao redor, nem mesmo do que eles próprios faziam." Se nos dias atuais precisamos de mais algum lembrete da rapidez com que as normas e as expectativas podem ser revistas numa sociedade altamente nacionalista, basta nos lembrarmos da Alemanha nos meses de primavera de 1933.[4]

Depois do terror inicial que acompanhou a tomada do poder, a violência explícita se reduziu. O expurgo das SA, ou Camisas Pardas, em 1934, reforçou a impressão de que a fase de luta do nazismo nas ruas tinha terminado; e, à exceção da destruição durante a Noite dos Cristais em novembro de 1938, episódio que suscitou muitas críticas internas a seu instigador, Josef Goebbels, os nazistas evitaram chocar o senso de ordem e decoro do público, passando a visar aos judeus alemães por meio de decretos e leis.[5] Procederam gradualmente, excluindo-os do funcionalismo público, das profissões liberais, da vida cultural, bem como das escolas e universidades. As novas leis raciais e de cidadania promulgadas em 1935 puseram fim à igualdade civil e impuseram uma forma de segregação jurídica à maioria dos judeus alemães. Essas medidas eram bem-vindas entre alguns setores da sociedade, em especial aqueles que se beneficiavam com as vagas de emprego e a diminuição da concorrência nos negócios, mas, quando se sentia que as medidas iam longe demais ou traziam novas incertezas e complicações para a vida, também geravam preocupações e apreensões em relação ao próprio regime.

Cientistas da raça remodelaram as políticas médicas, sociais e de saúde pública e conferiram sua autoridade ao que consistiu numa feroz investida antiassimilacionista contra a população judaica da Alemanha. Ao mesmo tempo, continuava a haver uma resistência palpável, ainda que discretamente expressa, a essas políticas entre os vários setores da população, sobretudo na Baviera católica e nos bairros operários de áreas industriais. Foi a determinação da liderança do partido em gerar um apoio renovado a suas medidas antijudaicas que acabou levando à própria Noite dos Cristais. Mesmo depois disso, segundo o serviço secreto das SS, grande parte da Baviera continuou "sem [ter] qualquer entendimento acerca da questão judaica". A violência antissemita, no contexto alemão, era tanto um meio para os dirigentes do Estado radicalizarem uma população relutante quanto uma expressão de atitudes populares.

Geralmente não pensamos no nazismo como um movimento contra a emancipação judaica, mas ele era visto assim na época. "A Alemanha nazista estabeleceu o padrão para outros países", observou o estudioso Bernard Weinryb em seu estudo da época da guerra, *Jewish Emancipation Under Attack* [A emancipação dos judeus sob ataque]. "A conquista germânica da Europa finalmente pôs fim tanto à democracia quanto à emancipação judaica na maioria dos Estados daquele continente."[6] A partir de 1933, um Estado após o outro na Europa Oriental era encorajado a reimpor a discriminação, e as conquistas dos anos 1920 foram substituídas por restrições. Na Polônia, onde muitas restrições da era tsarista que afetavam os judeus foram mantidas até 1931, a reversão consistiu num abandono do governo de seus deveres quanto aos direitos das minorias. O governo da Hungria aprovou as chamadas leis judaicas. Revertendo-se assim o curso da emancipação judaica do século XIX, qualquer constrangimento em ser rotulado de antissemita desapareceu em grande parte do continente europeu. Nos anos 1920, escreveu o comentador Oscar Janowsky, os novos Estados europeus, quaisquer que fossem suas práticas e opiniões privadas, sentiam-se coagidos a repudiar o antissemitismo e a denunciar seus piores excessos. O caso do nazismo, porém, retirou do antissemitismo o estigma associado à intolerância e tornou quase respeitável o ódio ao judeu.[7]

A Romênia talvez tenha sido o país mais entranhadamente antissemita da região, se não do mundo. Suas elites liberais tinham ficado conhecidas no século XIX por recusar a emancipação dos judeus após a independência do país, e seus intelectuais haviam criado uma mescla inebriante de espiritualidade ortodoxa e ódio nacionalista romântico que os deixava num estado de fascinação obsessiva com a figura do judeu. O termo "antissemita", que fora considerado vulgar nos anos 1920, ganhou nova aceitabilidade. "Conheço dois tipos de antissemitas", escreveu Mihail Sebastian, o autor judeu romeno de *Por dois mil anos*, publicado inicialmente em 1934, "antissemitas comuns — e antissemitas com argumentos." Entre estes últimos havia amigos seus que raramente pareciam perceber o absurdo do que diziam. "O antissemitismo não resolve os problemas nacionais nem sociais de um povo", escreveu o filósofo ardorosamente antissemita Emil Cioran. Dessa forma, intelectuais antissemitas olhavam seus primos vulgares com superioridade. "Antissemitismo? Uma lenda, bobagem ou farsa política, ou, mais simples ainda, um bando de vagabundos, valentões", escreveu Mircea Eliade, amigo não menos antissemita de Cioran. "É muito mais difícil, mais dramático e, por que não admitir, muito mais ineficiente, falando em termos práticos, tentar pensar por si mesmo." Tais argumentos, por mais que parecessem se referir a uma verdade maior — a de que o antissemitismo era um substituto do pensamento e não o pensamento em si —, circulavam num meio que parecia incapaz de passar sem eles. Quando o partido paramilitar Guarda de Ferro conquistou 16% dos votos, foram introduzidas novas medidas discriminatórias sob uma sequência de governos cada vez mais antissemitas. No final de 1939, mais de um terço dos judeus romenos fora privado de sua cidadania.[8]

O continente europeu gradualmente se dividia em dois campos armados: num deles, os vencedores liberais da guerra, com sua fé na democracia, no sistema de Genebra e no capitalismo internacional; no outro, os revisionistas liderados pelo Terceiro Reich, que se acreditavam destinados a acabar com essa ordem antiquada e substituí-la por um novo sistema de ditaduras racialmente conscientes e nacionalmente puras. Esse novo ordenamento da Europa, segundo eles, ofereceria um baluarte mais eficiente contra a ameaça do bolchevismo soviético; estaria em melhor posição para lidar com os efeitos da depressão mundial; combateria o materialismo que se alastrava pelo Atlântico vindo dos Estados Unidos; reconstruiria a sociedade europeia de maneira mais hierárquica e disciplinada. O antissemitismo fazia parte integrante desse programa porque os judeus eram identificados com todos os males que a direita pretendia erradicar — do socialismo ao jazz. Com efeito, o prefixo "judeo" era acrescentado com frequência cada vez maior a cada inimigo ideológico — incluindo, portanto, o judeo-bolchevismo, o judeo-capitalismo e a judeo-democracia. É evidente que se iria chegar ao que Hitler chamava de "a guerra judaica". "Resisti por muito tempo à suposição de que [...] realmente viríamos a estar no centro do nazismo dessa forma", escreveu Victor Klemperer, judeu convertido ao protestantismo que fora demitido de seu emprego e obrigado a usar a estrela amarela. "Mas foi o que de fato aconteceu."[9]

Entendia-se de maneira geral que laços mais próximos com a Alemanha, que se estreitaram basicamente por razões econômicas num país após o outro naquela região depois da queda do padrão-ouro, implicariam uma nova intolerância oficial em relação aos judeus. "A Romênia está fadada a se tornar nazista", escreveu com frieza sir Orme Sargent na Agência de Relações Exteriores da Grã-Bretanha, "e isso irá automaticamente resolver a questão judaica." Alguns meses depois, um tcheco "de espírito decente" observou para outro diplomata britânico: "Nunca fomos antissemitas em nossa história, mas o mundo está nos obrigando a sê-lo".[10] Às vésperas de se tornar primeiro-ministro em fevereiro de 1939, o conde húngaro Pál Teleki explicou a situação para um diplomata britânico. Era tentador, observou ele, atribuir o que estava acontecendo à influência germânica. "É plenamente natural que um movimento e uma ideologia tão fortes como o antissemitismo alemão influenciem o espírito dos povos que vivem na vizinhança." Mas, prosseguindo, ele enfatizava que o antissemitismo não era novidade para a Hungria. Aumentara em 1919 em consequência da revolução comunista e de sua liderança judaica, mas então se reduzira, porque "a Hungria é pequena e fraca demais para iniciar um movimento europeu [...] no centro de uma Europa diferente e desinteressada, [...] oposta a essas ideias". Isso mudou "tão logo a atmosfera europeia à nossa volta se fez favorável a isso [...]. Não há nada de surpreendente; toda ideia em expansão e todo líder de sucesso têm entusiastas. Ainda há milhares de pessoas que mantêm um retrato de Napoleão na sala".[11]

Como movimento contra a emancipação judaica, o antissemitismo envolvia fundamentalmente uma crítica à ideia de que a lei devia dar o mesmo tratamento a todos: fosse por razões raciais ou religiosas, os judeus eram vistos como estrangeiros incontestes e, portanto, não se podia garantir a eles a mesma cidadania e menos ainda qualquer voz na condução do país. O problema para os antissemitas, porém, era expor de forma precisa como e até que ponto se daria o processo. Era difícil, senão impossível, voltar os ponteiros do relógio aos tempos medievais, sobretudo para regimes militaristas que precisavam da indústria, dos métodos de controle e dos meios de comunicação modernos. Assim, o que então esses regimes realmente queriam? A cidadania sem dúvida podia ser redefinida; era possível implantar a exclusão em escolas, universidades, profissões e na vida pública. Os judeus podiam ser segregados da sociedade mais ampla, mas o que isso significava propriamente para a vida cotidiana ou para a atividade econômica? Que deveriam — como num decreto da polícia de Berlim em dezembro de 1938 — ser banidos de certas ruas ("a calçada norte de Unter den Linden da Universidade até o Paiol de Armas")? Ou, em outra peça retroativa de legislação nazista, seriam obrigados a se ater a "nomes judaicos"?

Assim, de forma muito semelhante à própria emancipação, sua reversão não foi um evento isolado, e sim um processo tortuoso em que se formulavam objetivos, surgiam obstáculos imprevistos e se abriam novas possibilidades. A investida para excluir os judeus de áreas cada vez mais amplas da vida social e econômica trazia implícita a consequência de que eles acabariam ficando sem meios de subsistência. E aí? Claro que, de uma forma ou de outra, o propósito, mesmo que raramente expresso, era que desaparecessem de alguma maneira. O que assomava no espírito das pessoas, na concisa expressão do historiador Alon Confino, era "um mundo sem judeus". Mas nem mesmo os dirigentes do Terceiro Reich haviam determinado de antemão o que significaria ou como se poderia dar esse desaparecimento.

Depois da Noite dos Cristais em novembro de 1938, muitos conselhos municipais na Alemanha colocaram placas indicando que os judeus deviam se manter à distância. Alguns deles tinham medo de voltar para casa e vagueavam pelas ruas ou tentavam se abrigar nos parques. "Pessoas [estão] a ponto de morrer de fome", registrou um observador.[12] No final de 1938, os membros de posição mais elevada no Reich eram obrigados a lidar com uma sucessão de problemas práticos urgentes e espinhosos, alguns maiores, outros menores, gerados por suas políticas antijudaicas. Numa reunião de alto escalão, um deles ponderou que os judeus não deveriam ter autorização para viajar com não judeus; mas, e aí? Isso significava que precisariam ter seus próprios compartimentos, ou criava o risco de viajarem com maior conforto, sobretudo nas horas de pico. Não era fácil decidir. Mantê-los longe de outros alemães nos parques e nas praias significaria lhes designar bancos e balneários especiais? Mesmo as matas e as florestas vieram à tona:

> GOEBBELS: Pode [...] se tornar necessário proibir os judeus de entrar na floresta alemã! No Grunewald, bandos inteiros deles ficam correndo por ali [...].
>
> GÖRING: Daremos aos judeus uma parte da floresta [e arranjaremos] vários bichos bem parecidos com eles — o cervo tem um focinho encurvado, fica lá também e se aclimata.

Sem se deixar distrair pelas tentativas de humor de Hermann Göring, o diretor da Gestapo, Reinhard Heydrich, pôs o debate de volta nos trilhos relembrando aos ministros que, mesmo com a emigração forçada ao grau máximo imaginável, um grande número de judeus continuaria no Reich por alguns anos, ganhando cada vez menos. Deveriam ser confinados em guetos, perspectiva que não agradava a Heydrich, visto que isso facilitaria que eles se escondessem. E que tal criar cidadezinhas especiais reservadas para eles? — sugeriu alguém. A proposta tampouco agradou ao diretor da Gestapo. Deviam poder trabalhar? Comprar em lojas arianas? Heydrich: "O alemão não vai mais servir ao judeu". Göring: "Espere aí. Você não pode deixar que ele morra de fome". Foi aqui que se deram os primeiros passos incertos e hesitantes no caminho para o genocídio e a destruição total, por meio das complexas minúcias burocráticas da perseguição racial e da imaginação embotada de homens sem coração, antes que a guerra abrisse novos horizontes e a perspectiva de uma Solução Final.[13]

Em sua sátira de enorme sucesso, *The City Without Jews* [A cidade sem judeus], de 1922, o escritor austríaco Hugo Bettauer imaginara uma súbita expulsão de judeus em massa da capital austríaca, as comemorações que se seguiriam e então — ironicamente — o colapso da cidade. Os nazistas ficaram furiosos com essa zombaria de uma de suas mais caras ideias, e Bettauer foi morto por um fanático em 1925. No entanto, forçar a saída dos judeus não só de Viena, mas de toda a Europa, era na verdade uma ideia que se discutia amplamente desde o século XIX, quando não antes. O surgimento da teoria de que os judeus faziam parte de uma raça "semita" separada deu uma base de tipo científico a esse programa: sugeria que eles eram estrangeiros na Europa e que seu verdadeiro lugar era em seu próprio Estado, nas terras bíblicas. Os sionistas cristãos formavam um grupo que abraçava a ideia da expulsão em massa. "Há uma atitude pela qual meus amigos e eu fomos por muito tempo repreendidos e até insultados", escreveu o autor inglês G. K. Chesterton.

> Sempre foi chamada de antissemitismo, mas também sempre foi muito mais apropriado chamá-la de sionismo. De todo modo, era muito mais próximo da natureza da coisa chamá-la de sionismo, quer se possa ou não encontrar sua concentração geográfica em Sião. A essência dessa heresia era extremamente simples. Consistia somente em dizer que judeus são judeus; e, como consequência lógica, não são russos, nem romenos, nem italianos, nem franceses ou ingleses [...]. Meus amigos e eu tínhamos o desejo de dar aos judeus a dignidade e o status de uma nação separada. Desejávamos que, de alguma maneira e o mais longe possível, os judeus fossem representados por judeus, vivessem numa sociedade de judeus, fossem julgados por judeus e comandados por judeus. Se

isso é antissemitismo, sou um antissemita. Seria mais racional chamar de "semitismo".[14]

Não se deve confundir o sionismo cristão com o movimento judaico de mesmo nome; em primeiro lugar, ele é percorrido por um veio de antissemitismo obsessivo, cheio dos usuais estereótipos. Mas uma coisa os dois partilhavam: um vigoroso sentimento de que os judeus eram estrangeiros em outras terras, que a emancipação, portanto, estava baseada numa premissa falsa e perigosa, e que o melhor para todos os envolvidos seria que eles não as convertessem em lar, mas tivessem um lar próprio. Muitos políticos de direita na Europa Central não discordariam, porém estavam bem mais interessados em obrigar os judeus a emigrar do que na terra para onde iriam; alguns consideravam a ideia de um Estado judaico indesejável em si mesma. Todavia, o mundo nos anos 1930 oferecia poucas opções; a época dos grandes fluxos migratórios e das fronteiras abertas acabara. Um novo alto comissário da Liga das Nações para os refugiados enfrentou a tarefa impossível de tentar intermediar acordos internacionais para encontrar residência para o número crescente de pessoas em desespero: ele renunciou em 1935. A conferência intergovernamental de Évian, de 1938, convocada para buscar uma solução para o problema criado pelos nazistas dos refugiados judeus alemães, foi um fracasso. Enquanto os britânicos impunham restrições à imigração para a Palestina, geógrafos, antissemitas e um número crescente de judeus desesperados vasculhavam o globo em busca de alternativas possíveis, sem maiores resultados.

O desaparecimento e a sobrevivência étnicos haviam se tornado obsessões não só na Alemanha, mas também na Europa Oriental, e o problema da "viabilidade" comunal judaica, que surgira primeiramente na superpovoada Zona de Assentamento russa nas décadas finais do século XIX, se tornou uma questão debatida em grande parte da região na era da Depressão. Economistas se indagavam explicitamente se não só os judeus, mas também todos os tipos de categorias de pessoas — em especial, a "força de trabalho excedente" na terra — não seriam de alguma forma excedentes para as demandas nacionais. Na Polônia, que a essa altura contava com a maior população judaica na Europa do entreguerras, o regime organizou restrições e boicotes antijudaicos, e em 1938 observadores comentaram, preocupados, que essa política, "se levada à sua conclusão lógica [...] significa a fome e a morte lenta de centenas de milhares de pessoas". Numa era em que os economistas começavam a pensar sobre o problema do desenvolvimento econômico nacional a longo prazo, as políticas antissemitas seguidas pelos poloneses e por outros podem ser vistas como uma espécie de alternativa de eliminação. Ou seja, eles propunham uma solução para o problema do desenvolvimento econômico nacional identificando uma população excedente e então esperando se livrar dela de alguma forma, fosse pelo crescimento econômico (mais ou menos impossível em plena Depressão), fosse pela emigração forçada. Visto que, pode-se dizer seguramente, ninguém no governo nos anos 1930 estava pensando em extermínio físico, a questão era como expulsar essa população.[15]

Enfrentando a mesma questão, no outono de 1939 os nazistas já tinham conseguido forçar a saída de cerca de 400 mil judeus do Grande Reich Germânico. Era um número enorme, que representava mais da metade da população judaica original da Alemanha e da Áustria do entreguerras, e que foi alcançado mesmo diante da resistência internacional. Mas então veio a invasão alemã da Polônia, que deu início à Segunda Guerra Mundial e converteu o problema judaico polonês em problema do Reich. Conforme as vitórias militares se sucediam e a Wehrmacht conquistava um país após o outro, o regime mais antissemita da Europa enfrentava o dilema de decidir o que fazer não só com sua população judaica remanescente, mas também com a da Europa ocupada como um todo. Na segunda metade dos anos 1940, haviam restado menos de 250 mil judeus no Reich (excluindo a Áustria e os Sudetos), mas a população judaica em países sob controle alemão direto ou indireto disparara para mais de 5,5 milhões. Outro milhão morava em Estados aliados do Reich, e a invasão da União Soviética pôs em risco outros 3 milhões. Em suma, o sucesso militar trazia um desafio racial para os ardorosos antissemitas do Terceiro Reich, numa escala que ultrapassava em muito qualquer outro desafio que tinham enfrentado até então. Pode ser muito surpreendente, mas existem poucas ou mesmo nenhuma indicação de que os nazistas tivessem de antemão pensado sistematicamente sobre qualquer aspecto da questão. Agora precisavam pensar, sobretudo porque definiam a guerra que haviam iniciado como uma luta existencial contra os judeus, o que dava a ela uma dimensão ideológica que estivera totalmente ausente na guerra de 1914-8.[16]

Num famoso discurso feito em janeiro de 1939, Hitler advertia:

> Se a judeidade financeira internacional dentro e fora da Europa conseguir mergulhar as nações mais uma vez numa guerra mundial, o resultado não será a bolchevização do mundo e, com isso, a vitória da judeidade, mas sim a aniquilação da raça judaica na Europa.

Alguns historiadores sugerem que isso mostra que Hitler já estava pensando numa política de chacina em massa. A verdade é que uma ideia tão extraordinária como esta ainda estava por vir, três anos adiante. De fato, a palavra-chave em seu discurso não era "aniquilação" — desde Marr havia antissemitas fazendo advertências sinistras desse tipo —, e sim "Europa". Haveria vários falsos começos no caminho tortuoso que levou aos campos de extermínio, e a liderança germânica considerou adotar uma política organizada de expulsão geral para fora das fronteiras europeias — primeiro para a ilha de Madagascar (ideia brevemente aflorada em 1940) e depois para territórios outrora soviéticos —, antes que a expressão "evacuação para o leste" se tornasse um eufemismo burocrático para o assassinato em massa. Como sugeriu o historiador Christopher Browning, o que Hitler mais provavelmente fazia em 1939 era indicar que a política nazista em relação aos judeus agora pretendia tornar não só a Alemanha, mas a Europa como um todo, inteiramente "livre de judeus" (*judenfrei*). Isso exigia uma coordenação com parceiros e colaboradores em escala continental. No entanto, os precedentes para uma frente antissemita internacional não eram encorajadores, e a criação dela se revelou uma tarefa nada simples.[17]

Tanto liberais quanto bolcheviques haviam mostrado boa capacidade de cooperação internacional, e alguns fascistas acreditavam que a direita também havia de ser capaz de criar uma coalizão de aliados com ideologias semelhantes. Em 1934, a Itália fascista — ainda se imaginando em posição de superioridade na parceria com Hitler — havia convocado uma conferência internacional de fascistas em Montreux, na Suíça. Mesmo antes da guerra, a propaganda fascista repisara várias vezes a necessidade de defender a Europa contra os perigos afins do bolchevismo soviético e da plutocracia anglo-americana. O antissemitismo, porém, não ocupou um lugar de destaque na pauta em Montreux. Quando o delegado romeno propôs que "era preciso discutir os judeus", a conferência aprovou uma resolução bastante fraca exigindo ação. Houve discussões muito acesas entre os delegados quanto à importância da questão, sinal, talvez, não só de que o fascismo — à diferença do liberalismo — não era uma ideologia muito compatível com a cooperação internacional, mas também de que o antissemitismo era algo que, quando se passava das platitudes e da retórica de propaganda para a política, tinha o potencial de dividir aliados ideológicos.[18]

Nada disso causava grande impressão em Hitler. Após 1939, ele passou a ver a própria guerra como oportunidade única para refazer o continente; como suas ideias sobre a Europa eram movidas pela raça em geral e pelo antissemitismo em particular, ele confiava que obteria entre seus aliados um amplo apoio para as políticas antijudaicas. Se a historiadora Lucy Dawidowicz, em seu livro pioneiro sobre *The War Against the Jews* [A guerra contra os judeus], de 1975, recuava um tanto exageradamente no tempo para situar a visão antissemita de Hitler, ela não estava errada em frisar o papel central dele como principal agente da radicalização, sobretudo depois que a guerra se iniciou e restrições anteriores a seu poder desapareceram. Onde percebia vacilações, o Führer se empenhava em atiçar o entusiasmo. Mesmo quando a Solução Final estava chegando a seu auge assassino, em setembro de 1942, ele fez um longo discurso em Berlim, no Sportspalast, em que apresentava a guerra como uma luta pela sobrevivência entre "os povos arianos" e os judeus que terminaria com o extermínio dos últimos. Numa época em que ele sabia melhor do que ninguém que o extermínio era uma linha de ação, e não uma simples expressão, Hitler saudou a "onda de antissemitismo" que se espalhava de um povo para outro e, previu ele, faria com que se formasse uma espécie de aliança entre Estados antissemitas.[19] Na verdade, quanto mais conhecidos se tornavam os contornos das intenções exterminacionistas de Berlim entre os aliados da Alemanha, mais se revelavam as dificuldades de coordenar uma abordagem europeia do antissemitismo.

É verdade, claro, que uma das ideias básicas por trás da Nova Ordem nazista — a de que os males da Europa eram atribuíveis aos judeus — era amplamente compartilhada para além das fronteiras alemãs e vinha moldando uma legislação persecutória em muitos países nos anos finais da década de 1930. Em grande parte do continente, a esquerda fora esmagada ou marginalizada, o poder era ocupado por uma ou outra versão da direita, e os antissemitas — fossem racistas pró-nazistas ou conservadores religiosos — estavam em ascensão. Nos discursos dos aliados de Hitler, os judeus eram frequentemente identificados como o inimigo, e o antissemitismo era apresentado como a solução continental para a causa dos males europeus. Tudo isso refletia mais do que um mero esforço de granjear os favores germânicos: expressava também as visões de uma faixa da opinião nascida e criada dentro do próprio país. Logo que se evidenciou a escala da vitória germânica, muitos Estados tomaram como alvo suas populações judaicas. E quando as unidades germânicas invadiam um local, não era preciso muito esforço para incentivar os valentões antissemitas em vilas e cidades da Europa Oriental a se entregarem a acessos frenéticos de matança. Apesar disso, havia limites à cooperação do Eixo no plano diplomático e militar, o que se tornou cada vez mais evidente com o tempo. Pois, embora as elites pró-germânicas vissem a perseguição aos judeus como reação politicamente aceitável a uma deplorável realidade demográfica, isso não significava que todos os ocupantes do poder na Europa de Hitler atribuíssem à questão a mesma importância que o Führer ou estivessem dispostos a chegar a esses extremos. Pelo contrário, muitos governantes do Eixo que de bom grado concordavam com os anseios germânicos, desde que os custos parecessem baixos, começaram a hesitar quando eles aumentaram.

Talvez o melhor exemplo seja a Romênia. No verão de 1941, o assassinato de milhares de judeus nas ruas da cidade de Jassy fora de tal brutalidade que chocara até os nazistas, e no entanto o mesmo governo romeno que sancionara a ação contemporizou, um ano depois, perante as exigências germânicas de acelerar as deportações judaicas. Não porque o governo romeno se tornara subitamente menos antissemita, mas porque as exigências germânicas para entregar os judeus do país ameaçavam um interesse vital do Estado: a soberania. Receber ordens de um Reich onipotente para entregar concidadãos sugeria subserviência e uma desigualdade que os aliados e vassalos da Alemanha consideravam humilhantes e assustadores (pois onde iria terminar?), e isso os levou a se defender. Considerações de prestígio semelhantes ajudam a explicar por que outros regimes colaboracionistas estavam dispostos a entregar judeus não cidadãos, mas se tornaram menos cooperativos. Uma coisa era se livrar de recém-chegados sem pátria para aplacar um aliado; outra era abandonar concidadãos judeus, por menos estimados que fossem, a algo que cada vez mais viam como um sinistro esquema de chacina em massa patrocinada pelo Estado: mesmo os muitos antissemitas recuavam diante disso. Na Hungria, o idoso ditador anticomunista, almirante Horthy, cujo regime aprovara leis antissemitas e autorizara algumas deportações, resistiu frontalmente às raivosas exigências de Hitler, o que levou à sua renúncia forçada e à ocupação alemã do país.

Os alemães, nas palavras do historiador Salo Baron, podem ter convertido o antissemitismo numa potência mundial. Mas a coalizão antijudaica assassina que tentaram criar em sua Nova Ordem era instável. Gradualmente, os nazistas passaram a perceber as sensibilidades diplomáticas que estavam dificultando e retardando seus esforços, e isso apenas fez com que resolvessem acelerar o genocídio. Como escreveu um especialista em assuntos judaicos em março de 1942: "A questão judaica precisa ser resolvida durante a guerra, pois apenas assim pode ser solucionada sem um clamor mundial".[20] A crescente insistência do regime no sigilo era, por si só, um reconhecimento implícito de que a Solução Final que se cogitava para a questão judaica era chocante mesmo para um mundo onde os antissemitas aparentemente haviam triunfado. Assim, no início da matança em grande escala, os fuzilamentos em massa que começaram nos territórios soviéticos ocupados, no final do verão de 1941, muitas vezes ocorriam às claras, diante das unidades militares e dos civis locais: foi preciso emitir ordens proibindo a aglomeração não autorizada de espectadores nos locais da matança e que se tirassem fotos. As proibições foram honrosamente transgredidas: cinco décadas depois, uma discutidíssima exposição mostrando centenas de fotografias do genocídio chocou a Alemanha do pós-guerra quando percorreu o país. Em contraste, o planejamento, os projetos e o funcionamento dos campos de extermínio a partir de 1942 ocorreram em condições de extremo sigilo.[21]

No começo de 1944, enfrentando delongas e inequívocos sinais de resistência, Berlim tentava elevar o ânimo de seus aliados ideológicos. Os alemães traçaram planos para um congresso antissemita pan-europeu com a finalidade de discutir "o perigo judaico mundial"; os organizadores planejaram um movimentado programa para cerca de duzentos convidados, com concertos, peças e filmes. Mas, tendo sido atrasado, o congresso nunca se efetivou, embora tenham sido realizados seminários menores numa "pousada para inimigos dos judeus", onde profissionais discutiram temas como "O poder judaico sobre a Europa" ou "A judeização da classe alta inglesa". Sabedores dos perigos presentes nas maciças pretensões nazistas à liderança continental, os diplomatas alemães estavam preocupados, achando que a iniciativa talvez prejudicasse "a delicada plantinha do antissemitismo em muitos países".[22]

Geralmente não se leva em conta que o grau de antissemitismo em determinada sociedade e a afinidade ideológica com o nazismo foram fatores tão decisivos no número de mortos no genocídio quanto o estatuto jurídico dos países envolvidos. Os preconceitos e as atitudes assumiram menor importância que a natureza do Estado e as imposições burocráticas. (Fatores como a geografia e a ocasião oportuna também foram decisivos.) Onde os assassinos alemães eram mais livres para agir, a mortandade foi alta, assim, nos territórios ocupados da ex-União Soviética, em que os nazistas não encontravam nenhum impedimento legal para o assassinato em massa, os esquadrões da morte das ss prosseguiram em seu horrendo trabalho, pouco se importando com a opinião pública internacional: o economista nazista Otto Ohlendorf, chefe de apenas um dos Einsatzgruppen [unidades móveis de extermínio] que operavam nesses territórios, foi processado depois da guerra sob acusação de ter supervisionado pessoalmente a execução de nada menos que 90 mil pessoas. Na Polônia remanescente do Governo-Geral, a grande população judaica encontrava-se igualmente indefesa, pois, com a ocupação, ela ficara sob o controle de um ambicioso grupo de nazistas ansiosos por matá-la com a máxima rapidez possível: como resultado, a maioria dos 2,3 milhões de judeus aprisionados sob o Governo-Geral morreu nos campos de extermínio em pouco mais de um ano. Paradoxalmente, o pequeno número de judeus que permaneceram no Reich (em geral, em casamentos mistos) se encontrava marginalmente em melhor situação, porque o poder das ss era limitado pelo fato de que outros ministérios mantinham jurisdição na Alemanha. No resto da Europa, os alemães com frequência recebiam o auxílio burocrático que requeriam, mas às vezes se deparavam com dificuldades diplomáticas inesperadas. Nas zonas italianas ocupadas dos Bálcãs, eram obstruídos por diplomatas e oficiais militares. Na Bulgária, onde as autoridades tinham começado a adotar medidas antissemitas em 1940, o governo deportou para o campo de extermínio de Treblinka a população judaica inteira dos territórios que haviam sido ocupados pelo exército búlgaro em 1941; mas, diante dos intensos protestos populares, os súditos judaicos da Bulgária pré-guerra foram poupados desse destino e enviados para campos de trabalho forçado nas províncias. Como o país era um aliado da Alemanha, e não uma potência derrotada, os alemães pouco podiam fazer.

Mas, a despeito da ocasional relutância de seus aliados, não havia nenhum verdadeiro impedimento ao poder esmagador da máquina de guerra germânica. No fim do conflito, apesar da enormidade e complexidade da tarefa que se haviam imposto e da falta de tempo à sua disposição, os nazistas tinham conseguido realizar um extermínio sem precedentes. A magnitude do crime era um indicador da importância primordial que a liderança do Terceiro Reich atribuíra à sua visão antissemita. Os alemães tinham matado quase todos os judeus que viviam no Reich em 1939: entre os cerca de 500 mil na Alemanha quando Hitler chegou ao poder, sobreviveram apenas 19 mil. Também tinham assassinado cerca de 90% dos judeus vivendo nas terras polonesas no início da guerra, a maioria deles em campos de extermínio construídos especificamente para esse fim: os que restaram, em sua maioria, só se mantiveram vivos porque escaparam desde cedo para a segurança na União Soviética; alguns poucos sobreviveram se refugiando em esconderijos. Auschwitz-Birkenau, que começara abrigando prisioneiros de guerra poloneses num velho quartel anterior à guerra, se alastrou numa metástase, tornando-se um monstruoso complexo de campo de trabalho e de extermínio. No total, os nazistas e seus auxiliares mataram algo perto de 6 milhões de judeus — com milhões de outros civis —, abarcando quase metade da população total da judeidade europeia identificada pela alta direção do Reich na Conferência de Wannsee, no começo de 1942. O passado judaico multissecular na Europa — traço tão importante de sua experiência histórica — fora praticamente varrido e, a partir daí, só podia ser vislumbrado por meio da aniquilação que ocorrera em seu solo.[23]

* * *

A Solução Final da questão judaica ainda estava em curso quando as principais autoridades alemãs envolvidas ficaram sabendo que tinham sido declaradas criminosas de guerra pelos Aliados. Entre eles, Adolf Eichmann, cujo papel na organização das deportações pela Europa o implicava tanto quanto qualquer um deles. O homem que outrora sonhara em ter um monumento erguido em sua homenagem como reconhecimento de sua realização, e tinha esperanças de ser nomeado por Hitler como "Comissário Mundial dos Judeus", começou a se pavonear, conforme a derrota avultava, de sua posição na lista dos mais procurados das Nações Unidas. Escondendo-se na Argentina depois da guerra e conversando com amigos, gabou-se: "Uma vez vi os criminosos de guerra numa lista. Eu era o número 9, e dei uma boa risada com tudo aquilo". Essa reação indica certo senso de grandeza e prazer em sua missão que contradiz a imagem que criou de si mesmo durante o julgamento em Jerusalém, em 1961, mas o fato de que ele soubesse que os inimigos da Alemanha haviam identificado e apontado os assassinos dos judeus como criminosos não era de surpreender. Afinal, o entendimento e a condenação internacional das implicações genocidas do antissemitismo nazista tinham se iniciado em dezembro de 1942, quando, chocados com relatórios que chegavam da Polônia, os Aliados denunciaram publicamente o que descreveram como "essa política bestial de extermínio a sangue-frio". Em 1944, apareceu um livro sobre as políticas de ocupação nazista em que um advogado judeu polonês, Raphael Lemkin, cunhou o termo "genocídio". As verdadeiras implicações do que se alcançara com a política antissemita estavam se tornando claras. Quando a guerra se aproximava do fim, um comentador judeu americano, avaliando as perspectivas para o mundo pós-guerra, considerou que o antissemitismo fora irreversivelmente prejudicado pela associação com o nacional-socialismo: "A guerra nazista contra o resto do mundo criou de modo mais claro do que nunca [...] a identificação entre a causa do antissemitismo e as forças da reação política, da corrupção e da guerra de agressão".[24] A longo prazo, ele provaria que estava certo. Mas não nos precipitemos: o desejo dos Aliados de denunciar explicitamente o antissemitismo era limitado, e a Declaração das Nações Unidas de 1942 fora de fato muito inusitada ao se manifestar sobre o sofrimento judaico. Os governos britânico e americano tinham suas próprias preocupações com o antissemitismo em seus países e, a partir daí, tentaram evitar a menção específica aos judeus como vítimas. Na declaração de outubro de 1943 sobre as atrocidades, que foi assinada por Churchill, Stálin e Roosevelt, as vítimas judaicas não foram citadas, e, em vez disso, havia uma referência geral a "atrocidades, massacres e execuções em massa a sangue-frio".[25]

No período imediatamente após a guerra, os Aliados vitoriosos enviaram uma mensagem igualmente ambígua. Abandonando a ideia de direitos das minorias ou de proteções especiais para grupos étnicos vulneráveis, sem dúvida não estavam propensos a apresentar a guerra como luta travada em prol dos judeus. (No principal julgamento de crimes de guerra em Nuremberg, o genocídio não foi um aspecto central nos argumentos da promotoria.) Mas isso não significa que fossem indiferentes à questão. Pelo contrário, no tratamento que deram às potências derrotadas do Eixo, os Aliados realmente tentaram colocar um ponto-final no racismo oficial dos nazistas e, dessa forma, estabelecer um contraponto entre a causa da vitória e os preconceitos do inimigo derrotado, sobretudo porque havia uma noção muito difundida de que o ódio racial e o extremismo nacionalista de modo mais geral tinham desempenhado um papel central nas origens da própria guerra. Assim, considerava-se que o combate a qualquer reavivamento do antissemitismo estava ligado às questões mais amplas sobre a paz entre as nações, o respeito ao direito internacional e a reconstrução das democracias num continente onde elas haviam ruído.

Uma consequência imediata, embora pouco considerada, da vitória dos Aliados foi, portanto, a revogação das leis contra a cidadania judaica em toda a Europa. Na Alemanha ocupada, o Comando Supremo dos Aliados aboliu com seu primeiro decreto a legislação racial da era nazista. Na França, as leis antissemitas de Vichy foram declaradas nulas e sem efeito. Na Itália, foi revogada a Lei para a Proteção da Raça Italiana de 1938. Todos os tratados de armistício assinados na Europa Oriental estabeleciam que as novas autoridades revogariam leis e decretos discriminatórios. A Áustria viu a restauração da Constituição altamente democrática de 1921 e, talvez principalmente, o governo polonês, respaldado pela União Soviética, que o assumira no verão de 1944, anunciou a restauração da antiga Constituição do entreguerras, a qual proscrevia todas as formas de discriminação religiosa e racial. A anulação total da legislação racista e antissemita levaria vários anos, despertando oposição e delongas burocráticas; em certos aspectos, nunca foi concluída. Mas não deve ser ignorada nem subestimada: ela indicava um genuíno desejo de criar uma distância entre a Europa do pós-guerra e os valores nazistas.[26]

E, no entanto, havia alguma razão para crer que o repúdio ao antissemitismo iria durar? Ele aumentara muito após a Primeira Guerra Mundial: seria diferente dessa vez? Em certo nível, os comentadores da época sem dúvida estavam certos: o nazismo tinha se equiparado ao antissemitismo, e sua memória penderia como uma pedra de moinho no pescoço dos antissemitas do pós-guerra; o efeito do Terceiro Reich foi desacreditar o antissemitismo como programa positivo para as décadas futuras. Além disso, a Alemanha não tinha sido só derrotada, mas também ocupada e dividida: a aliança vitoriosa, discordante em muitas questões, estava unida em sua determinação de garantir que o nazismo nunca mais voltasse a ameaçar a paz continental. A Europa pós-1945 — fosse sob Stálin no leste ou sob influência anglo-americana no Ocidente — estava sob o controle de potências que, quaisquer que fossem suas falhas, limitações e hipocrisias internas, repudiavam o antissemitismo como questão de política oficial. Mas política era uma coisa; outra totalmente diferente era até que ponto a derrota do nazismo mudara as atitudes populares em relação aos judeus. Os antissemitas tinham sido derrotados. Mas e a variedade mais ampla de atitudes antissemitas herdadas do passado? O combate contra elas exigiria necessariamente outras armas e ocorreria num campo de batalha diferente, numa guerra que sem dúvida estava distante e cujo desfecho parecia incerto para James Parkes, especialista britânico pioneiro na análise do assunto. "Descobrir meios eficazes para lidar com esse flagelo mundial", escreveu ele em 1946, "exigirá a habilidade de estadistas e educadores ainda por muitos anos."[27]

5. Consequências: A Europa da Guerra Fria

Os judeus, sim; houve dificuldades com os judeus. Mas, meu caro senhor, a Alemanha não tem mais um problema judaico. Em toda a Alemanha restaram apenas cerca de 30 mil judeus. São na maioria idosos e se mantêm quietos. Os jovens partem quando podem; suponho que isso é de certa forma compreensível. Os judeus não nos preocupam mais.

Adolf von Thadden, político alemão de extrema direita[1]

A EUROPA OCIDENTAL

Na Europa Ocidental, as três décadas que se seguiram ao final da Segunda Guerra Mundial viram a democracia surgir das cinzas da derrota. A "Europa" se tornou um projeto de paz, e várias décadas de inédito crescimento econômico transformaram a sociedade. Nos anos 1960, havia observadores falando sobre o "fim da ideologia", enquanto os eleitores de esquerda e de direita abandonavam os extremos e disputavam suas diferenças políticas no campo intermediário. Os ditadores idosos na Espanha e em Portugal eram exemplos relembrando um passado fascista polarizador que o resto do continente havia deixado para trás. A extrema direita, repositório espiritual do antissemitismo político, estava relegada às margens em todos os países, tolhida tanto pelo desespero público com o que fora criado pelo fascismo e pelo nazismo quanto por proibições constitucionais contra a reinstituição de partidos do pré-guerra. E, no entanto, nada disso era previsível em 1945.[2]

Até o finalzinho do Terceiro Reich, a propaganda nazista continuara a alertar os alemães sobre a "ameaça judaica" que estava à espera, caso os combatentes pela pureza racial não vencessem. "A revolução mundial contra a raça judaica", declamava Goebbels, "[não terminará] enquanto seu objetivo não for atingido." À medida que os exércitos dos Aliados convergiam para Berlim, o Ministério da Propaganda alertava os soldados alemães que os judeus celebravam o sabá no Reich, enquanto os alemães comuns passavam fome. O conteúdo venenoso de suas mensagens levaria muito tempo para se dissipar. Não surpreende que os primeiros informes vindos da Alemanha ocupada afirmassem que os sobreviventes judeus "não confiam nos alemães não judeus, muitos dos quais estão tentando encobrir seus crimes anteriores com maneiras servis e aduladoras". Em Berlim, os bancos dos parques marcados com a placa "Proibido para judeus" continuavam visíveis após um ano desde o final da guerra; as atitudes populares demoravam igualmente para mudar: uma pesquisa do exército americano na Alemanha ocupada, em 1947, sugeria que o antissemitismo continuava a ser uma grave questão. A decisão dos Aliados em conferir à Áustria um estatuto diferente do da Alemanha fez com que o antissemitismo se manifestasse naquele país de maneira ainda mais explícita. Os funcionários públicos civis perguntavam aos retornados dos campos: "Vocês são judeus ou 'arianos'?", como se ainda estivessem sob o regime nazista. A organização da comunidade judaica de Viena descreveu a cidade como "o centro do mais horrendo e mais traiçoeiro antissemitismo". Estudantes universitários aclamavam o retorno de professores nazistas e, entre os políticos candidatos nas eleições de novembro de 1945, havia renomados antissemitas. "Eu, pessoalmente, sempre fui um antissemita", teria declarado o novo presidente do Conselho Federal. O chanceler austríaco justificou essa declaração dizendo que era "um antissemita não por razões raciais, mas por razões econômicas".[3]

Em suma, o antissemitismo não fora morto pela guerra. E como poderia ser, se ganhara poucos anos antes uma predominância política extraordinária em grande parte da Europa? Segundo um repórter, os meses e anos iniciais do pós-guerra eram um "período de intervalo" em que os sobreviventes judeus mediam o grau de segurança de sua situação principalmente a partir da disposição dos governos em protegê-los e em tomar providências, por meio dos tribunais e da lei, contra os criminosos e especuladores da época da guerra. Muitos dos que haviam lucrado com o sofrimento judaico continuaram na posse de suas riquezas, e os judeus, quando tentavam recuperar seus bens ou obter indenização, corriam o risco de despertar novamente a hostilidade. Em alguns países — a Áustria foi um exemplo de destaque —, os beneficiários dos bens judaicos de fato se uniram para se opor ao ressarcimento. Também usaram partidos políticos ou os tribunais para bloquear essas tentativas e conservar os ganhos obtidos no mercado clandestino.[4]

Ainda havia, afinal, muitos sobreviventes do ancien régime fascista no governo e na vida política. O historiador italiano Claudio Pavone mostrou o grande poder da continuidade administrativa do Estado moderno, mesmo passando por guerras e abruptas mudanças ideológicas; os expurgos de fascistas e a desnazificação não trouxeram de forma alguma a mudança completa do corpo de guarda. O governo alemão ocidental, formado por Konrad Adenauer em 1954, incluía quatro ministros do gabinete que tinham sido do Partido Nazista e dois que efetivamente tinham integrado as SS. Esses homens em geral evitavam fazer pronunciamentos antissemitas, mas alguns, como Friedrich Middelhauve, do Partido Democrático Livre, de bom grado tentavam explorar a questão; ele chegou mesmo a trabalhar com um dos ativos perseguidores de judeus a serviço de Goebbels numa iniciativa que, ao que parece, era um complô com neonazistas para tomar o partido, conluio que foi descoberto e desmantelado pelo serviço secreto britânico.

Os temores de um reavivamento nazista levaram o MI6 a empregar — entre outros agentes de baixo escalão — um jovem formado em Oxford chamado David Cornwell. Sua missão, em geral monótona, é evocada de forma brilhante, assim como a atmosfera de ansiedade da época, em *Uma pequena cidade da Alemanha*, romance que, publicado sob o pseudônimo, John le Carré, deu início a uma ilustre carreira literária. Grande parte do livro consiste na descrição de versões ficcionalizadas dos incipientes partidos neonazistas que surgiram e sumiram naqueles anos. Um tribunal de Hamburgo encerrou as atividades de dois neonazistas que haviam formado um Freikorps Deutschland em 1952. Dois anos depois, um juiz de Colônia condenou um indivíduo de 23 anos que se intitulava *Reichsführer* de um novo Movimento da Juventude do Reich alemão, cujos membros trajavam uniformes ao estilo da Juventude Hitlerista e passavam o tempo lendo Hitler e Goebbels. Houve até uma associação chamada Vítimas da Desnazificação; centenas de seus membros se reuniam em manifestações reivindicando indenização pelo tempo de prisão que haviam cumprido.

Em meados dos anos 1950, a desnazificação se encerrou gradualmente e os julgamentos dos crimes de guerra chegaram ao fim, lembretes de um passado que grande parte do público austríaco e alemão ocidental decidira deixar para trás. Eleitores que antes haviam dado um submisso apoio a ditadores passaram a se adaptar sem queixa e muitas vezes com alívio à vida democrática. Mas o poder cultural e governamental continuava majoritariamente nas mãos daqueles que haviam crescido sob o nazismo.

Aos poucos, as expressões públicas de antissemitismo, com os outros lembretes do Terceiro Reich, foram sendo reduzidas a ponto de indicarem uma posição política extremista, em vez de serem a moeda corrente da época. Já em 1955, registrou-se que "expressões explícitas de preconceito antijudaico eram infrequentes". O antissemitismo estava a caminho de se tornar um tabu político, e sobretudo os líderes de extrema direita na Alemanha Ocidental passaram a entender que precisavam evitar o tema dos judeus: em vez disso, esbravejavam principalmente contra o poder dos americanos, a ameaça do comunismo, a degeneração da nova sociedade de consumo e a perda de disciplina e de valores morais num mundo cada vez mais igualitário.

Todavia, a questão dos judeus se mantinha abaixo da superfície e às vezes aflorava como que em defesa da liberdade de expressão. NÃO FAZ MAL FALAR DISSO: O ANTISSEMITISMO EM NOSSA ÉPOCA foi a manchete no hebdomadário do direitista Partido Social Democrático (NPD, na sigla em alemão) em setembro de 1966; o artigo começa com uma piscadela ao admitir que "não devemos falar sobre os judeus tal como certos judeus falam sobre os alemães e, no passado, certos alemães falavam sobre os judeus", avançando em seguida para alertar que o comunismo soviético e "a política da judeidade organizada são uma única e mesma coisa".[5] A Guerra dos Seis Dias no Oriente Médio, no ano seguinte, intensificou esses comentários, embora os teóricos da conspiração nem sempre conseguissem apontar quem estava mexendo os pauzinhos. Para o líder belga da Jeune Europe, Israel era "um baluarte do imperialismo americano". Para o antissemita francês Maurice Bardèche, era "a cidadela do poder judaico internacional". Bardèche, colaborador na época da guerra e estudioso da literatura, era cunhado do escritor colaboracionista Robert Brasillach, que foi executado pela Resistência em 1945. A morte de Brasillach transformou Bardèche em obsessivo apologista do fascismo e precoce negador do Holocausto, cujo antissemitismo era o outro lado da moeda de sua vontade de reabilitar a direita. Essa linguagem antissemita era corrente entre os que tinham desistido da política parlamentar e preferiam formar pequenos grupos de discussão intelectual ou círculos de militantes armados. Um bom exemplo era o Centro Studi Ordine Nuovo italiano, que existiu de 1955 a 1971 como veículo para neofascistas italianos impacientes com as exigências da política eleitoral e saudosos do verdadeiro fascismo. Mas seu extremismo não se adequava à estratégia adotada por políticos de extrema direita em Nápoles ou Roma: a maioria deles optava por defender o mito de "*la brava gente*" e ressaltar o ódio ao comunismo, em vez de se ater a suas credenciais fascistas ou se exasperar abertamente contra os judeus.[6]

De vez em quando a extrema direita obtinha alguns sucessos. Na Alemanha Ocidental, em 1964, formou-se o Partido Nacional Democrático, assustando todo mundo antes de declinar outra vez nos anos 1970. Na Itália, o Movimento Sociale Italiano (MSI), mais duradouro, foi criado em 1946 por ex-fascistas e conseguiu ter uma presença parlamentar constante ao longo de toda a Guerra Fria. Mas o fato é que a extrema direita organizada, em comparação à presença persistente de simpatizantes fascistas nas burocracias do Estado, nos negócios e no Judiciário, tinha tão pouca importância política que vários estudos expressivos a respeito da democracia europeia ocidental do pós-guerra não se detêm sobre ela. É surpreendente que, apesar da multiplicação de pesquisas sobre o fascismo a partir dos anos 1960, não tenha havido entre os historiadores praticamente nenhum interesse por seus sucessores no pós-guerra. O conflito estava próximo demais, e o fracasso histórico da direita ainda era muito recente para lhes permitir grandes avanços, muito menos numa era de prosperidade econômica sem precedentes.

Um indicador do fracasso era a infindável fragmentação e o facciosismo da extrema direita. Tampouco ajudava o fato de que os líderes fascistas dos anos 1940 — nesse aspecto, piores do que as monarquias do passado — tivessem evitado a questão sucessória, disso resultando que não houvesse nenhum líder ungido para prosseguir na luta. Para os que lembravam os gloriosos tempos de outrora, os homens que agora lideravam eram do segundo escalão. Era grande o fosso entre ativistas e saudosistas, e ainda maior entre os bem-nascidos e os combatentes de rua. O salão Bayreuth de Winifred Wagner, no pós-guerra, com a nora inglesa de Richard Wagner, que reunia várias viúvas nazistas idosas e aristocratas decadentes como Oswald Mosley, se parecia nada mais do que com aqueles grupos de monarquistas geriátricos esnobes que antigamente povoavam as margens da vida francesa. Resenhando um estudo pioneiro sobre a "tentação neofascista" na França, lançado em 1984, um articulista comentou acerbamente que os intermináveis desfiles de facções e bandeiras, de velhos ex-vichyistas saudosistas e grupinhos de jovens obsessivos serviam apenas para refutar a tese do autor: "Não houve nenhuma tentação neofascista na França porque ninguém se sentiu tentado".[7]

O fascismo e o nazismo tinham alardeado orgulhosamente que eram o futuro, fundando novas civilizações que perdurariam por séculos; seu fragoroso fracasso em tal empreitada era uma marca contra eles difícil de superar. Tampouco ajudava que o fiasco tivesse vindo acompanhado por genocídio e assassinato em massa, bombardeamento de civis e destruição. Seus sucessores, não podendo vangloriar-se deles como se fossem grandes realizações, se viram obrigados a tomar o caminho da "revisão" dos fatos por meio do revisionismo histórico e da negação do Holocausto: as coisas não tinham sido tão ruins quanto se dizia, ou o outro lado tinha sido igualmente ruim. Eram abordagens do tema chocantes o bastante para demarcar um espaço político e conseguir uma ocasional manchete, porém o público, por mais que pudesse se irritar por ser obrigado a confrontar os crimes do passado, não estava disposto, em sua grande maioria, a seguir pelo caminho revisionista. Resumindo, a própria história era uma armadilha para a extrema direita do pós-guerra, à qual ela só conseguiria escapar depois que os veteranos, os velhos integrantes das Waffen-ss e os pétainistas morressem.

Outro sinal de fracasso era, paradoxalmente, o internacionalismo da direita. Incapazes de exercer sua velha magia dentro de seus países, os fascistas realizavam reuniões "europeias" intermináveis, mas insignificantes em essência, em Veneza, Munique, Malmö e outras cidades aprazíveis, onde denunciavam as consequências da guerra e deploravam a escravização do continente. O "europeísmo" ainda lhes era um tema caro, mas a versão deles vinha enfraquecida por memórias ainda vívidas do que significara uma Nova Ordem nazista, e também pelo evidente sucesso de seu rival, o europeísmo democrático, com o Mercado Comum. Em 1962, líderes da extrema direita apresentaram em Veneza uma Declaração Europeia e lançaram o Partido Nacional da Europa, ideia do fascista britânico Oswald Mosley que não levou a lugar algum. Dez anos depois, em Munique, o maior encontro de fascistas desde a Segunda Guerra Mundial, com cerca de 1200 participantes, malogrou mais uma vez na tentativa de obter a efetiva institucionalização do movimento.

Um terceiro sinal de fracasso foi a passagem para a violência, fosse por meio de gangues de rua, como no Reino Unido, fosse pelo terrorismo ou subversão política, como na Itália. A brutalidade dos skinheads da Frente Nacional da Grã-Bretanha nunca teve acolhida favorável junto ao público e perdeu seu apoio. A guinada direitista para uma "estratégia de tensão" na Itália foi muito mais séria, pois tinha atrás de si uma rede bem financiada de ideólogos e ativistas, com o apoio de vários serviços secretos e de regimes simpáticos a ela nas ditaduras de Portugal e da Grécia, que pretendiam derrubar a democracia com atentados a bomba e outras violências: de início atribuídos a anarquistas os atentados da Piazza Fontana em Milão mataram mais de uma dúzia de pessoas; seguiram-se outros ataques, culminando em 1980 com uma explosão na principal estação ferroviária de Bolonha que matou outras dezenas. Mas nada disso teve o efeito desejado, e a consequência foi que os extremistas fugiram para os últimos abrigos que lhes estavam disponíveis — as ditaduras definhantes da península Ibérica, os regimes autoritários da América do Sul e as colônias de povoamento branco da África, onde prestaram seus serviços à última trincheira da luta colonial. Havia aí, talvez, certa compatibilidade: o neofascismo do pós-guerra era essencialmente uma causa perdida atraída por outras causas perdidas. Quanto à ideologia do antissemitismo, esta parecia ser cada vez mais a obsessão daqueles para quem o relógio havia parado nos anos iniciais da década de 1940.

Isso não significava que o antissemitismo ou, menos ainda, o racismo tivesse desaparecido da Europa Ocidental. Longe disso. Embora o antissemitismo politicamente organizado estivesse num beco sem saída, no jornalismo e nas edições marginais ainda circulavam os velhos preconceitos e estereótipos. A negação do Holocausto era um veículo fundamental. Como em debate semelhante mantido por nacionalistas turcos sobre o genocídio armênio, havia infindáveis divergências sobre o número de mortes. Mas, à diferença dos nacionalistas turcos, os negadores do Holocausto insistiam em recorrer à ideia de embuste e de conspiração, como se todo o assunto tivesse sido inventado para fins interesseiros. As negociações israelo-germânicas para as indenizações de guerra foram transformadas na alegação de que a judeidade internacional estava cometendo fraude ou lançando mão de chantagem moral. A publicação do primeiro grande estudo da Solução Final, *A destruição dos judeus europeus*, de Raul Hilberg, de 1961, desencadeou uma onda de tentativas de refutação. Paul Rassinier, figura confusa, perturbada e contraditória que sobrevivera à tortura das ss e a Buchenwald antes de cair, via pacifismo, nos braços da extrema direita alemã, ganhou notoriedade por alegar que o genocídio como um todo jamais existira. O historiador inglês David Irving preferiu outras linhas de argumentação, apontando que os dois lados tinham cometido crimes de guerra e, mais tarde, sustentando que não havia prova alguma de que Hitler autorizara a Solução Final. Os círculos de extrema direita na Alemanha Ocidental perguntavam por que ninguém abordava a questão da expulsão de milhões de alemães étnicos, num exercício inicial de vitimologia comparada.

Hoje, a Segunda Guerra Mundial é amplamente entendida como uma luta contra a intolerância racial, tendo no centro o genocídio dos judeus. Mas não era essa a percepção pública nos anos imediatamente após a guerra. Uma exceção parcial foi a Grã-Bretanha, com a grande circulação de imagens da libertação de Bergen-Belsen e Buchenwald que chocaram a opinião pública. Na Alemanha Ocidental, o debate sobre a memória e o significado da guerra adquiriu a forma de uma luta geracional, impulsionada no começo dos anos 1960 pelos julgamentos dos guardas de Auschwitz e de Adolf Eichmann em Jerusalém: no final da década, o empenho do país em pesquisar a era nazista já estava bem consolidado, graças, em não pequena medida, ao Instituto de História Contemporânea de Munique, a própria cidade onde, meio século antes, surgira o movimento nazista. A partir de 1972, o Instituto foi dirigido pelo historiador Martin Broszat, figura exemplar que ilustra a capacidade de mudança geracional: esse ex-membro da Juventude Hitlerista concluíra seu doutorado sobre o antissemitismo alemão já em 1952, depusera como testemunha nos julgamentos de Auschwitz e desempenhara um papel essencial ajudando os conterrâneos a entender como o nazismo se enraizara na sociedade alemã. Na Itália, onde havia historiadores estudando o fascismo desde os anos 1950, a análise de suas políticas raciais estava muito mais atrasada. Na França, onde os gaullistas gostavam de fingir que nunca houvera Vichy, um acerto de contas com a direita antissemita demorou ainda mais. Talvez fosse verdade, como escreveu um cientista político em 1968, que "o antissemitismo não [era] uma proposição compensadora na política francesa atual", mas os franceses em sua maioria não acreditavam que Vichy ou Pétain tivessem sido essencialmente antissemitas, e, assim, não viam qualquer razão para um exame de seu histórico: foi preciso que um jovem historiador americano, Robert Paxton, e cineastas como Marcel Ophuls, Louis Malle e Joseph Losey rompessem o silêncio sobre Vichy e o histórico da colaboração francesa com a Solução Final durante a guerra. Enquanto isso, a Igreja católica continuava a ser um bastião de preconceitos não reconstruídos, mantendo vivo um aristocrático antissemitismo em círculos de elite e em pequenas cidades de província.[8]

Ao mesmo tempo, a direita francesa exemplifica como a antipatia anterior pelos judeus foi amortecida por novos desdobramentos inesperados, em particular a criação de Israel. A extrema direita europeia, de modo geral, estava dividida sobre a questão do sionismo, em especial porque o governo trabalhista israelense ainda era uma causa popular entre a esquerda: para alguns, era mais um complô maquiavélico judaico, mas, para muitos, era uma espécie de solução ideal. Afinal, não lhes era difícil considerar que o legítimo lugar dos judeus não ficava em alguma parte da Europa, e, ao apoiar as reivindicações sionistas, podiam afastar a acusação de antissemitismo enquanto continuavam de fato a manter seus preconceitos. Já em março de 1945, um antissemita extremado escreveu que "os franceses [...] são cem por cento partidários do sionismo e solicitam respeitosamente a esses senhores judeus que voltem para a Palestina". "É preciso ter a coragem de dizer com eles [os sionistas] que existem casos em que a assimilação é impossível", escreveu um colaborador para a popular revista de extrema direita *Écrits de Paris* em julho de 1948. Depois da crise de Suez, em 1956, as atitudes da direita em relação a Israel se tornaram mais positivas, e cada vez mais via-se o novo país não como mera área de despejo dos indesejados, mas como um útil aliado no combate aos inimigos do Ocidente. A luta contra o nacionalismo argelino uniu alguns dos velhos *pieds-noirs** antissemitas e judeus argelinos numa aliança conservadora que prosperaria ao longo das décadas. Reassentados na França, muitos dos judeus argelinos encontraram uma causa em comum na direita: "Sou um judeu fascista" ("*Je suis un juif fasciste*"), descreveu-se um deles, certamente consciente das ironias históricas. Nos meados dos anos 1960, as expressões de admiração por Israel tinham se tornado correntes na imprensa de direita. "Sem dúvida, os judeus podem ser exasperantes", escreveu um correspondente para o popular *Rivarol* em 1965. "[Estão] sempre invocando a cifra obviamente exa-

* Literalmente traduzido como "pés-pretos", expressão de origem imprecisa que designava os colonos franceses na Argélia que voltaram à França depois da independência argelina em 1962. (N. E.)

gerada de 6 milhões de vítimas." Mas, ao mesmo tempo, ele insistia que "os mais intratáveis antissemitas" deviam aprovar a ideia de assentar os judeus num único território. Israel não era apenas um aliado; "continua a ser, em 1965, o único país no mundo onde se pode viver numa síntese harmoniosa de nacionalismo, socialismo e racismo. Talvez se afigure paradoxal [...], [mas] certos valores abominados do nacional-socialismo encontraram refúgio nas margens do rio Jordão".[9]

Essas declarações precisam ser postas em perspectiva. Não se trata tanto de que a direita francesa tivesse se apaixonado por Israel — isso não aconteceria até que Israel guinasse bruscamente para a direita décadas depois —, mas sim que encontrara uma nova forma de expressar seu ódio por De Gaulle, cuja traição da Argélia francesa, como enxergavam, se somava à tentativa de aproximação do mundo árabe. O apoio a Israel, como mostram as declarações citadas, era plenamente compatível com o continuado antissemitismo. Ele persistia entre os velhos conservadores vichyistas que nunca tinham considerado os judeus franceses de verdade, entre os católicos que se opunham à rejeição do antissemitismo pelo Vaticano em 1963 e sobretudo nos escritos de fascistas saudosistas que sonhavam com uma Europa autoritária. Eles estavam envelhecendo, contudo: o antissemitismo, exceto sob a forma de negação do Holocausto, raramente aflorava em público de maneira direta; persistia, porém mais como um risco eleitoral do que como uma vantagem, vestígio do passado que logo seria ultrapassado por uma nova onda de preconceitos contra os migrantes que foram para a França a partir da África e do Caribe do pós-guerra. O antissemitismo, em suma, se tornou um tabu mesmo quando o racismo contra os provenientes das antigas colônias se tornou uma força eleitoral importante na França e na Europa Ocidental.

"[O Conselho dos Comissários do Povo] instrui todos os deputados soviéticos a adotarem medidas inflexíveis para erradicar o movimento antissemita. Pogromistas e agitadores de pogroms devem ser postos fora da lei." Assim dizia o extraordinário decreto assinado por Lênin no final de julho de 1918, em meio à sua batalha pelo poder na Rússia. Mesmo antes disso, o governo provisório tinha abolido as restrições legais da era tsarista contra os judeus e outras minorias. "Aconteceu um milagre", escreveu o principal jornal sionista russo. "Em poucos dias a Rússia se tornou um país livre." Assim, a revolução levou a emancipação para a comunidade judaica mais numerosa e mais longamente sofredora da Europa. Numa iniciativa inédita no continente, a liderança bolchevique declarou seu compromisso ideológico em se opor ao antissemitismo e erradicá-lo.[10]

Terminada a guerra civil, portanto, os judeus teoricamente viviam em plano de igualdade com outros grupos na União Soviética. Sofriam a mesma gradual imposição de restrições políticas, com a sucessiva proibição ou dissolução de um partido após o outro; suportavam também as exigências de um Estado construído sobre uma ideologia marxista-leninista materialista, que suspeitava intrinsecamente tanto dos inimigos de classe quanto da religião organizada. Mas não tinham de suportar o antissemitismo oficialmente tolerado do passado tsarista. E, como o regime andava muito ocupado nos primeiros anos tentando instaurar o socialismo na sociedade russa, o resultado foi uma inesperada retomada de muitos aspectos do cotidiano judaico nas províncias. Apesar do controle estatal exercido por uma seção judaica do Partido Comunista, muitas das velhas instituições e práticas religiosas sobreviveram nos anos 1920 ou foram tacitamente toleradas. Em Minsk, os visitantes ficavam surpresos ao ver que açougueiros kosher ainda dominavam o setor local de abastecimento de carne, enquanto centenas de estudantes de ieshivas continuavam a ter aulas na semiclandestinidade e a receber verbas de entidades beneficentes judaicas americanas. Mas, por muitas dessas mesmas razões, o antissemitismo popular também persistia: na verdade, até se renovou, alimentado pela vitória do socialismo. Para muitos judeus, afinal, a revolução bolchevique trazia uma inédita mobilidade ascendente e o acesso a oportunidades profissionais. "Entre as várias revoluções russas, a judaica foi a de maior sucesso", escreve o historiador Yuri Slezkine. Em decorrência disso, havia murmúrios sobre a "dominação judaica". Um cortês antissemitismo floresceu discretamente entre a velha elite cultural russa, surpresa com a súbita visibilidade de nomes judaicos na esfera pública e a quantidade de judeus que, uma vez que as antigas restrições à ascensão social da era tsarista tinham sido revogadas, estavam se estabelecendo em Moscou e Leningrado. Mais abaixo na escala social, de tempos em tempos afloravam libelos de sangue. A diferença era que, agora, estavam sujeitos à perseguição como atividade "contrarrevolucionária".[11]

"Que recaia a vergonha sobre os que fomentam o ódio aos judeus", frisara Lênin em março de 1919. Para um regime que se orgulhava de tê-lo eliminado, a persistência do antissemitismo popular era uma provocação. Realizaram-se debates e seminários na sede do partido em Moscou, nos anos 1920, e havia a preocupação de que o antissemitismo estivesse se espalhando do campesinato para o proletariado. O premiê soviético Mikhail Kalinin alertava sobre sua ampliação, e a imprensa divulgava campanhas combatendo o antissemitismo. O próprio Stálin liderou uma campanha dessas em 1927, e em 1931 denunciou-o como "uma sobrevivência das práticas bárbaras do período canibalista". Com a chegada dos nazistas ao poder, a imprensa soviética estampava artigos sobre o reavivamento do preconceito na Alemanha, e citavam-se líderes soviéticos que chamavam a atenção para as origens judaicas do próprio Marx. (Por outro lado, o avô judeu de Lênin continuava a ser um segredo ciosamente guardado.)[12]

A Segunda Guerra Mundial, uma catástrofe para a judeidade soviética, marcou a verdadeira ruptura. Durante a invasão, e desde as primeiras semanas, os militares nazistas, em conjunto com as SS, travaram uma guerra ideológica de extermínio (*Vernichtungskrieg*) contra a população soviética em geral e os judeus soviéticos em particular. Vale lembrar que provavelmente cerca de 18 milhões de civis soviéticos morreram na guerra, em comparação aos 70 mil no Reino Unido e menos da metade disso nos Estados Unidos. Entre 700 mil e 1 milhão de judeus soviéticos — número atordoante e sem precedentes — foram mortos pelos alemães durante a invasão, a maioria deles alvejados em massacres perpetrados por esquadrões da morte ou asfixiados por gás em caminhonetes letais na Ucrânia e em Belarus. Os sobreviventes, ao voltar para casa após o final da guerra, foram recebidos com desconfiança e hostilidade. As organizações comunitárias reabriram apenas lentamente, isso quando chegaram a reabrir; a vida cultural judaica da região, antes florescente, fora destruída.

Ao mesmo tempo, o cálculo político em relação ao antissemitismo mudou para pior. Na cidade devastada de Kiev, por exemplo, uma feroz disputa, no outono de 1945, por abrigo e moradia entre os que retornavam e recém-chegados levou a um pogrom em que foram mortos dezesseis judeus e dezenas foram feridos. Os esforços do partido em reprimir os desordeiros e restaurar a ordem encontraram resistência. O antissemitismo popular vicejava; relatórios indicavam que, em algumas áreas, ele era tão intenso que ameaçava o controle do partido. Um alto funcionário na Ucrânia teria dito sem rodeios que "não é de nosso interesse que os ucranianos associem a volta do poder soviético ao retorno dos judeus". A perspectiva geral para a judeidade soviética após 1945 era, assim, incomparavelmente mais desoladora do que fora nos anos 1920: comunidades inteiras tinham sido destruídas, e o regime desconfiava ainda mais do que nos anos 1920 de qualquer pessoa que mantivesse contato com o Ocidente. E, no entanto, pela escala devastadora das perdas na Polônia, Hungria, Alemanha e outros lugares, a população judaica da União Soviética era, com certa margem, a maior da Europa.[13]

Os judeus sobreviventes também tinham de levar em conta, pela primeira vez, o surgimento do antissemitismo como política soviética oficial sob a bandeira da luta contra o cosmopolitismo e o sionismo. O fato de que a guerra, em seus estágios finais, acarretara o contato cultural com o Ocidente — à medida que os exércitos vitoriosos interagiam uns com os outros e com as populações sob seu controle — havia gerado profunda preocupação em Stálin. Ele temia uma contaminação política, ideológica e cultural, e suspeitava dos judeus, com suas extensas famílias e um sentimento de solidariedade para além das fronteiras. Embora se cercando de vários legalistas de origem judaica, Stálin era notoriamente antissemita. O impacto de suas atitudes pessoais sobre a política soviética não se fizera especialmente evidente durante a maior parte do período entreguerras. Mas os primeiros sinais haviam surgido com a aproximação soviética da Alemanha nazista em 1939, o que mostrou que o alto escalão do regime monitorava a questão. Durante a guerra em si, a tendência se tornou inequívoca: os judeus foram expurgados do Ministério de Relações Exteriores e, mais tarde, de outros setores do governo. Mesmo a formação de um Comitê Antifascista Judaico, para granjear no Ocidente apoio ao esforço de guerra soviético, não foi um sinal do favor de Stálin, e sim mais uma indicação de que ele pensava que a judeidade americana em particular tinha um poder muito maior do que de fato possuía para guiar a política numa direção pró-russa: isso, portanto, era plenamente compatível com sua crença de que os judeus possuíam boas ligações internacionais e não mereciam confiança.

Em 1946, Milovan Djilas, o principal ideólogo comunista entre os partidários iugoslavos na época da guerra, visitou o Kremlin. Ficou chocado com a decadência física de Stálin e igualmente perplexo com uma estranha guinada na conversa que tiveram. O líder soviético começou perguntando a Djilas por que havia tão poucos judeus no Partido Comunista iugoslavo e ficou ouvindo a explicação de que o país tinha apenas uma pequena população e que o único judeu importante no Comitê Central era Moise Pijade, membro veterano do partido e tradutor de *O capital*. "Em nosso Comitê Central não há judeus!", exclamou Stálin, acrescentando em tom provocador: "Você é um antissemita, você também, Djilas, é um antissemita!". Djilas, especialista em assuntos ideológicos, não disse nada, entendendo que Stálin estava brincando com ele e, na verdade, indicava sua própria posição a respeito do tema.[14]

A adesão do líder soviético ao nacionalismo russo tinha ficado evidente durante a guerra e se fizera explícita no famoso brinde que, em 24 de maio de 1945, ele ergueu à "saúde do povo russo". Mesmo assim, a onda antijudaica que, após a Segunda Guerra Mundial, iria se alastrar tanto pela União Soviética quanto por seus satélites do Leste Europeu tomou muita gente de surpresa. Suas origens estavam na Guerra Fria e na crescente paranoia de Stálin, alimentada não só por sua preocupação quanto à iminência de outra guerra mundial, para a qual a União Soviética não estava preparada, mas também pela convicção de que os serviços secretos americano e britânico estavam decididos a encontrar uma forma de derrubá-lo do poder.

Solomon Mikhoels era um importante dramaturgo judeu soviético e diretor do Teatro Estatal Judeu de Moscou. Tinha esperança de converter o iídiche, língua vernácula dos judeus do Leste Europeu, numa linguagem teatral reconhecida, e sua produção de peças, desde *Rei Lear* e *Tevye, o leiteiro* (fonte de *Um violonista no telhado*) a *Levante no gueto*, de 1947, lhe trouxera fama internacional. No verão de 1941, Mikhoels havia organizado um comício em Moscou, durante o qual alertou uma enorme multidão sobre os planos dos nazistas para a "aniquilação completa do povo judeu". No ano seguinte, Stálin o escolhera para encabeçar o Comitê Antifascista Judaico; outros comitês desse gênero foram formados por mulheres, jovens, cientistas e eslavos, e todos respondiam a um bolchevique veterano, Solomon Lozovsky, na Agência Soviética de Informações. Em 1943, foi organizada uma viagem para levantar o moral que culminou numa enorme multidão reunida em Nova York em julho daquele ano em apoio ao Exército Vermelho e ao esforço de guerra soviético. O escritor Sholem Asch observou que a União Soviética tinha sido o primeiro país a abolir o antissemitismo, alusão apenas levemente velada às restrições que os judeus continuavam a enfrentar nos Estados Unidos. Ainda sobre a União Soviética, no ano seguinte o comitê liderado por Mikhoels discutiu algumas questões sensíveis: como documentar o genocídio, como combater o antissemitismo, e, de modo mais fatídico, como instaurar uma república judaica na Crimeia. O comitê apontou os obstáculos para o retorno dos judeus deslocados durante a guerra e ponderou se o reassentamento na Crimeia não poderia ajudar a reduzir os sinais do crescente antissemitismo. A União Soviética já tentara uma vez criar uma região judaica autônoma na remota cidade de Birobidjan; ela não se demonstrou atrativa. O comitê achou que a Crimeia podia ser uma espécie de alternativa bolchevique à Palestina.[15]

O triunfo do sionismo no Oriente Médio e o estabelecimento de Israel aumentaram as preocupações de Stálin. Uma série de contatos incipientes durante a guerra entre representantes soviéticos e sionistas havia lançado as bases para o inesperado reconhecimento soviético do Estado de Israel em 1948, mas com inúmeras ambiguidades que refletiam as hesitações pessoais de Stálin. A última coisa que ele queria era incentivar o separatismo ou o nacionalismo judaico: os objetivos eram a reintegração e a assimilação dos judeus soviéticos, e não a autonomia territorial. Investigações internas despertaram nele a suspeita de que o Comitê Antifascista Judaico se tornara um instrumento de interesses estrangeiros e estava adotando um "caráter cada vez mais nacionalista, sionista". O comitê defendera vivamente, por exemplo, a criação de um monumento às vítimas judaicas do massacre de Babi Yar em Kiev, questão sempre capaz de cair no desagrado de Stálin, visto que a diretriz oficial ao término da guerra era não dar destaque ao sofrimento de qualquer povo em particular, e ainda menos dos judeus. Stálin também estava bem ciente de que a liderança sionista tinha esperanças de que um grande número de judeus russos fosse autorizado a emigrar para a Palestina, com isso solucionando a aguda queda demográfica local. A simpatia pessoal de Mikhoels pela criação de um lar judaico na Palestina estava documentada; ele mesmo sabia que isso podia lhe causar problemas. Mesmo assim, o que aconteceu no começo de 1948 foi sem precedentes.[16]

Como iria se revelar poucos anos depois da morte de Stálin, por ordens do ditador o dramaturgo soviético foi atraído de Moscou para Minsk e assassinado na noite de 12 de janeiro de 1948, com seu segurança da polícia secreta: os cadáveres foram largados numa rua. Segundo o relatório oficial, a causa fora um acidente de trânsito, mas poucos se deixaram enganar. Embora a morte de Mikhoels não tenha acarretado o fim do Comitê Antifascista Judaico, a entidade encerrou suas atividades pouco tempo depois. Em setembro de 1948, Golda Meir, nascida em Kiev, chegou a Moscou como nova ministra israelense e foi saudada por uma imensa multidão que a aclamava pelas ruas. Era mais do que Stálin conseguiria tolerar, e em novembro o comitê foi fechado sob a alegação de ser "um centro de propaganda antissoviética". Para ele, o nacionalismo judaico estava em plena floração e precisava ser abatido.[17]

As primeiras detenções ocorreram quase de imediato, e nos meses posteriores seguiram-se outras mais. Mas foi apenas no verão de 1952, após meses de interrogatórios e torturas, que se iniciou no Ministério de Segurança Pública o julgamento dos supostos conspiradores judaicos. Fechado ao público, estranhamente, apenas dois dos réus admitiram plenamente a culpa de conspirar contra a União Soviética, e quatro deles se negaram a se declarar culpados em qualquer das acusações. Em sessões privadas, os réus tinham permissão de contestar os promotores e interrogar uns aos outros: o que se desenrolou foi um drama extraordinário, com todas as suas palavras registradas pelos estenógrafos do tribunal, enquanto os debates internos do comitê eram travados diante de juízes amiúde desconcertados. A promotoria ouviu o suficiente para tentar suspender o processo e determinar a reabertura da investigação. Mas só havia um desfecho possível e imaginável, e, em agosto de 1952, treze dos quinze réus foram executados.

Anos depois, quando a transcrição do processo reapareceu nos arquivos, revelou-se que o grande astro do julgamento tinha sido o réu de posição mais elevada, Lozovsky, a quem Mikhoels e o comitê se reportavam. Ele dissera ao juiz atônito que haviam assinado confissões apenas para viver e poder contar a verdade no tribunal, fora do alcance de seus interrogadores. Desqualificou como ridículas as acusações que estava enfrentando; zombou da história de que estariam planejando montar uma cabeça de ponte judaica para o imperialismo americano na Crimeia. Deu ao tribunal uma verdadeira aula expondo o que tinha sido crescer como judeu na Rússia pré-revolucionária e explicou em termos inequívocos a razão pela qual assinara aquelas absurdas "confissões".

> Permitam-me explicar por que assinei. Porque ao longo de oito interrogatórios noturnos o coronel Komarov continuava me dizendo repetidamente que os judeus são gente baixa e suja, que os judeus são todos uns bastardos nojentos, que toda a oposição ao partido era de judeus, que os judeus de toda a União Soviética estão conduzindo uma campanha de boatos antissoviéticos e que os judeus querem aniquilar todos os russos. Foi isso o que me falou o coronel Komarov. Pergunto-lhes: que tipo de linguagem é essa? É essa a linguagem adequada para um soviético, um funcionário soviético?

Acusado de ser um nacionalista judaico que se empenhara em contratar colegas judeus em seu escritório, ele respondeu: "Não fiz esse tipo de cálculo. Nunca me senti atraído por judeus e nunca neguei que era judeu. Um indivíduo que nega sua nacionalidade é um bastardo".[18]

Lozovsky trouxe à baila outra questão, extremamente sensível. Contou ao tribunal que seu interrogador exigira saber quais dos altos funcionários em Moscou tinham esposa judia; ele respondera que não coletava esse tipo de informação. Chegaram a confrontá-lo com a esposa judia do ex-ministro das Relações Exteriores Vyachslav Molotov, Polina Molotova: ela fora detida, provavelmente porque a polícia secreta envolvida na invenção do complô supunha que Lozovsky iria implicá-la. Claro que não havia nada em que comprometê-la. Mas sua detenção — e o interesse de Stálin pelas esposas judias de outros altos funcionários do Kremlin — indica mais um motivo por trás do expurgo. O líder soviético se convencera de que o serviço secreto americano pretendia usar seu círculo interno para obter mais informações sobre sua segunda esposa, que se matara em 1932, e cuja morte Stálin encobrira desde então. Cada vez mais paranoico, deve ter ouvido falar da calorosa acolhida com que Polina Molotova recebera

Golda Meir quando a primeira-ministra israelense estivera em Moscou, e de modo geral temia os contatos internacionais das figuras judaicas no Kremlin.

Enquanto o julgamento prosseguia, houve também a detenção de vários médicos de alta posição. Um era pediatra numa clínica do Kremlin; outro tinha sido médico-chefe no Exército Vermelho. A partir de novembro, o número de prisões se acelerou. Uma quantidade surpreendente dos detidos portava sobrenomes reconhecivelmente judaicos, como se veio a saber quando a imprensa — por ordens do Kremlin — publicou, em janeiro de 1953, uma lista de "médicos sabotadores", assim indicando a um público soviético atônito que, pela primeira vez desde o Grande Terror de meados dos anos 1930, era iminente outro julgamento público de fachada.

A notícia desencadeou um pânico antissemita, e o Kremlin foi inundado de boatos e alertas. Com as notícias das detenções se espalhando por todo o país, choveram acusações. Em Vilnius, um membro do partido alertou que um médico judeu estava matando crianças ao infectá-las com câncer. Corriam múltiplas histórias de médicos judeus que assassinavam rotineiramente os pacientes nos hospitais. O envenenamento disfarçado como vacina era um medo usual, sobretudo com a bactéria da tuberculose. Outros médicos, dizia-se, davam às crianças pílulas que continham pedras. Era como se o velho libelo religioso de sangue tivesse ganhado novo impulso sob forma levemente secularizada. O Novo Homem soviético não parecia ter mudado muito em comparação à versão pré-1917: por trás do jaleco branco, o médico ainda era um judeu, abrigando intenções homicidas em relação aos cristãos que tinham o infortúnio de cair em mãos erradas. A imprensa atiçava a histeria e falava numa "quadrilha de médicos assassinos".[19]

Para o regime, negar a acusação de antissemitismo continuava a ser ideologicamente importante, e quando um dos poucos judeus remanescentes próximos de Stálin morreu em fevereiro, fizeram o funeral na Praça Vermelha. Mas, no plano internacional, houve protestos, e o delegado soviético nas Nações Unidas foi instado a justificar o que estava acontecendo. Há indicativos de que Stálin de fato determinou a encenação do drama do alegado complô dos médicos à plena vista do público, com um julgamento ao qual se seguiriam as execuções na Praça Vermelha. Dizia-se que já estavam se iniciando os preparativos para deportações em massa, e corriam rumores de que toda a população judaica de Moscou seria enviada para a Sibéria. Elaborou-se uma carta, a ser assinada pela maioria das figuras judaicas de destaque no regime soviético, condenando os médicos. Muitos assinaram, mas houve outros que se recusaram: o escritor Ilya Ehrenburg, que durante anos servira lealmente a Stálin, parece ter escrito uma carta de próprio punho para o líder soviético, alertando-o sobre as repercussões no exterior. Foi apenas a morte súbita de Stálin, no começo de março de 1953, que pôs fim à ameaça. Ironicamente, muitos dos médicos que poderiam tê-lo ajudado estavam na prisão. Depois de alguns dias, a esposa do ministro das Relações Exteriores foi autorizada a voltar para Moscou, e no mês seguinte retirou-se a acusação de complô contra os médicos e os que tinham sido detidos foram soltos.

Mas, no que se referia à judeidade soviética, nem assim a questão se encerrou. O *Pravda* publicou que o complô fora elaborado para "atiçar a animosidade nacional": não dizia por quem nem contra quem, mas apontava claramente o dedo contra os próprios judeus. A notícia da soltura dos médicos foi recebida em todo o país com consternação, e houve uma enxurrada de cartas aos jornais. Algumas manifestavam apoio às autoridades e outras pleiteavam a reabilitação dos médicos. A julgar pelos resumos preparados para as altas figuras do partido, a maioria delas se enquadrava em duas outras categorias: muitas pessoas se recusavam a crer que os médicos eram inocentes, e várias outras simplesmente manifestavam espanto. Algumas acusavam a imprensa de fomentar o antissemitismo: "O jornal travou uma campanha antissemita aos moldes de um pogrom [...] e tentou provar, à maneira dos panfletos fascistas, que eles [os judeus] merecem o que estão recebendo [...]. Vocês são prostitutos e bestiais [...] fascistas". Outras ficavam indignadas alegando que os judeus "*conseguiram se safar outra vez!*". Durante meses reinou a confusão pública. A única coisa que ficava clara era que o antissemitismo estava firme e forte no país cujo governo proclamara sua derrota histórica.[20]

Também na Europa Oriental, o antissemitismo popular, que havia sido endêmico antes da Segunda Guerra Mundial, certamente não chegara ao fim com a derrota do nazismo ou com a chegada do Exército Vermelho. A própria Polônia, que antes era um centro importante da vida judaica, fora destruída; grande parte da capital, Varsóvia, estava em ruínas. De sua imensa população judaica no pré-guerra, com cerca de 3 milhões a 4 milhões de pessoas, nem 10% tinham sobrevivido: a esmagadora maioria fora assassinada nos campos de extermínio. Mas os problemas dos sobreviventes estavam longe de terminar. Nos meses daquela que quase se tornou uma guerra civil, antes que os comunistas poloneses vencessem com auxílio soviético, centenas de judeus retornados perderam a vida. A associação popularmente estabelecida entre judeus e riquezas se mantinha, e logo haveria camponeses escavando e demolindo casas, convencidos de que os judeus mortos tinham deixado escondidos bens valiosos. Havia também outros ecos do passado: em agosto de 1945, ocorreram distúrbios em Cracóvia causados por boatos de que existia um estoque de cadáveres de crianças cristãs escondido numa sinagoga; em Kielce, no ano seguinte, um pogrom desencadeado por alegações de assassinato num ritual deixou 46 mortos.

As autoridades polonesas no imediato pós-guerra não colocaram nenhum obstáculo para os judeus que queriam deixar o país. Em decorrência disso, mais de 100 mil judeus partiram quase de uma só vez para os campos de deslocados na Alemanha, dirigidos pelos Aliados, muitos deles na esperança de chegar aos Estados Unidos ou à Palestina. No começo de 1947, havia nos campos, com outros sobreviventes da Romênia, Iugoslávia e Hungria, pelo menos 250 mil deslocados judeus. Era uma pequena parcela dos muitos milhões pessoas em trânsito pela Europa Oriental naqueles anos, mas uma parcela significativa da população judaica sobrevivente na região. Entre o final da guerra e meados dos anos 1950, a população judaica na Tchecoslováquia baixou de 45 mil para 15 mil; na Hungria, de 140 mil para 80 mil; na Bulgária, de 43 mil para 5 mil. Na Romênia a população caiu pela metade, para cerca de 200 mil.[21]

Havia muitos fatores por trás desse êxodo, mas entre eles se destacavam as campanhas antijudaicas na Europa Oriental, que foram adotadas como estratégia política regional de Moscou a fim de ganhar apoio popular para o comunismo usando os judeus como bodes expiatórios. Quando as tensões da Guerra Fria entre a União Soviética e os Estados Unidos se intensificaram em 1947-8, Stálin estava cada vez mais preocupado com sua capacidade de manter o controle sobre territórios que considerava essenciais para a segurança soviética. Com a desmobilização das tropas, a solução estava na habilidade dos Partidos Comunistas locais de governar sociedades que antes eram ferrenhamente anticomunistas. Quando o dirigente iugoslavo Josip Broz Tito rompeu com Stálin, no verão de 1948, incentivando a primeira resistência aberta ao Kremlin, ergueu-se o fantasma de um ressurgimento nacionalista maior dirigido contra Moscou. O desafio de Tito se deu em paralelo ao assassinato de Mikhoels na União Soviética e a guinada de Stálin para o antissemitismo. A fusão dessa dupla obsessão —

a preservação do domínio soviético na Europa Oriental e o pesadelo da influência judaica — serviu então para dar base a uma sequência de julgamentos de fachada em toda a região que prontamente adquiriram um inequívoco matiz antissemita.

Tudo começou na Hungria, onde a luta para desmascarar os "titoístas" acabou levando à queda do ministro do Interior, László Rajk. Quando o expurgo se espalhou para a Tchecoslováquia na primavera de 1949, a polícia secreta e seus conselheiros soviéticos rapidamente utilizaram o tipo de raciocínio antissemita adotado em Moscou naquela época para impedir que a direção do partido tcheco pudesse seguir qualquer tentação de adotar uma via própria para o socialismo. O principal réu no julgamento crucial do "Centro Conspiratório Contra o Estado", de 1952, foi Rudolf Slánský, judeu e secretário-geral do Partido Comunista; acusado de "atividades trotskistas-titoístas-sionistas a serviço do imperialismo americano", ele admitiu sua culpa num julgamento de fachada e foi enforcado. Com Slánský, no julgamento, havia mais treze réus, a maioria judeus. Seguiram-se vários julgamentos menores e um expurgo que acabou atingindo mais de 100 mil pessoas.

Como indicavam os julgamentos de Rajk e Slánský, o comunismo soviético podia se orgulhar de ter combatido e supostamente erradicado o antissemitismo, mas o que ele de fato fez foi algo mais modesto e enganoso: tornar quase impossível o uso de uma retórica explicitamente antissemita. O emprego do termo "sionista" como eufemismo para "judeu" tinha começado nos anos 1920, mas em pequena escala e numa época em que o sionismo ainda não era um fenômeno da vida internacional. No final dos anos 1940, altura em que o antissemitismo era um delito criminoso em grande parte do bloco comunista, o *antissionismo* se convertera numa senha indicando origens étnicas judaicas. O termo certamente não era neutro no contexto comunista, pois aludia — com a carga de "cosmopolitismo" que lhe vinha associada — à ideia de que os judeus não podiam ser genuínos patriotas e, pior, que qualquer simpatia sionista os convertia em possível agente não só de Israel, mas do verdadeiro inimigo que estava por trás de Israel: o imperialismo americano.

Ana Pauker, conhecida por alguns como A Imperatriz, fora saudada pela revista *Time*, no final de 1947, como a primeira ministra das Relações Exteriores do mundo. De fato, ela era a ministra judia das Relações Exteriores da Romênia, não só um dos países mais antissemitas da região, mas também aquele com a maior comunidade judaica sobrevivente no fim da guerra. Embora fosse a principal arquiteta da consolidação do poder do partido e do rápido crescimento após a guerra, Pauker tinha claríssima consciência do antissemitismo onipresente ao seu redor: segundo diplomatas britânicos em 1946, os romenos viam os judeus "como traidores *que deviam ser exterminados à primeira oportunidade*".[22]

Firme comunista, leal stalinista e confidente do Kremlin por muitos anos, Pauker sobrevivera à prisão romena e até ao desaparecimento de seu marido no Grande Terror soviético dos anos 1930. Ficara indelevelmente marcada também pelo cataclismo da guerra. "Depois de tudo o que aconteceu, quantos de nós restaram?", escreveu ela com tristeza ao irmão, depois de ajudá-lo a emigrar para a Palestina em 1944, num dos poucos navios que puderam partir pelo mar Negro na época da guerra; ajudou tambem seu pai, um judeu ortodoxo, a seguir para lá três anos depois. Ao desafiar os desejos de Moscou em assuntos como emigração, coletivização e outros mais — ela tinha uma admirável independência de espírito —, era apenas uma questão de tempo até ser apanhada no arrastão stalinista. Havia novos homens em ascensão no partido também em outros lugares da Europa Oriental. Mas seu ambicioso chefe partidário, Gheorghe Gheorghiu-Dej, não era rápido o suficiente aos olhos do Kremlin. Em abril de 1952, foi levado de avião a Moscou, onde sofreu as reprimendas de um furioso Stálin:

> Dej, quantas vezes eu lhe disse para se livrar de Ana Pauker, e você não me entendeu? [...] Se eu estivesse em seu lugar, teria dado um tiro na cabeça dela há muito tempo [...]. Eu pensava que em suas veias só corria sangue proletário, mas [agora vejo que] é sangue pequeno-burguês.[23]

Já estava em curso uma campanha anticosmopolita quando Pauker foi presa em fevereiro de 1953: Gheroghiu-Dej finalmente entendera o que queriam dele e reuniu coragem para um julgamento de fachada, tendo Pauker como a principal atração, marcado mais ou menos na mesma época do júri dos médicos em Moscou. Com a morte de Stálin, o processo de Pauker nunca teve início, e no final de março ela foi subitamente libertada — graças à intercessão do ministro soviético das Relações Exteriores, Molotov — e posta em prisão domiciliar. Apesar de tudo, ela prorrompeu em lágrimas quando soube da morte do líder soviético. "Não chore", disse um colega. "Se Stálin ainda estivesse vivo, você estaria morta." Ela viveu mais sete anos, sustentando-se como tradutora do francês e do alemão.[24]

A Romênia era, em alguns aspectos, periférica entre os Estados da Europa Oriental. O país nunca rompeu relações diplomáticas com Israel, nem mesmo depois da Guerra dos Seis Dias, permitiu a publicação da única revista em hebraico no bloco comunista e incentivava contatos limitados com o Ocidente. Ser o rabino-chefe nesse ambiente não era tarefa fácil, mas a posição foi ocupada por duas figuras admiráveis. Servindo de 1940 a 1948, Alexandru Safran utilizara seus contatos de alto nível no tribunal romeno para persuadir o governo fascista da época da guerra a bloquear as deportações exigidas pelos alemães. Depois de expulso pelos comunistas, Safran foi substituído por Moses Rosen, conhecido pelos detratores como "o rabino vermelho", cujo tempo excepcionalmente longo no cargo ultrapassou o próprio comunismo, encerrando-se apenas com sua morte em 1994. Como ambos tinham claro entendimento, o antissemitismo era apenas um dos fatores que moldavam a política de Estado — tanto na Romênia como em outros lugares. Era uma força cultural e política importante, mas não necessariamente determinante.

Milovan Djilas — um dos analistas políticos mais acurados e menos sentimentais do século — observou que o antissemitismo se tornara rotineiro na região sob o comunismo e fora incorporado como uma característica do governo soviético do pós-guerra: "O capitalismo burocrático de Estado da Grande Rússia teve de se tornar não só nacionalista, mas também racial [...]. E deve inevitavelmente se tornar — e já é — antissemita também".[25] Mas a morte de Stálin e o degelo subsequente significavam que o pior já havia passado. Seus sucessores tinham visto o potencial da violência popular para escapar a seu controle e nunca mais voltaram a brincar com fogo dessa maneira. Nikita Kruschev não era um Stálin e não tinha a visão de mundo intensamente paranoica do georgiano; seu antissemitismo pessoal se expressava mais em gafes e gracejos grosseiros do que em campanhas políticas organizadas. Contudo, o medo soviético do "sionismo" se arraigara, e em círculos do partido ainda persistiam suspeitas e preconceitos contra os judeus.[26]

Na Europa Oriental pós-stalinista, os judeus desfrutavam de atmosfera um tanto mais livre e menos asfixiante. A política do partido era, de maneira geral, mais liberal do que na União Soviética, as organizações comunais judaicas tinham um tanto mais de autonomia, e de vez em quando era possível viajar para o exterior. Mas estavam vivendo à sombra do passado, e muitos dos mesmos fatores de então atingiam duramente a vida da comunidade. Os funcionários públicos visavam os judeus por causa de suas origens de classe (como burgueses), por supostamente manterem contato com Israel (e, portanto, com o imperialismo americano) ou por serem religiosos praticantes. O antissemitismo popular aflorava nas colunas de cartas dos leitores na imprensa, reclamando da quantidade de judeus em altas posições no partido ou de seu suposto acesso a privilégios. Na Polônia, depois que uma série de expurgos internos do partido gerou uma nova onda migratória, a situação ficou grave em 1957, a ponto de levar o jornal do partido, *Trybuna Ludu*, a comentar com surpreendente franqueza que, "durante os doze anos desde a instauração da República Popular da Polônia, criaram-se condições objetivas para acabar com o antissemitismo. Mas os resultados não foram satisfatórios". O jornal alertava que a fuga continuada dos poucos judeus poloneses remanescentes iria desacreditar o país no exterior e levaria as pessoas a questionarem até que ponto realmente se construíra uma sociedade de direitos iguais sob o socialismo.[27]

Uma década depois, irrompeu a última grande campanha antissemita da Guerra Fria. O pretexto foi dado por ocorrências no Oriente Médio: na esteira da vitória de Israel na Guerra dos Seis Dias, uma facção nacionalista do partido dirigente da Polônia viu aí uma oportunidade para denunciar seus inimigos internos como "sionistas", e a imprensa lançou uma campanha explícita em nome do "antissionismo". Como alguns judeus poloneses tinham comemorado abertamente a vitória de Israel, as autoridades se convenceram de que eram traidores. Houve um expurgo de jornalistas e funcionários que dirigiam organizações comunais judaicas, e na primavera de 1968 as autoridades organizavam manifestações com faixas que diziam: ABAIXO OS AGENTES DO IMPERIALISMO — SIONISMO REACIONÁRIO! Falando numa reunião de ativistas do partido, seu líder, Władysław Gomułka, insistiu que, mesmo assim, deviam combater "com plena firmeza qualquer manifestação de antissemitismo". A esposa dele era judia, e ele havia levado a sério o problema do preconceito. Mas, ao trafegar pela delicada política da campanha antissionista de 1967 que fora instigada por seu próprio ambicioso ministro do Interior, Gomułka acabou por concordar com o que se tornara um explícito avanço antissemita que afastava os judeus do serviço público: as vítimas incluíam muitos integrantes dos serviços de segurança e do Judiciário, oficiais militares, jornalistas importantes, docentes universitários e outros representantes da intelectualidade. Entre 1968 e 1970, cerca de 25 mil judeus deixaram a Polônia, quase metade deles rumo a Israel; depois disso, restaram não mais de 10 mil. Gomułka encerrou a campanha, mas as repercussões prosseguiram e acabaram por levar à sua queda. Enquanto isso, na Tchecoslováquia, com a entrada dos tanques soviéticos no país para esmagar a Primavera de Praga, houve a retomada não só de um governo linha-dura, mas também das técnicas stalinistas de expurgo antissemita para difamar a oposição. Depois disso, restariam poucas dúvidas de que o comunismo do pós-guerra não só falhara em derrotar o antissemitismo como também desenvolvera sua própria fórmula. Em todo o bloco soviético, conforme as últimas comunidades judaicas se reduziam ainda mais, o que restou foi o que um analista chamou de "antissemitismo sem judeus".[28]

PARTE II
NO CAMPO DE BATALHA DAS IDEIAS

POPULAÇÃO JUDAICA MUNDIAL C. 1925*

* A Europa inclui a União Soviética. A população judaica da Palestina Mandatária aparece no total da população do Oriente Médio e da África do Norte. O mapa se baseia em dados estatísticos de: Arthur Ruppin, *The Jews in the Modern World* (Londres: Macmillan, 1934).

POPULAÇÃO JUDAICA MUNDIAL C. 2020*

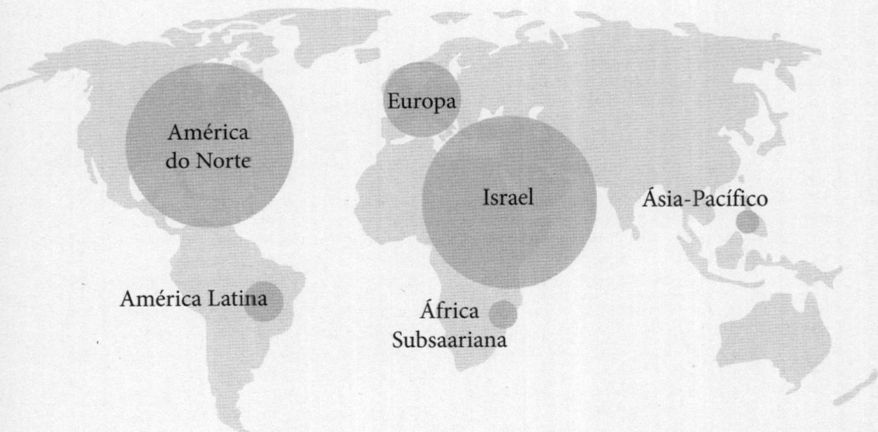

* A população judaica do Oriente Médio e da África do Norte, excluindo Israel, totaliza hoje 40 mil pessoas. O mapa se baseia em dados estatísticos de: Sergio Della Pergola, "World Jewish Population, 2021" (*The American Jewish Year Book*, n. 121, 2021).

6. Prelúdio: Estados Unidos, Israel e Oriente Médio

1940-60

No mundo judaico pós-guerra, [há] duas grandes entidades judaicas — nós mesmos e os israelenses.

Ben Halpern (1959)[1]

Durante séculos a Europa fora o epicentro histórico da vida judaica: quando se tornou a principal arena de luta pela emancipação dos judeus e viu surgir a política antissemita, ela era o lar de mais de 80% da população judaica do mundo. Essa luta pelos direitos dos judeus culminou na guerra genocida dos nazistas, que praticamente acabou com as áreas judaicas da Europa Centro-Oriental e levou à devastação, à partilha e ao enfraquecimento não só da Alemanha, mas do próprio continente europeu. Os preconceitos antijudaicos sobreviveram (como vimos), mas o antissemitismo como movimento político ficou largamente desacreditado na região que lhe dera origem.

Porém a história do antissemitismo não para por aí. Perdurando na Europa Oriental sob domínio soviético, ele se transformou e se ampliou graças a duas mudanças geopolíticas fundamentais. A primeira foi o aparecimento dos Estados Unidos como superpotência da Guerra Fria, fator que, com o tempo, viria a conferir aos interesses, à influência e às ações organizadas da judeidade americana um peso nos assuntos internacionais que anteriormente não tivera. Em 1950, os Estados Unidos eram o lar de um número de judeus maior do que em qualquer outra região, catapultando a comunidade judaica americana a desempenhar um novo papel no planeta; disso resultou que o entendimento americano sobre o antissemitismo viria a ter um peso mundial cada vez maior. A segunda mudança consistiu no colapso do poder imperial europeu no Oriente Médio, na criação de Israel e no surgimento da questão palestina. Iniciando como parceira minoritária, no final do século XX Israel já rivalizava com a judeidade americana em termos numéricos e em influência. A partir daí, a vida judaica no mundo seria moldada politicamente pela dinâmica dentro e, cada vez mais, entre esses dois polos. Deslocado de seu local de origem, o conceito de antissemitismo adquiriu novas associações políticas em novos cenários.

UMA TERRA SEM ANTISSEMITISMO?

Examinando o panorama deprimente da judeidade mundial em 1934, ano subsequente à tomada nazista do poder, o grande historiador anglo-judaico Lewis Namier por fim chegou ao tema dos judeus nos Estados Unidos. A perspectiva, escreveu Namier, era um "livro fechado" para alguém como ele, nascido na pequena nobreza judaica polonesa nas fronteiras entre os impérios Russo e Áustro-Húngaro e educado em Liviv, Lausanne e Oxford pré-1914 — um homem embebido na cultura da Velha Europa. A preocupação de Namier era que, ao se assentarem nos Estados Unidos, os imigrantes judeus estivessem abandonando os vestígios culturais de seu passado europeu-oriental, deixando para trás "um judaísmo definhante, anêmico". Desapareceriam totalmente com a assimilação? Ou a pressão do antissemitismo os manteria unidos, mesmo depois que seus "valores internos" tivessem sumido? Ele não era o primeiro nem foi o último a temer que os judeus estivessem ameaçados nos Estados Unidos, tanto pela aceitação quanto pela inimizade, e a se inquietar com o que aconteceria se o antissemitismo desaparecesse. Como observou, os judeus eram relativamente recém-chegados num mundo com tradições sociais e políticas muito diferentes das europeias, e a experiência deles seria distinta da de qualquer outra comunidade judaica no mundo.[2]

O contexto americano apresentava duas diferenças cruciais. A primeira delas era que, exceto pequenas ressalvas muito secundárias, os judeus que chegavam à república estadunidense se viam desde o começo num estado de emancipação civil. Se o cenário político lhes era mais favorável do que em qualquer outro lugar da Europa continental — como ocorria com as minorias religiosas de todos os tipos —, era porque refletia o fato de que os próprios Estados Unidos tinham sido concebidos como uma resposta, um contra-ataque republicano e democrático às sociedades fechadas e profundamente hierárquicas do Velho Mundo. Resposta, porém, com uma séria limitação: a raça. Pois a outra diferença crucial em relação à Europa era que a cidadania e a imaginação política americanas eram estruturadas segundo uma dicotomia racial: mesmo que a Constituição mantivesse um discreto silêncio sobre o assunto, ninguém que vivesse no país podia duvidar de sua importância, e a Lei de Nacionalidade de 1790, que limitava a possibilidade de naturalização apenas a estrangeiros que fossem "pessoas brancas livres", deixava explícita essa dicotomia e suas desigualdades.

A divisão fundamental se dava entre os que eram escravizados ou seus descendentes e todos os outros. Os primeiros imigrantes judeus vindos da Europa se viram beneficiários de um ordenamento político que negava a emancipação aos escravizados americanos e de suas famílias. Os que chegaram no final do século encontraram abrigo num país empenhado em reverter essa emancipação, implantando a legislação segregacionista conhecida como Jim Crow e fechando os olhos à difusão dos linchamentos. "Eles têm pessoas que são mais judias do que os judeus, isto é, os negros", espantou-se o escritor Joseph Roth em 1927. "Claro que os judeus ainda são judeus. Mas aqui, significativamente, eles são brancos. Pela primeira vez, a raça de um judeu opera realmente a seu favor."[3]

No capítulo 7, abordaremos as consequências dessa injusta situação para as relações negro-judaicas, que — não admira — eram complexas, intensas e difíceis. Aqui nosso tema é o fenômeno do antissemitismo, o qual se tornou um fator de destaque muito maior na vida americana do que tinha sido antes. Com a imigração judaica da Europa Oriental, integrante de uma onda ainda maior de imigração europeia, a população judaica nos Estados Unidos disparou de menos de 300 mil em 1880 para mais de 3 milhões de pessoas, antes das restrições impostas após a Primeira Guerra Mundial; foi contra esse panorama que o nativismo se reavivou e o antissemitismo surgiu pela primeira vez em escala nacional.

Os judeus logo se depararam com as realidades brutais do preconceito racial americano. Em 1913, um gerente de fábrica chamado Leo Frank foi condenado em Atlanta, na Geórgia, pelo assassinato de uma jovem operária. Ocorrendo no mesmo ano do caso Beilis na Rússia, o caso Frank foi cheio de controvérsias; ainda mais espantoso foi o desfecho dois anos depois, quando o infeliz Frank foi linchado. Ele tinha sido presidente da seção local de uma entidade fraternal judaica, o B'nai B'rith; após seu julgamento, a entidade criou a Liga Antidifamação, que viria a se tornar talvez a mais conhecida organização judaica americana de combate especificamente ao antissemitismo. A ADL e as outras organizações judaicas logo se viram assoberbadas de trabalho: após a Primeira Guerra Mundial, quando as restrições à migração se tornaram uma questão política, os conservadores alertavam para as mudanças perturbadoras no modo de vida local, Henry Ford ajudou a converter *Os protocolos dos sábios de Sião* num sucesso de vendas e a discriminação antissemita se intensificou vivamente por todo o país. Com um grande número de reitores universitários apáticos ou de fato antissemitas seguindo reitores mais simpáticos à causa, o rápido aumento das admissões de judeus nas faculdades e universidades americanas bruscamente se inverteu, e (como na Europa) foram criadas cotas de ingresso. Clubes sociais, hotéis e balneários se declararam fechados para judeus. Acordos imobiliários restritivos mantinham áreas residenciais segregadas e excluíam "hebreus" (judeus), como também aqueles de "raça etíope, malaia ou asiática" (negra, filipina ou asiático-americana). A Ku Klux Klan se reaglutinou como "a primeira tentativa séria nos Estados Unidos de explorar o antissemitismo — e o ódio racial e religioso em geral — para fins políticos reacionários", conforme disseram alguns observadores chocados. A ciência racial divulgava a ideia de que os judeus eram uma ameaça à raça anglo-saxã; o Medo Vermelho os retratava também como ameaça revolucionária. O antissemitismo político organizado nos moldes europeus nunca veio realmente a dominar, mas a direita católica, na figura do padre Coughlin, famosa personalidade do rádio na segunda metade dos anos 1930, propagava o veneno antijudaico, e o impacto do fascismo europeu foi sentido com a torrencial injeção de verbas nazistas para financiar grupos americanos de apoio: em 1932 havia apenas um deles, mas dez anos depois eram mais de cem.[4]

A fermentação continuou durante e após a Segunda Guerra Mundial: em julho de 1945, um repórter observou que, "desde o início da guerra, desenvolveu-se nos Estados Unidos uma das mais extensas campanhas antissemitas que esse país já conheceu". Comentadores judeus fitavam o futuro com nervosismo. "Mesmo nos Estados Unidos há um grave perigo de reação antissemita se as coisas não correrem bem no período pós-guerra", notou Koppel Pinson.

> Todos os fatores identificando o antissemitismo nazista como o inimigo de nossa segurança nacional são potencialmente capazes de gerar uma explosão contrária, caso nossas esperanças e expectativas para o mundo do pós-guerra não se realizem em um grau considerável.

Entre 1944 e 1946, pesquisas de opinião mostraram o aumento no número de americanos que julgavam que os judeus tinham poder excessivo no país.[5]

Na atmosfera intensamente anticomunista da Guerra Fria, o movimento socialista judaico, antes fervilhante, definhou. "Num prazo não maior do que o tempo de vida de um ser humano", escreve um estudioso dos judeus americanos e da esquerda, "a relação entre o socialismo e a comunidade judaica nos Estados Unidos mudou drasticamente." Embora o número de judeus de extrema esquerda fosse ínfimo, eles constituíram uma grande parcela dos militantes do Partido Comunista dos Estados Unidos da América entre as guerras. A imprensa iídiche de esquerda começou o seu longo declínio no pós-guerra. O maior jornal judaico do país era o esquerdista *Forward*: mas, se sua circulação na primeira metade dos anos 1930 alcançara cerca de 275 mil exemplares, em 1962 estava abaixo de 60 mil e continuava a cair. Qualquer vínculo que se percebesse com o comunismo despertava grande preocupação, em especial depois da detenção de um casal judeu, Julius e Ethel Rosenberg, acusados de serem espiões da União Soviética. O julgamento em 1951 — com promotores judeus e um juiz judeu, como que para acalmar as inevitáveis suspeitas — se espalhou tal qual uma *cause célèbre* internacional. Mas as principais organizações comunais judaicas americanas, em sua maioria, não se somaram à campanha pela libertação dos Rosenberg e não partilhavam a suspeita generalizada da esquerda internacional de que o julgamento era fruto da histeria antissemita da Guerra Fria. Sartre podia descrever o processo como um "linchamento jurídico"; outros comentadores franceses o comparavam ao caso Dreyfus. Na verdade, ao contrário de Dreyfus, Julius Rosenberg de fato espionara e era culpado, embora a esposa muito provavelmente fosse inocente.

As preocupações de que a velha associação do período entreguerras entre os judeus e o bolchevismo pudesse persistir nos Estados Unidos não se desfizeram rapidamente; ainda em 1961, o AJC tinha uma comissão trabalhando para "dissociar os judeus do comunismo na mentalidade pública". A comissão envolveu vários intelectuais judaicos importantes que, com o tempo, passariam desse trabalho — depois de realizada a tarefa — para a defesa da judeidade soviética. A trajetória ajuda a explicar a transição tão perceptível de alguns importantes escritores judeus de Nova York, passando da esquerda não comunista para a direita anticomunista, caminho que acabou levando muitos para o neoconservadorismo com seu medo do marxismo em campus universitários.[6]

Os historiadores do antissemitismo tendem a ser catastrofistas por inclinação própria e raramente se detêm nos períodos em que o fenômeno diminui: e menos ainda os ativistas atuais contra o antissemitismo param para se perguntar o que podem aprender com esses períodos. É como se não conseguissem acreditar que tais momentos significam de fato o que parecem, e, pelo contrário, fossem aberrações que devem inevitavelmente terminar em lágrimas. Assim, talvez valha a pena nos determos sobre o que ocorreu nos Estados Unidos a partir dos anos 1950, quando — naquilo que a principal autoridade sobre o tema descreveu como "metamorfose notável" — os níveis de fanatismo antijudaico caíram e o preconceito explícito se tornou menos respeitável em termos sociais ou políticos. Pois o que se revelou foi que as preocupações dos judeus americanos perante a perspectiva de continuidade da discriminação antijudaica viriam a conhecer um inesperado alívio, e o antissemitismo americano como sistema de discriminação institucionalizada foi desmantelado com a mesma surpreendente rapidez com que fora montado. Em 1948, a ADL já comentava o declínio dos grupos antes pró-nazistas, e em 1956 um observador notava que "o antissemitismo organizado já está basicamente confinado às margens lunáticas". As pesquisas confirmavam a tendência: as atitudes antissemitas sem dúvida não desapareceram, e sua persistência se mostrava em episódios de violência de pequena escala, mas as principais barreiras discriminatórias de moradia, emprego e ingresso universitário haviam caído. Escolas e faculdades aboliram as cotas que tinham introduzido nos anos 1920, e o ingresso de judeus disparou; abriram-se muitos empregos antes fechados para eles, embora os santuários privados do direito e da administração empresarial continuassem sob ciosa guarda, até caírem também diante de uma campanha específica do AJC. Como que para expulsar as memórias das desgraças da vida confinada nos *shtetls* do Velho Mundo, relegadas à lembrança sentimental e às vezes dolorida, construtores, agentes imobiliários e arquitetos judeus partiram para o que um observador chamou de "fabricação do espaço", transformando muitas áreas de Nova York e ajudando a criar a Manhattan moderna como local de moradia, bem como de trabalho, uma cidade de conjuntos residenciais e blocos de apartamentos com elevador. A revista *Fortune* saudou em 1960 o que chamou de "o élan judaico", que conferiu à cidade de Nova York seu "caráter expressivo, sua animação, originalidade, estridência, imprevisibilidade".[7]

Assim como se tornou coisa do passado na questão habitacional, a segregação antijudaica foi deixada de lado nos locais de férias. O Cinturão Borscht, também conhecido como Alpes Iídiches, era uma área com centenas de hotéis, bangalôs e acampamentos de verão judaicos nas montanhas Catskill, não distante da cidade de Nova York: ele incluía o Grossinger, hotel cujo salão de jantar podia declaradamente abrigar 1300 hóspedes, o arranha-céu Nevele, com sua piscina Waikii, e o renomado Country Club Stardust Room. Esses locais tiveram seu auge nos anos 1950. Mas como a discriminação diminuía, as passagens aéreas tornavam-se mais baratas e outros destinos, mais atraentes, veio o declínio. Os gostos também mudavam: quando um fazendeiro judeu de gado leiteiro chamado Max Yasgur concordou em hospedar em suas terras um festival de "Três Dias de Paz e Música" no verão de 1969, meio milhão de pessoas foi a seus campos para ouvir Santana, The Who e Ten Years After (entre outros), e o nome Woodstock ressoou por todo o mundo. Hoje, a maioria dos grandes hotéis do Cinturão de Borscht pegou fogo, ficou decrépita ou encontrou novos usos atendendo à crescente população judaica ortodoxa da Costa Leste. Os que outrora passavam férias ali, quando crianças, agora provavelmente estão gozando sua aposentadoria na costa da Flórida ou em outras comunidades do Cinturão do Sol, no sul do país.[3]

A despeito dos ocasionais episódios antissemitas, os observadores concordavam que a judeidade americana — como grande parte do país de modo geral — estava ingressando numa era de moderação e novas oportunidades após as tensões politicamente polarizadas do meio século anterior. Em vez de voltar à depressão, a economia americana — já representando 50% do PIB mundial em 1945 — teve um enorme crescimento, o pleno emprego e o consumo de massa expulsaram as lembranças do Dust Bowl* e das filas de desempregados. Os judeus americanos se beneficiaram com a prosperidade do pós-guerra e se juntaram à explosão consumista e às alegrias da vida nos subúrbios. Em 1960, uma pesquisa entre rabinos reformistas americanos e outros líderes captou um sentimento otimista em relação ao futuro. Quando foi pedido para preverem como seria o ano 2000, o consenso entre eles foi que, embora nenhum dos três principais ramos religiosos do judaísmo local fosse se fundir (pelo menos nisso foram realistas), no mundo exterior a paz entre Israel e os Estados árabes teria se firmado, haveria um candidato judeu para a vice-presidência e o antissemitismo estadunidense teria diminuído ainda mais. Ainda que enfrentassem discriminação — clubes sociais e conselhos escolares continuavam como locais de exclusão —, no conjunto, os judeus haviam ingressado mais rápido no conforto de classe média do que qualquer outro grupo étnico que passara junto com eles por Ellis Island ao chegar da Europa. Usando a expressão que depois se tornaria um lamento, um diretor da ADL observou que as décadas do pós-guerra eram uma "idade de ouro", durante a qual os judeus americanos gozavam de segurança e aceitação social em um grau sem precedentes na história.[9]

Seria importante entender com precisão de que modo e por que isso aconteceu, mas, como costuma ocorrer com as mudanças culturais, não há uma explicação simples. A experiência da guerra em si certamente teve seu papel, ainda que a vitória contra o fascismo e o nazismo não tenha desacreditado mais o antissemitismo e o preconceito racial nos Estados Unidos do que em ou-

* Sequência de tempestades de areia na região conhecida como Grandes Planícies (contemplando os estados de Colorado, Kansas, Novo México, Texas e Oklahoma) na década de 1930. Até hoje é considerada a maior e mais prolongada catástrofe climática registada nos Estados Unidos. (N. E.)

tros lugares. Em parte, foi sem dúvida uma realização organizacional da judeidade americana, que se mobilizou para lutar contra as barreiras discriminatórias com maior êxito do que, talvez, qualquer outro grupo étnico. Uma parcela importante dessa mobilização foi intelectual: vale notar que, na época, o antissemitismo não era amplamente considerado algo que poderia ou deveria ser tratado em separado de outras espécies de fanatismo ou discriminação. Pelo contrário, as organizações judaicas, refletindo a crença de que o antissemitismo era um exemplo de desajuste social e psicológico maior, que poderia ser sanado por meio da educação pública e da segurança no emprego, encomendaram pesquisas científicas sobre aspectos sociais abordando as causas do preconceito racial, para ajudar a pôr-lhe um fim: sob a direção do psicólogo social John Slawson, formado na Universidade de Columbia e fundador da Divisão de Pesquisa Científica desta instituição, o AJC em especial patrocinou importantes trabalhos de pesquisa acadêmica e, por meio da coleção *Studies in Prejudice* [Estudos sobre preconceito], divulgou as pesquisas em brochuras que tiveram alta vendagem. Entre esses trabalhos, o volume hoje ultrapassado sobre *The Authoritarian Personality* [A personalidade autoritária], de 1950, talvez fosse o mais conhecido e de maior influência, escrito por refugiados alemães cujos estudos do antissemitismo e do preconceito remontavam ao Terceiro Reich.

Mas estavam em curso também outras mudanças culturais mais indefiníveis, como o passar das gerações e a mudança dos horizontes de experiência. Pois, à medida que uma geração que crescera entre o choque da imigração em massa e o bolchevismo cedia lugar a outra, cuja memória principal era o combate ao nazismo, as atitudes mudaram. O combate ao antissemitismo era associado à luta maior para aprimorar a qualidade da democracia americana. Nas confrarias universitárias, eram visivelmente os estudantes mais jovens que queriam abrir o acesso a judeus e outros grupos, diante da resistência de ex-alunos mais velhos.

E houve então o impacto da criação de Israel. Em 1942, um comentador do antissemitismo sugerira com ousadia, mas também com perspicácia, que o estabelecimento de um lar judaico na Palestina poderia "normalizar" o lugar dos judeus na vida americana, dando-lhes, a exemplo de outros imigrantes da Europa, um país de "origem". Isso era o contrário do que muitos da elite judaica americana temiam, isto é, que um Estado judaico na verdade despertasse suspeitas quanto ao real depositório da lealdade judaica (como aconteceria na União Soviética e na Europa Oriental). Era também o contrário do que muitos sionistas queriam e esperavam, a saber, a emigração em massa dos Estados Unidos para Israel. O surgimento de Israel independente iria pôr em teste essas proposições e mudar para sempre o lugar dos judeus nos Estados Unidos.[10]

Mesmo antes de existir, Israel já estava na mente de americanos. Os missionários coloniais chamavam sua nova terra de Canaã; Melville considerava os estadunidenses "o povo peculiar, o povo escolhido, a Israel de nossos tempos". No Segundo Grande Despertar,* os protestantes americanos ficaram obcecados com a Terra Santa, e foi talvez em reação a isso que um pregador judeu já em 1818 conclamara os judeus a se estabelecerem na Síria otomana.[11] O sionismo cristão floresceu, continuando até hoje a ser uma força poderosa na política americana. Mas o sionismo na acepção moderna era em larga medida um fruto da migração em massa do Império Russo, e mesmo nos anos do entreguerras os movimentos pró-sionistas nos Estados Unidos ainda eram superados,

* Movimento religioso de renovação, difundido entre a última década do século XVII e as três primeiras do século XIX e que promoveu diversas reformas morais e filantrópicas; nesse período, as igrejas metodistas e batistas cresceram muito em número de seguidores e em termos geográficos. (N. E.)

em termos sociais, pelo AJC oficialmente "não sionista", que representava a liderança do setor mais assimilado da população judaica, cuja chegada era anterior à dos "russos". A atitude do AJC se refletiu na resolução de 1898, do Movimento Reformador Americano, que se declarou "inflexivelmente contrário ao sionismo político", porque "os judeus não são uma nação, e sim uma comunidade religiosa". Até a década de 1930, o AJC se opôs à formação de uma organização judaica internacional de tipo parlamentar, para evitar a implicação de que os judeus tinham um dever de lealdade mútua que ultrapassava a lealdade às instituições políticas de seu país; durante o debate para a criação do Congresso Judaico Mundial, o AJC se contrapôs à noção de que "o povo judeu" era ou algum dia poderia ser visto como "um organismo nacional unido". O presidente do comitê durante a guerra, o juiz Joseph Proskauer, considerava "uma catástrofe judaica" a propaganda sionista por uma pátria na Palestina, e insistia que, "de todos os pontos de vista da segurança para os judeus nos Estados Unidos, é preciso haver uma discordância judaica explícita e enfática do nacionalismo e do sionismo político".[12]

O abandono dessa posição e a grande guinada dos judeus americanos na direção do sionismo só ocorreram de fato durante e após a Segunda Guerra Mundial. Em 1942, contra a oposição do antissionista Conselho Americano do Judaísmo (ADJ, na sigla em inglês) e do AJC, vários grupos se uniram para pleitear o estabelecimento pós-guerra de uma "nação judaica" na Palestina. Todos os lados levavam muito a sério a ameaça do antissemitismo, mas defendiam posições diferentes sobre os efeitos que um Estado judaico teria sobre ele. Os sionistas acreditavam que um lar nacional judaico acabaria com o problema, fornecendo um santuário para o qual todos os judeus gravitariam naturalmente. Para os antissionistas, o antissemitismo era um problema de preconceito racial e democratização incompleta, sendo que a melhor forma de combatê-lo consistiria em agir solidariamente com outras minorias nos sindicatos e movimentos trabalhistas, e não seria possível resolvê-lo convertendo outro povo — os árabes palestinos —, por sua vez, numa minoria sem lar. A principal preocupação do AJC era que o antissemitismo americano prejudicasse a aceitação dos judeus nos Estados Unidos, e, assim, a entidade continuou engajada no ideal a longo prazo de uma emancipação política mundial. "Recusamo-nos a aceitar a tese de que a emancipação judaica é um fracasso por ter sido revogada em muitos países sob pressão nazista", dizia uma análise interna da época da guerra.[13]

Mas, com o estabelecimento de Israel, amplamente saudado por judeus americanos como um marco importante, o antissionismo como posição política se enfraqueceu, e o ADJ praticamente se reduziu à irrelevância. Entre as poucas figuras que se manifestaram contra a maré, a mais notável talvez tenha sido William Zukerman, jornalista que cobrira durante décadas os assuntos judaicos internacionais. Argumentando que os termos "antissionista" e "sionista" tinham perdido seus significados desde 1848, Zukerman se descreveu como "pró-Israel", mas "antinacionalista". Criticou o que chamava de "a onda de nacionalismo messiânico que o Holocausto de Hitler desencadeou" entre os judeus americanos: ao abraçarem o chauvinismo étnico que varrera o mundo desde o final dos anos 1930, argumentava ele, os judeus se arriscavam a gerar uma crueldade que já estava mudando "todo o caráter do povo". Israel convertera os judeus em "conquistadores", cuja indiferença ao sofrimento dos refugiados árabes era uma traição à tradição judaica de solidariedade com os oprimidos. Para Zukerman, o empenho deliberado da liderança israelense em identificar o país com os judeus no exterior servia apenas para aumentar o perigo do antissemitismo enfrentado por eles, visto que acrescentava "novas razões diplomáticas e políticas às velhas razões sociais, econômicas e psicológicas".[14]

Os artigos de Zukerman foram muito discutidos por judeus americanos na época e hoje estão atraindo um novo público leitor. Não que ele estivesse sozinho: outros líderes judaicos expressaram preocupações semelhantes. Mas essa posição tinha seu custo, e Zukerman foi inevitavelmente denunciado como um "judeu que odeia a si mesmo" e como antissemita. O que ele chamava de "raciocínio chauvinista distorcido" fez com que suas opiniões fossem tratadas "como quase equivalentes a traição":

> a crítica a qualquer política de Israel, seja o desalojamento de 1 milhão de árabes nativos, o tratamento da minoria árabe como cidadãos de segunda classe ou a transformação do novo Estado numa teocracia racial, é denunciada não só como anti-Israel, mas também como antissemita.

Percebe-se o choque que Zukerman sentiu ao ver o termo aplicado dessa maneira a alguém como ele, que tanto fizera para mapear o antissemitismo na Europa do entreguerras. Estamos aqui no próprio início do que se poderia considerar uma espécie de uso sionista do termo, concebível apenas depois que Israel veio a existir. Pesquisas recentes têm revelado que os diplomatas israelenses estavam tão preocupados com a influência de Zukerman que montaram uma campanha de bastidores contra ele, angariando o apoio de organizações sionistas americanas e por fim pressionando os proprietários de jornais judaicos a dispensá-lo. Em decorrência disso, seus artigos deixaram de ter ampla circulação e, ao morrer em 1961, sua *Jewish Newsletter* — que ele mantivera durante catorze anos — se encerrou.[15]

A maior consequência — por sua posição importante na vida pública judaica americana — foi a transformação do AJC professamente "não sionista", que já no final dos anos 1940 estava adaptando suas simpatias políticas ao estabelecimento de Israel. O AJC, além de trabalhar para reconstruir a vida judaica na Europa, também apoiava os refugiados judeus que iam para a Palestina. Mas a excessiva autoconfiança dos sionistas não lhe agradava, e preocupava-se muito com a vulnerabilidade dos judeus americanos à acusação de dupla lealdade, sobretudo na época de tensões da Guerra Fria, de medo de espiões e de desconfiança em relação a estrangeiros. Também se preocupava constantemente com os israelenses; na verdade, o AJC estava longe de assumir o papel de líder de torcida que o caracteriza em anos mais recentes. Vale lembrar que, em 1950, o número de judeus nos Estados Unidos era o quádruplo do de Israel — e quase o dobro, só na cidade de Nova York —, o que significava que era praticamente inevitável uma tremenda briga pelo poder entre, de um lado, as figuras importantes da comunidade judaica americana e, de outro lado, o Estado judaico e seus dirigentes.

O novo fator político foi o primeiro-ministro israelense David Ben-Gurion. Depois de 1948, ele dispôs de pouquíssimo tempo para o movimento sionista americano organizado, que a seu ver não tinha nenhum *raison d'être* após a criação de Israel, e maquinou a queda do líder do movimento, Abba Hillel Silver, a quem temia como possível obstáculo à sua liberdade de manobra. "O sionismo não está passando por uma crise", comentou Ben-Gurion com satisfação após a destituição de Silver. "Está falindo." Afinal, era isso o que ele esperava. Imaginava que os sionistas americanos dignos desse nome iam querer se mudar para Israel e questionou a força de caráter deles — algumas vezes em público —, mas, para seu desalento, isso não aconteceu. Para Ben-Gurion e para Zukerman, que pelo menos nisso concordavam, a questão de fundo era simples: se a criação de Israel prenunciava o fim do antissionismo, entendido como movimento contrário ao nascimento de um Estado judaico, não prenunciaria também, pela mesma lógica, o fim do sionismo?[16]

Embora não totalmente afinado com as sensibilidades americanas, Ben-Gurion entendia que os sionistas nos Estados Unidos já estavam, de modo geral, do seu lado. Conquistar a judeidade americana significava, na verdade, cortejar os "não sionistas" do AJC, cujo líder, Jacob Blaustein, gozava de influência na Casa Branca de Truman. A situação, porém, se complicava com os reiterados apelos do primeiro-ministro israelense para que os judeus americanos fossem se estabelecer em Israel, coisa que enfurecia Blaustein. Movido pelo receio de que Israel não tivesse uma população numerosa o suficiente, Ben-Gurion via os Estados Unidos como um reservatório extremamente necessário de "material humano" superior (preferível em muitos aspectos aos sobreviventes esfarrapados e traumatizados que chegavam da Europa dos tempos de guerra). BEN-GURION INSISTE QUE PAIS AMERICANOS ENVIEM SEUS FILHOS A ISRAEL PARA ASSENTAMENTO PERMANENTE: essa foi a manchete de um discurso que ele fez em Israel em 1949. "Apelamos aos pais para nos ajudarem a trazer seus filhos para cá", dissera ele, antes de jogar lenha na fogueira ao acrescentar: "Mesmo que não ajudem, traremos os jovens para Israel". Os dirigentes do AJC ficaram tão furiosos que o avisaram que, caso ele não se refreasse, iriam protestar publicamente. Insistiram que Ben-Gurion precisava rever seus pressupostos: os judeus americanos *não* estavam exilados; o lar deles eram os Estados Unidos, e não Israel; as famílias, e não os políticos israelenses, eram responsáveis pelos filhos judeus. Queriam que essa mensagem ficasse muito clara, para não se exporem à acusação de lhes faltar patriotismo em relação aos Estados Unidos.[17]

As coisas ficaram tão ruins que, no verão de 1950, Blaustein visitou Israel a convite do primeiro-ministro para resolverem suas divergências. Foi uma reunião extraordinária. Encerrado o encontro, os comentários de Ben-Gurion foram conciliadores; os de Blaustein foram mais longos, mais duros e enfáticos. Falando quase como se fosse o parceiro principal na relação, ele deu ênfase à "judeidade americana" como equivalente a Israel, disposta a apoiá-lo, mas mesmo assim tendo seus próprios interesses. Frisou a necessidade de que a democracia liberal criasse raízes no novo país e ofereceu o auxílio dos judeus dos Estados Unidos "dentro do quadro de sua cidadania americana". Mas alertou que a boa vontade era "uma via de mão dupla".[18]

Ambos conseguiram o que queriam, mas talvez um deles tenha conseguido mais. Blaustein deixou claro que a judeidade americana não estava no exílio, porém Ben-Gurion não descartou o ideal da aliá; pelo contrário, ainda que a emigração americana para Israel nos anos 1950 mantivesse uma média abaixo de quatrocentas pessoas por ano, Ben-Gurion continuou a conclamar os judeus a irem se assentar no novo país. Esse foi um tema constante nas visitas que fez aos campi universitários nos Estados Unidos em 1960, quando ficou claro, sobretudo ao falar diretamente aos estudantes, que estava decidido a incentivar os jovens judeus americanos educados a irem de qualquer forma para Israel, na esperança de que lá ficassem. Era uma mensagem basicamente ativista. "Por favor, não vejam isso como uma blasfêmia", disse o primeiro-ministro a seus ouvintes na Universidade Yeshiva em Nova York, "[mas nós, o governo de Israel,] assumimos a tarefa de consertar ou terminar aquilo que Ele, Louvado Seja, decidiu por alguma razão não concluir." Blaustein podia ver a aliá como uma questão intrinsecamente política; para Ben-Gurion, era uma questão sagrada.[19]

Por razões semelhantes, o primeiro-ministro israelense também insistiu que as organizações sionistas no exterior tinham a absoluta obrigação, "sob todas as circunstâncias e condições", de "ajudar o Estado judaico". Essa declaração foi feita durante os julgamentos de fachada em curso na Europa Oriental, e dificilmente seria de proveito para as comunidades judaicas naqueles países;

mais uma vez, o AJC ficou furioso. Tampouco ficou contente que as autoridades israelenses adotassem a prática — que naqueles dias não era de forma alguma considerada tão normal quanto hoje — de discutir episódios antissemitas ocorridos no exterior diretamente com os governos, passando por cima das comunidades judaicas locais, como se Israel fosse de fato o principal protetor delas. Blaustein objetou especialmente contra comentários feitos por Moshe Dayan no Canadá, afirmando que "seu governo representaria não só o povo de Israel, mas os interesses de todos os judeus". Blaustein por fim acusou Ben-Gurion de desrespeitar as garantias que lhe havia dado na reunião de 1950. Pedir a lealdade de todos os sionistas para ajudar Israel, quer o próprio governo israelense quisesse ou não, era "uma solicitação inaudita de lealdade a uma potência estrangeira".[20]

No entanto, o governo de Ben-Gurion continuou a afirmar que tinha o direito e a autoridade "para falar e agir em nome dos judeus de todos os lugares". Sua legislação de 1952, que estabeleceu o destino das antigas organizações sionistas internacionais, começa com a seguinte declaração: "O Estado de Israel se vê como a criação de todo o povo judeu". O AJC negociara a inclusão de uma cláusula crucial: "O Estado de Israel, *representando apenas seus habitantes*, se vê como a criação de todo o povo judeu". Mas, para a fúria de Blaustein, essa cláusula não constava na versão aprovada pela Knesset [Parlamento israelense]. Ben-Gurion não se mostrou muito sensibilizado: disse aos americanos raivosos que Israel era como qualquer outro Estado e, portanto, não precisava definir quem ele representava. O dois entendiam o que realmente estava em jogo e sabiam quem tinha levado a melhor. Ben-Gurion causou outro rebuliço quando disse no XXV Congresso Sionista que os judeus que viviam no conforto do Ocidente estavam violando a própria fé e que o judaísmo "está diante do beijo da morte, uma queda lenta e imperceptível no abismo da assimilação". Mais uma vez o AJC reclamou; mais uma vez, de pouco adiantou.[21]

Nos primeiros anos de existência de Israel, como sugere esse vaivém, o novo Estado estava longe de gerar nos Estados Unidos o tipo de amplo apoio a que hoje o associamos. O estudioso Ben Halpern mostrara em 1959 que um sentimento geral de simpatia e identificação com Israel não significava que os judeus americanos em sua maioria vissem necessariamente seu próprio destino ligado à prosperidade israelense, como viria a acontecer mais tarde. Em 1966, o rabino Arthur Hertzberg, um dos comentadores mais argutos do cenário judaico americano, chegara a repreender os rabinos locais por sua indiferença em relação a Israel. "Hoje ninguém consegue ter uma grande carreira dentro da judeidade americana por meio da atividade política sionista", escreveu ele. A ideia de dupla lealdade continuava a ser um forte elemento inibidor; o ideal assimilacionista continuava poderoso e desencorajava que se afirmasse publicamente uma conexão judaica americana com Israel.[22]

Talvez tenha sido a Guerra dos Seis Dias o verdadeiro ponto de inflexão, dando uma enorme alavancada na imagem de Israel nos Estados Unidos e, dessa forma, transformando a relação entre o novo Estado e a judeidade americana. Depois disso, o último dos agudos desacordos e conflitos ideológicos que tinham se evidenciado durante a Segunda Guerra Mundial cedeu lugar a um mútuo abraço, tanto emocional quanto político. O sionismo — na acepção nova e atenuada de apoiar Israel em geral e sentir algum parentesco especial com o país — veio a unificar cada vez mais a corrente judaica americana dominante. Nas palavras do historiador israelense Evyatar Friesel, "não só o sionismo se 'americanizou', como a judeidade americana se 'sionizou'". Hoje é difícil voltar a captar a natureza radical dessa mudança, quando menos porque foi um tanto paradoxal. Como observou o comentador Henry Feingold, "a identidade judaica americana, que os sionistas previam estar fadada a desvanecer, [...] foi, na verdade, fortalecida pelo estabelecimento do Estado judaico".[23]

Pode-se ver como a Guerra dos Seis Dias despertou um fervoroso sentimento dos judeus americanos comuns em relação a Israel — e, por extensão, em relação à própria vida deles — nas entrevistas que os moradores judeus de um subúrbio do Meio-Oeste deram ao brilhante sociólogo Marshall Sklare. Trabalhando para a Divisão de Pesquisa Científica do AJC, Sklare fizera sua primeira visita ao local a que chamou de "Lakeville" nos anos 1950; ele voltou depois da Guerra dos Seis Dias. (Lakeville era provavelmente o subúrbio de Highland Park, em Chicago, próximo ao lago Michigan.) As pessoas com quem conversou disseram que tinham sido arrebatadas pela intensidade do momento, mais do que por qualquer outro acontecimento de que conseguissem se lembrar. Todas elas tinham se sentido inequivocamente pró-Israel e sem qualquer dúvida quanto ao lado que estava com a razão. Também não experimentavam nenhuma tensão entre suas lealdades para com os Estados Unidos e os sentimentos que tinham por Israel, ou, mais precisamente, nas palavras de Sklare: "Esforçavam-se em não perceber qualquer tensão dessa espécie". Todas elas haviam feito doações em dinheiro como forma de ajudar, e Sklare ficou impressionado com o fato de que, "por estranho que possa parecer" e a despeito de qualquer evidência, "ainda hoje [elas] associam suas ações pessoais à vitória israelense". Disseram, em sua maioria, que tinham ficado agradavelmente aliviadas que não judeus também tivessem apoiado o lado israelense e acreditavam que os judeus americanos haviam conquistado um novo respeito aos olhos de seus concidadãos por causa da vitória israelense. Para a surpresa de Sklare, nenhuma daquelas pessoas visitara Israel na década anterior, embora os voos tivessem ficado mais baratos, e, ainda mais surpreendente, apenas uma delas tinha algum plano de viajar para aquele país. Quanto à ideia de fazer aliá e se estabelecer na república israelense, estava fora de questão: a vida era boa em "Lakeville".

No fundo, concluiu Sklare, os sentimentos de intenso engajamento com Israel se referiam não tanto à própria nação (sobre a qual a maioria pouco sabia), e sim à história dos anos 1930, e só podiam ser entendidos em termos psicológicos. Numa análise que merece ser reproduzida extensamente, ele escreveu:

> A reação em Lakeville deve ser entendida à luz do fato de que os judeus americanos, por uma afortunada circunstância, ficaram fora do [Holocausto]. A Crise trouxe para o primeiro plano da consciência a possibilidade de uma repetição daquela história — a possibilidade de um outro Holocausto. Como o primeiro — do qual a judeidade americana ficou livre, não em virtude de qualquer nobreza especial sua, mas antes por mero acaso —, outro Holocausto significaria que mais uma vez o judeu americano escaparia milagrosamente ileso. Se temos de lidar com o problema de justificar como escapamos ao primeiro Holocausto, o mínimo que podemos fazer é o gesto de ajudar a impedir um segundo; no mínimo dos mínimos, esse gesto indicará que o fato de termos sido poupados serviu a algum bom propósito [...]. Assim, nosso apoio a Israel está intimamente ligado ao desejo de preservar um sentimento de nosso valor como seres humanos.
>
> Além disso, apoiamos Israel para proteger nossa noção de sentido. Israel criou um sentido, pois significou que da destruição do Holocausto nasceu algo novo, puro e bom. Assim, Israel protegeu nossa noção de sentido num mundo que atacou qualquer noção de sentido que o judeu pudesse ter. A destruição de Israel, portanto, envolveria a destruição do sentido. Hitler, que pensávamos estar morto e derrotado, voltaria a viver; a vitória final seria dele. Ao liquidar nossa noção de sentido, um novo Holocausto mergulharia a judeidade americana na total *anomia*. Dessa perspectiva, Israel *tinha* de ser apoiada como nunca dantes. Sua destruição significaria nosso fim como judeidade americana, pois não conseguiría-

> mos sobreviver à perda tão completa de sentido [...]. Para os estudiosos da etnia em geral e da vida judaica em particular, a reação em Lakeville demonstra que os sentimentos de identidade judaica — ainda que no nível do inconsciente — são mais duradouros do que tínhamos qualquer motivo para crer anteriormente.[24]

A aprovação pública americana a Israel na Guerra dos Seis Dias em 1967 revelou a existência de um ambiente político nacional essencialmente solidário que só começou a se fraturar em anos recentes, e a própria judeidade americana, que nunca foi monolítica, se uniu em apoio como jamais ocorrera. "Israel se tornou o foco da judeidade americana", escreveu um estudioso. As doações ao Apelo Judaico Unido (UJA, na sigla em inglês) aumentaram de 65 milhões de dólares em 1966 para 240 milhões no ano seguinte e para 511 milhões em 1974. Este foi o verdadeiro início da defesa política de Israel nos Estados Unidos, embora ainda fosse de pequena escala em comparação aos dias atuais. Quando os comícios judaicos americanos mostraram a popularidade conquistada pela causa, o AJC abandonou o que restava de seu residual "não sionismo". Ainda havia algumas vozes cautelosas: um membro da diretoria alertou que o AJC devia "proceder com extrema prudência [...]. O mundo está chamando Israel de 'conquistador' [...], e o destino de 5 milhões de judeus nos Estados Unidos está sendo entregue ao destino de 2 milhões de judeus em Israel". Mas essa era a velha guarda falando. Quando dirigentes do AJC foram ao país para insistir com o primeiro-ministro sobre a paz, ele lhes pediu que não se envolvessem na questão das concessões territoriais: era esperado um apoio irrestrito, e, salvo esporádicas exceções, é assim que tem sido desde então. No relatório anual de 1966-7 do AJC, Israel tinha ficado em posição bem baixa na lista, vindo depois da luta pelos direitos civis e contra a discriminação e o antissemitismo; no de 1967-8, subira para o topo. E lá ficou.[25]

Mas, num aspecto crucial, os tempos continuavam a ser muito diferentes dos nossos. Já havia vozes, muitas delas judaicas, alertando que as vitórias militares e as conquistas territoriais do país ainda podiam resultar apenas numa vitória de Pirro. Porém a condenação de Israel ainda não estava automaticamente ligada à questão do antissemitismo. Nos anos 1950, ele ainda vinha associado na mente da maioria dos judeus americanos ao nazismo e a ideias de supremacia branca e preconceito racial — o que restara de um mundo "que fora aparentemente destruído ao mesmo tempo que os exércitos de Hitler", na palavras da ADL, mas não fora erradicado por completo. Uma conferência para discutir o antissemitismo, organizada pela ADL em Nova York, em 1962, fornece um retrato intrigante do entendimento a respeito do assunto naquela época. Os participantes se concentraram basicamente no extremismo de direita (que consideravam estar em declínio), no fundamentalismo cristão e nos padrões remanescentes de discriminação social e profissional. Um professor de sociologia falou sobre os estereótipos e a efetiva dificuldade de entender teoricamente o fenômeno. Houve debates sobre a persistente exclusão de balneários e clubes privados, a maleabilidade dos jovens e o incentivo à capacidade de "concordar em discordar". Houve, porém, uma surpreendente escassez de debates sobre o movimento pelos direitos civis ou a luta para acabar com a discriminação, e duas questões, que hoje seriam indissociáveis de qualquer tratamento do assunto, simplesmente nem sequer afloraram. Uma era o Holocausto; a outra era Israel. Em poucos anos, as coisas sofreriam uma mudança radical.[26]

NO ORIENTE MÉDIO

Às vésperas da crise do Suez de 1956, o governo israelense vinha se preocupando cada vez mais com o líder carismático do Egito, o coronel Gamal Abdel Nasser. Conversações secretas com o país a respeito das diferenças entre eles não tinham levado a lugar algum, e Ben-Gurion se convenceu de que "esse tal de Nasser", como se referia reservadamente a ele, precisava levar uma lição. Seguiu-se uma série de incursões e mortes mutuamente revanchistas na fronteira. Então veio a notícia de um acordo de fornecimento de armas que Nasser negociou com o governo tcheco, o qual ameaçava alterar o equilíbrio de poder e dar à União Soviética um ponto de apoio no Oriente Médio. Alarmado, Ben-Gurion fez um discurso na Knesset recheado de ilusões históricas agourentas.

> Os dirigentes do Egito estão comprando essas armas com um único objetivo: erradicar o Estado de Israel e seu povo [...]. O chefe da facção militar dirigente no Cairo anunciou que essa guerra tem como alvo não só Israel, mas a judeidade mundial e as finanças judaicas que governam os Estados Unidos. Conhecemos esse tipo de discurso desde a época de Hitler, e é uma grande mistificação que o governo tchecoslovaco em particular ignore o dogma nazista que está novamente ressoando nas margens do Nilo.[27]

Nasser como o novo Hitler! Os árabes como nazistas! O desafio perante Israel era assim apresentado como uma continuação das velhas perseguições antissemitas dos judeus da Europa. Volta e meia, temendo ficar cercado pelos árabes e aguardando aquele líder carismático que os levaria à vitória, Ben-Gurion repetia a analogia nazista. Mas isso era para o público. Em privado, para seus confidentes próximos, ele contava uma outra versão sobre as chances de sobrevivência de Israel, não menos pessimista, mas muito menos fundada na invocação do antissemitismo.

Nahum Goldmann era diretor do Congresso Judaico Mundial (WJC, na sigla em inglês) e um dos principais negociadores das indenizações de guerra com o governo da Alemanha Ocidental no começo dos anos 1950. Ardoroso e importante sionista, ele havia trabalhado e entrado em conflito com Ben-Gurion durante anos. Em suas memórias, pinta um vívido retrato do líder israelense: dominador e estourado, político brilhante e totalmente inescrupuloso, com um senso histórico sem igual. A principal divergência entre ambos se referia à questão das negociações com os Estados árabes. Embora Ben-Gurion quisesse que Goldmann lidasse com a questão em seu lugar, Goldmann achava que o primeiro-ministro era desconfiado e vingativo demais para que a paz fosse possível. Uma conversa convenceu Goldmann de que tinha razão. Era uma noite de verão de 1956, e os dois estavam sozinhos na sacada de Ben-Gurion. Como de hábito, o primeiro-ministro começou a falar, e Goldmann, diplomata experiente, ficou atônito com o que ele disse. "Não entendo seu otimismo", começou Ben-Gurion.

> Por que os árabes concordariam com a paz? Se eu fosse um dirigente árabe, nunca faria um acordo com Israel. Isso é natural: tomamos o país deles. Claro que Deus nos prometeu isso, mas que importância tem para os árabes? Nosso Deus não é o mesmo. Viemos de Israel, mas 2 mil anos atrás, e o que isso significa para eles? Houve antissemitismo, os nazistas, Hitler, Auschwitz, mas foi por culpa deles? Os árabes só enxergam uma coisa: viemos aqui e roubamos o país deles [...]. É simples: temos de continuar fortes e manter um exército poderoso. Toda nossa política está nisso. Do contrário, vão acabar conosco.[28]

A hostilidade árabe, em suma, mesmo quando expressava uma retórica eliminacionista que evocava o passado, surgia de uma luta por território: Ben-Gurion entendia que, aos olhos dos árabes, o sionismo era apenas roubo. Ficava difícil compatibilizar a retórica pública com a avaliação mais crua e certamente mais desapaixonada que o primeiro-ministro apresentou a Goldmann no privado.

Ben-Gurion não era o único a fazer distinção entre o antissemitismo europeu e as razões da hostilidade árabe. De fato, ela era moeda corrente entre uma geração de sionistas que tinham a firme crença de que, quando os judeus deixassem a Europa para trás e possuíssem seu próprio país, o antissemitismo iria desaparecer. O sionista holandês Peretz Bernstein, autor de um ensaio pioneiro sobre o antissemitismo, de 1926, foi categórico a esse respeito: depois que os judeus deixassem de ser uma minoria, o antissemitismo estaria "finalmente liquidado". Isso não significava, acrescentou ele, que os judeus não enfrentariam inimigos. Pelo contrário, "um povo judeu que vive em assentamentos fechados em sua própria terra estará, sem dúvida, exposto às inimizades normais dos povos vizinhos, e a guerra se alternará à paz, como sempre tem sido na história". Mas, frisou, não seria nada além de uma "inimizade *normal*". Para o principal teórico sionista revisionista, Vladimir Jabotinsky, cujo influente ensaio "The Iron Wall" [O muro de ferro] apareceu também na mesma época, a hostilidade árabe em relação ao assentamento judaico já era esperada: a seu ver, era um caso comum de resistência à colonização, e em seu ensaio, a palavra "antissemitismo" nunca aparece. Escrevendo em 1934, o veterano sionista alemão Arthur Ruppin observou:

> O conflito entre judeus e árabes na Palestina se assemelha [...] não tanto ao antissemitismo de uma forte maioria não judaica contra uma fraca minoria judaica, porém muito mais a uma rivalidade entre duas nações iguais. Pode ser uma rivalidade acentuada, mas não tem o forte travo de desprezo e impotência que faz com que o antissemitismo na Europa seja para os judeus tão difícil de suportar.

Ruppin, familiarizado com a luta histórica entre alemães e poloneses nas fronteiras orientais da Europa, não teve nenhuma dificuldade em transpor esse esquema para o Oriente Médio. Para ele, o antissemitismo não tinha nada a ver com isso. Ruppin conhecia bem demais o verdadeiro antissemitismo.[29]

A questão não era apenas que os pensadores sionistas não acreditavam que os árabes fossem antissemitas. Para o observador externo, o que é impressionante em grande parte do pensamento sionista inicial — Theodor Herzl é apenas uma exceção parcial — é que ele parecia dedicar, se tanto, uma atenção relativamente pequena aos árabes como fator político, e, quando dedicava, era em termos sobretudo fantasiosamente esperançosos. Nesse aspecto, aliás, a posição de Jabotinsky, aceitando a probabilidade da violência, era incomum. Durante a maior parte do tempo, os vários projetos judaicos rivais para a Palestina eram debatidos como se os habitantes efetivos da terra fossem menos reais do que os judeus do passado e do futuro, e constituíssem um obstáculo menos concreto aos planos sionistas do que as autoridades otomanas ou, mais tarde, britânicas. A "Terra Santa", sugeriu Amnon Raz-Krakotzkin, era uma "terra vazia" na imaginação sionista, uma *terra nullius* cujos únicos verdadeiros nativos — aqueles com direito a ela — só podiam ser judeus. Tem-se aí certo exagero: havia um longo interesse judaico pela cultura árabe e mesmo pela origem racial antecedente supostamente comum, como "semitas". Mas esses interesses intelectuais, muitas vezes refratados pela lente da ciência racial ou do orientalismo europeu, tinham poucos efeitos políticos concretos.[30]

O exame talvez inaugural das atitudes árabes em relação ao sionismo, que apareceu em 1899 na obra de Eliyahu Sapir, nascido em Jerusalém, alertava implicitamente para as consequências. Ele fazia uma diferenciação entre o antissemitismo cristão, que retratava como fenômeno irracional e infindável, e as atitudes muçulmanas árabes, que abriam espaço para a possibilidade de integração judaica, desde que os judeus tratassem de "se sentir totalmente em casa, e não como hóspedes nesses países, em sua língua e sua cultura". Mas os assentados vindos da Europa, em sua maioria, não sentiam quase nenhum interesse pelos árabes e nunca aprenderam árabe: muitos provavelmente concordariam com a posição de Max Nordau, segundo a qual a missão deles era "expandir as fronteiras morais da Europa para o Eufrates". Do ponto de vista de Nordau, a ideia de que "na Palestina nos tornaremos asiáticos" era risível. Afinal, os judeus, como europeus, não eram superiores à população local?[31]

É verdade que havia dissidentes. Ruppin, que em determinada fase alimentara esperanças de uma coexistência pacífica, tinha a posição bastante incomum de tentar entender a questão da atitude dos árabes em relação aos recém-chegados. Nos anos 1920, um ex-camarada de Ruppin na ala pacifista do campo sionista, Hans Kohn, entrou em desespero depois que dois árabes foram alvejados diante de sua casa, numa suposta retaliação por alguns ataques a jovens judias. Familiarizado com os problemas das minorias desde sua infância em Praga, Kohn ficou chocado com a reação dos colegas judeus. Quando um vizinho disse a ele para declarar que os assassinos eram árabes, Kohn escreveu a um amigo:

> Degeneramos de uma forma horrível em consequência de nosso nacionalismo [...]. Hoje pode-se dizer que 95% do Yishuv [assentamento] apoia esses assassinatos [...]. Aqui assassinaram pessoas inocentes, transeuntes. Nem mesmo os alemães fizeram nada desse gênero. A intelectualidade francesa entrou em grande agitação com o caso Dreyfus. Aqui o assassinato não interessa a ninguém. Quem pode se permitir fazer parte disso? [...] Aonde isso leva? [...] Aqui há um ódio racial indescritível.

Em suma, para Kohn, o verdadeiro problema na relação com os árabes não era o antissemitismo deles, mas o chauvinismo judaico. Kohn acabou saindo definitivamente da Palestina e se estabeleceu nos Estados Unidos, onde se tornou uma autoridade mundial em nacionalismo.[32]

Ben-Gurion era muito mais típico, jamais aprendeu o árabe nem mostrou muito interesse pela história e pela sociedade deles. Uma biografia recente do primeiro-ministro durante os anos cruciais de guerra, que se estende por mais de mil páginas, não tem quase nada a dizer sobre suas ideias a respeito dos árabes. É como se a hostilidade deles fosse um dado estabelecido, líquido e certo. Ele partilhava a posição do campo pacifista de que a inimizade árabe era uma ameaça, mas como, a seu ver, não havia nada que se pudesse fazer quanto a isso, era igualmente inútil perder tempo falando a respeito. "Os árabes parecem não merecer atenção política", comentou um resenhista do livro. Com o tempo, os caminhos se separaram: os sionistas que acreditavam que os judeus "são o povo minoritário clássico" e deviam evitar infligir as ofensas outrora infligidas a eles, em sua maioria, deixaram a Palestina, retiraram-se para uma espécie de exílio interno ou acabaram, muito depois, apoiando o movimento incipiente no país pelos direitos humanos, enquanto os demais, como observara Kohn, na maior parte, evitavam a questão ou supunham que o elemento dissuasor da força esmagadora continuaria a ser o melhor e talvez o único meio de conduzir a relação entre judeus e árabes. Chaim Weizmann já em 1930 alertava, como fizeram outros, que estava se espalhando um movimento nacionalista entre os palestinos, criando uma geração que, "do ponto de vista deles, são tão 'sionistas' quanto nós". O antissemitismo era, em suma, irrelevante; em vez de atribuir a ele a raiva árabe pelo sionismo, nacionalistas judeus como Weizmann reconheciam a força do nacionalismo como movimento político também entre os árabes.[33]

Assim, se a questão do antissemitismo árabe mal era discutida nos anos 1930, o que precisamos explicar é por que, meio século mais tarde, recorria-se regularmente a ela para explicar a hostilidade que Israel enfrentava por parte de seus vizinhos e, nesse processo, gerava-se uma montanha de textos em geral polêmicos sobre o tema. (Em contraste, o estudo da estereotipagem racista israelense dos árabes se arrastou de forma considerável.) Obviamente, afirmar que o obstáculo fundamental à paz no Oriente Médio é o antissemitismo árabe equivale a dizer que essa não é uma questão que devemos levar em conta, mas sim uma atitude irracional e desprezível. Uma escola historiográfica revisionista se contrapôs a isso, destacando o lugar relativamente seguro dos judeus nas sociedades muçulmanas ao longo dos séculos, e até ressaltou seu contraste com a situação tensa e difícil deles no interior da cristandade. As duas escolas de pensamento oferecem uma visão parcial. Se uma exagera a escala e o peso do antissemitismo, sobretudo no Oriente Médio pré-1950, a outra corre o risco de passar por cima dos aspectos mais problemáticos e perturbadores de um complexo conjunto de relações sociais que se estendeu ao longo dos séculos. Contudo, se deixarmos a polêmica de lado, não é difícil discernir os contornos básicos da questão, graças a estudos recentes que lançam uma nova luz sobre ela.[34]

Havia antigas comunidades judaicas sob o governo de dirigentes islâmicos nas terras que se estendiam do Marrocos ao Irã. Como os cristãos, tinham uma posição social inferior à dos muçulmanos, mas eram ao mesmo tempo respeitados e protegidos como o povo do Livro. Gozavam de um grau considerável de autonomia comunal e não sofriam nada que se comparasse à escala histórica da perseguição cristã antijudaica. O islã também não tinha o vigoroso impulso teológico contra os judeus que, desde o começo, os cristãos alimentaram contra eles. Assim, embora as revoltas por alimento e outras explosões de insatisfação fossem comuns nas cidades da região, as erupções por razões de fé eram relativamente raras. Provavelmente o mais conhecido episódio de libelo de sangue no Oriente Médio, o chamado caso de Damasco, de 1840, quando judeus foram presos e torturados até a morte após o desaparecimento de um padre italiano idoso e de seu empregado, mostra a um exame mais detido que ele pouco ou nada teve a ver com as posições muçulmanas em relação aos judeus — muito embora um grande número de *cristãos* árabes acreditasse no libelo de sangue — e estava mais relacionado à intromissão de cônsules europeus e da política das grandes potências no Mediterrâneo oriental. Na segunda metade do século XIX, quando as concepções políticas europeias referentes à nacionalidade, ao Estado e ao imperialismo chegaram ao Oriente Médio, o antissemitismo foi mais um desses elementos importados, parte de um fenômeno maior de surgimento da violência inter-religiosa. O próprio fato de precisar importá-lo indica talvez o tipo de sociedade muito diferente em que estava ingressando.[35]

Os primeiros sinais de um interesse árabe pelo antissemitismo europeu parecem ter vindo por canais católicos, com traduções de textos antissemitas franceses do século XIX feitas por cristãos árabes. Num artigo sobre a ascensão de uma política antissemita na Europa, o popular periódico árabe *al-Manar* apresentou e denunciou o caso Dreyfus em 1898, o primeiro ano de sua publicação, observando que os antissemitas franceses eram motivados por ódio racial, e não por diferença religiosa. Com esses exemplos, a irracionalidade do racismo europeu podia servir para realçar a maior razoabilidade das atitudes muçulmanas — uma preocupação central dos modernizadores árabes na época. Antes da Primeira Guerra Mundial, já se debatiam essas questões na imprensa árabe da África do Norte e, no período do entreguerras, conforme o antissemitismo aumentava na Europa, os debates se intensificaram. A essa altura, era difícil se enganar quanto à ligação entre o antissemitismo e o programa sionista. Um jornal publicou uma série em 45 partes sobre Hitler e os judeus; outro, o *Filastin*, atacou diretamente o antissemitismo nazista: "Os judeus são oprimidos só por serem judeus, nada mais, e não há nenhuma justificativa para isso". A opinião pública árabe, surgida em torno de uma nova classe média naqueles anos, tinha plena consciência do imperialismo extremado dos nazistas e fascistas. O *Filastin* tentou expor um ponto básico.

> Os palestinos árabes não precisam de fascistas ou nazistas para se motivar contra os sionistas. O ódio contra o projeto sionista na Palestina cresceu muito antes do nazismo e do fascismo [...]. Mas quando os árabes protestam contra as políticas pró-sionistas da Inglaterra, sempre ouvimos: os palestinos árabes aprenderam com os nazistas. E os ingleses acreditam nisso? A realidade é diferente. Os árabes não expulsam os judeus do lar, mas aqueles estrangeiros querem expulsar os árabes do país.[36]

Cientes de que o fascismo tentava dar maior impulso ao sionismo, os árabes na Palestina estavam preocupados com o fato de que a política nazista de expulsar a população judaica da Alemanha provavelmente traria mais colonos para seu território. Ao mesmo tempo, o crescente sentimento antibritânico levava alguns líderes palestinos a firmarem aliança com o Terceiro Reich: de longe, o caso mais conhecido é o do mufti de Jerusalém. Tendo fugido para Berlim a fim de não ser preso pelos britânicos e entregando suas cartas aos nazistas, o mufti cada vez mais antissemita apostou na vitória de Berlim na guerra. Mas, como previram seus rivais palestinos, essa política resultou apenas no fracasso não só para os alemães — seus esforços na Palestina não deram frutos —, mas também para os próprios palestinos. Como outros movimentos anticoloniais no resto do mundo, os nacionalistas árabes tentaram proteger suas apostas durante a Segunda Guerra Mundial. Mas ao contrário, digamos, do movimento nacionalista indiano — que enfrentava o mesmo problema de resistir aos britânicos sem cair nos braços dos alemães —, os palestinos não tinham capacidade organizacional nem uma liderança política dotada de antevisão. Com efeito, apesar do mufti, existem inúmeras indicações, tanto na Palestina quanto em outros lugares, de uma posição árabe mais ampla de neutralidade ou de simpatia pró-Aliados, manifestada na esperança de que estes últimos apoiariam a independência árabe após a guerra. Em outubro de 1944, altura em que a maré da luta corria inequivocamente em favor dos Aliados, o Protocolo de Alexandria, que precedeu a formação da Liga Árabe, mencionava com pesar "as desgraças que tinham sido infligidas aos judeus na Europa, mas insistia que não se deveria confundir a questão deles com a do sionismo, porque seria injusto resolver o problema dos judeus prescrevendo injustiça para os árabes palestinos".[37]

Não foi tanto a guerra europeia, e sim o sistema colonial precedente, e que ameaçava sobreviver a ela, que tornou precária a posição das minorias judaicas autóctones nas terras árabes. O surgimento do pan-islamismo como movimento anticolonial alimentou um discurso mal preparado para traçar uma distinção entre sionistas e judeus — distinção que, de todo modo, era improvável que as camadas iletradas da população fossem capazes de fazer. A Irmandade Muçulmana muitas vezes juntava sionistas e judeus, frequentemente rumando para um franco antissemitismo. Quanto aos nacionalistas árabes seculares, eles também vinham identificando os judeus cada vez mais como representantes de um colonialismo europeu que tentava se manter no controle das tensões de sua própria guerra intestina. No Iraque, o sangrento ataque durante a guerra aos judeus de Bagdá, conhecido como Farhud, ocorreu precisamente nesse contexto — à medida que os alemães e os britânicos disputavam o controle da cidade, do país e do Oriente Médio: os ataques tomando como alvo mulheres e crianças naquela ocasião foram sem precedentes, bem como a escala da mortandade.

Além de tudo isso, a crescente preocupação quanto às intenções sionistas também vinha prejudicando gradualmente a posição das comunidades judaicas do mundo árabe. Mesmo judeus falantes de língua árabe, com profundos laços históricos com os países onde viviam, vinham se afigurando cada vez mais associados ao sionismo aos olhos de muitos conterrâneos. Em novembro de 1945, distúrbios no Cairo pelo aniversário da Declaração Balfour resultaram em seis mortos, centenas de feridos e no incêndio de uma sinagoga. Poucos dias depois, distúrbios mais graves deixaram mais de cem mortos na Líbia: estes também tinham sido desencadeados não só pela notícia dos acontecimentos no Egito, mas também por rumores de que as grandes potências poderiam entregar o país de volta aos italianos. Os judeus da África do Norte e do Oriente Médio passavam a ser vistos tanto como representantes do imperialismo europeu quanto como sionistas disfarçados. Não demoraria muito para que a posição deles ficasse totalmente desgastada.

O acontecimento que mais contribuiu para isso foi a guerra Árabe-Israelense de 1948. Meses antes, a ONU, diante de uma iminente retirada britânica da Palestina, propusera a partilha do território. Embora a votação da proposta tenha se dado na Assembleia Geral, judeus e árabes tinham grandes ressalvas a ela. Ainda que o plano fosse aclamado publicamente pela maioria das organizações sionistas — ele destinava aos judeus cerca de 56% do território, contra menos de 10% que então possuíam —, mesmo assim muitos duvidavam que o Estado judaico proposto, com suas extensas áreas de deserto e uma minoria árabe prevista de 45% do total da população, conseguiria encerrar o assunto, e acreditavam que poderiam conseguir uma área maior e com menor número de árabes sob seu futuro controle. Perante a perda da maior parte do território mandatário, apesar de sua população muito mais numerosa, os árabes declararam sua oposição desde o começo.

Assim, como ocorrera na Índia no ano anterior, a retirada britânica criou um fatídico vazio de autoridade. Quase imediatamente após o anúncio do projeto de partilha, explodiu um conflito entre os dois campos que teve uma grande escalada na primavera de 1948. Cometiam-se massacres de ambos os lados, mas a Haganá judaica era muito mais bem organizada e tinha mais a perder do que os exércitos árabes invasores: uma quantidade significativa dos combatentes era formada por sobreviventes da guerra na Europa e estavam sob o comando de uma liderança política unitária decidida a sair do conflito nos termos mais favoráveis possíveis, tanto no aspecto territorial quanto no demográfico. As forças judaicas logo mostraram sua superioridade militar, e houve o deslocamento de uma quantidade enorme de gente. Provavelmente cerca de 175 mil palestinos já tinham fugido de seus lares em 1º de maio, muitos deles expulsos ou evacuados por tropas judaicas. Em meados daquele mês, quando Ben-Gurion anunciou a criação do Estado de Israel, o número de refugiados árabes estava por volta de 400 mil pessoas, e no início de 1949 provavelmente dobrara mais uma vez. Desnecessário dizer que não há um acordo sobre os números e as circunstâncias, e tampouco até que ponto o resultado refletia uma estratégia deliberada do que agora chamaríamos de limpeza étnica. Mas uma avaliação interna do serviço secreto da Haganá estimou que cerca de 75% do êxodo foi consequência direta das operações israelenses.[38]

O que veio a ser conhecido como *nakba* (catástrofe) — envolvendo a destruição e o despovoamento de centenas de assentamentos históricos árabe-palestinos — marcou a última e, em termos políticos, a mais duradoura das transformações demográficas violentas impulsionadas pelo nacionalismo, a qual se estendeu ao longo dos anos 1940 numa zona que ia do Báltico ao Mediterrâneo oriental.

A súbita instauração pela força das armas de um Estado soberano judaico em terras historicamente muçulmanas e esse maciço deslocamento de sua população árabe significaram um enorme choque, até hoje não resolvido, para as expectativas árabes, e foi aí, de fato, que as teorias conspiratórias antissemitas ao estilo europeu começaram a circular amplamente no Oriente Médio. Devemos ter em mente que, enquanto acabara de emergir no Ocidente do pós-guerra um tabu contra o antissemitismo explícito a partir da amarga experiência histórica, nas terras árabes, onde houvera relativamente pouco antissemitismo e nenhum Holocausto, o tabu não existia. À semelhança do que ocorrera na Europa e nos Estados Unidos na época da Revolução Russa, *Os protocolos dos sábios de Sião* foram adotados como forma de explicar mudanças súbitas e drásticas no poder mundial, um modo de entender o triunfo, de outra maneira quase inexplicável, de um Estado judaico e — um pouco mais tarde — o rápido aumento do poder americano no Oriente Médio do pós-guerra.[39] Para as elites árabes, também era conveniente atribuir suas falhas políticas, organizacionais e militares a forças satânicas, e não à inépcia. Intelectuais islamicistas deram sua contribuição. Proliferam referências ao poder judaico mundial nos textos de movimentos islamicistas do pós-guerra, como o Hamas e a Jihad islâmica; o *Governo islâmico: Tutela do jurista*, do aiatolá Khomeini, de 1970, não é inédito ao alertar que os judeus foram desde o início os inimigos dos muçulmanos e ao retratar esse "grupo de gente astuciosa e engenhosa" como disposto a alcançar a dominação mundial. Com os *Protocolos*, difundiu-se também a negação do Holocausto, embora no Oriente Médio ela não refletisse o habitual gosto direitista europeu por demonstrações de aparência científica, reduzindo o número de judeus assassinados (como se, caso se chegasse a uma cifra bem reduzida, isso fosse esclarecer ou justificar os crimes do fascismo). Em vez disso, o impulso se radicava no próprio conflito pós-1948: expressava acima de tudo um possível desejo de recusar a condição de vítima a um povo que cometia violências contra os palestinos, aludia ao Holocausto para justificar expulsões e se empenhava, ao mesmo tempo, em sua forma própria de negacionismo (da *nakba* palestina).[40]

Alguns críticos árabes de orientação ocidental logo entenderam que a difusão do antissemitismo conspiracional era uma espécie de armadilha política que impedia a avaliação realista do equilíbrio de forças no Oriente Médio e minava a defesa da Palestina no Ocidente. Um deles foi Fayez Sayegh. Filho de um pastor presbiteriano sírio, ele estudara nos Estados Unidos, tornando-se depois o diretor interino do Centro de Informação Árabe e a face da diplomacia pública da Liga Árabe americana nos anos 1950. Com o tempo, Sayegh veio a ser o porta-voz da causa palestina mais eficiente que os Estados Unidos já tinham visto. Mas a eliminação de qualquer sinal de antissemitismo da propaganda árabe se demonstrou uma tarefa difícil. Embora a maioria dos americanos que conhecesse Sayegh visse que sua posição era irrepreensível, outros diplomatas árabes usavam uma linguagem menos prudente ou cuidadosa que a dele. Além disso, no que se referia a muitos judeus americanos, ver um árabe criticar Israel era suficiente para desencadear alegações de "antissemitismo com rodeios".[41]

Num de seus últimos artigos, William Zukerman escreveu que a oposição árabe a Israel era política e tinha "pouco ou nada a ver com o antissemitismo tradicional". Mas os judeus americanos, a seu ver, haviam perdido a capacidade de entender isso porque tinham desenvolvido uma tendência de "denunciar como antissemitismo qualquer crítica normal a políticas de Israel que [eles] seriam os primeiros a fazer se políticas semelhantes fossem adotadas por um outro Estado". Como que comprovando suas palavras, quando o Centro de Informação Árabe começou a operar nos Estados Unidos, quase imediatamente a seguir a ADL o denunciou e o acusou de trabalhar com antissemitas. No ano seguinte, deu continuidade às suas queixas com um livro em que se repetiam e se ampliavam as alegações. Afirmava, de modo implausível, que os propagandistas árabes visavam à "total destruição do prestígio judeu nos Estados Unidos" e instigavam o antissemitismo para enfraquecer as vozes judaicas de apoio a Israel. Eram argumentos bastante novos na época. Mas, tal como no próprio Oriente Médio, a causa árabe de fato atraia figuras marginais da extrema direita que foram oferecer seu apoio; embora Sayegh soubesse que esses contatos eram tóxicos e indesejáveis e os afastasse, alguns de seus colegas, fosse por ignorância, malevolência ou obtusidade, não se mostraram tão cuidadosos. Sayegh sentia sua posição cada vez mais minada pela ignorância e corrupção dos regimes do Oriente Médio que estavam por trás dele. Repreendeu abertamente altos diplomatas árabes por fazerem circular materiais antissemitas e foi ao ar para defender o trabalho do centro e esclarecer sua posição pessoal. "Sou anti-Israel. Sou antissionista também", disse ele, "mas NÃO sou antijudaico."[42]

Em 1965, Sayegh ajudou a montar o Centro de Pesquisa Palestina em Beirute, enquanto o movimento nacionalista palestino se cristalizava em torno da Organização pela Libertação da Palestina (OLP). Lá, ele publicou um texto fundamental, *O colonialismo sionista na Palestina*, obra que iria moldar de forma indelével as percepções mundiais do conflito. Mas é outro trabalho (dessa vez escrito em árabe), também saído do ambiente do Centro de Pesquisa Palestina em Beirute, que melhor ilumina um debate fascinante dentro do campo palestino, dessa vez sobre o próprio antissemitismo. Em seu extenso estudo de 1970 do Talmude e sua relação com o sionismo, Assaad Razzouk, pesquisador da OLP com doutorado em filosofia em Tübingen, argumentava que os árabes precisavam abandonar sua crédula aceitação das teorias conspiratórias europeias. Eles pouco sabiam sobre o judaísmo, escreveu

Razzouk, e em particular não conheciam nada sobre o verdadeiro Talmude, embora receassem a mera menção a ele. O antissemitismo era uma estupidez política e um fardo que afastaria a simpatia ocidental e não contribuiria em nada para a causa palestina.

O admirável estudo de Razzouk descarta vivamente a bibliografia árabe existente sobre o tema, uma mistura de polêmica teológica medieval antijudaica e bobagens antissemitas requentadas, passando então a apresentar o texto em si e, talvez em sua intervenção mais interessante, a explorar as ligações entre o pensamento religioso judaico e a filosofia política sionista. Depois de examinar vários pensadores sionistas, ele conclui que a influência direta do Talmude sobre eles fora bastante pequena, mesmo que não se pudesse negar a influência da religião em algum sentido mais geral. Suas constatações se alinhavam plenamente aos debates em curso na mesma época — e desde então — entre pensadores judeus. A questão central de Razzouk era simples; a luta palestina se sustentava em seus próprios termos e não devia minar a si mesma: "Até quando seremos nosso pior inimigo, continuando a prejudicar a justiça de nossa causa?".[43]

Um dos raros comentadores israelenses que se mostrou capaz e disposto a se solidarizar com o drama de intelectuais árabes como Sayegh e Razzouk foi o escritor Nissim Rejwan. Nascido no Iraque em 1924 e atuante na vida literária de Bagdá nos anos 1940, antes de ser forçado a ir para Israel em 1951, Rejwan esteve entre o número relativamente pequeno de judeus de sua geração a ter uma compreensão interna da região. Talvez por essa razão, foi um crítico implacável daqueles polemistas, entre seus conterrâneos, que continuavam repisando o tema do antissemitismo árabe. Seu alvo principal era o colega arabista Yehoshafat Harkabi, chefe do serviço secreto militar israelense durante a crise do Suez e importante analista das questões árabes. Rejwan não se deixou impressionar com o trabalho de Harkabi sobre o antissemitismo no Oriente Médio, considerando que apenas fornecia às pessoas um pretexto para ignorar o que os críticos árabes de Israel estavam de fato dizendo. Em 1968, Rejwan escreveu para um colega canadense que o antissemitismo era "uma importação totalmente estrangeira" no mundo árabe. Desnudando ambiguidades que continuam ainda hoje a nos perseguir, ele prosseguia:

> Harkabi me dá a sensação de querer as duas coisas ao mesmo tempo. Ele próprio, como sionista, não faria realmente nenhuma distinção entre sionismo e judaísmo, israelense e judeu — mas quer que os árabes a façam, e o problema é que, mesmo que a fizessem, ele não iria concordar; continuaria a chamá-los de antissemitas, visto que, como se diz muito por aqui, não há como traçar a linha entre sionismo e judaísmo, pois aquele é o "movimento de libertação nacional" dos judeus.[44]

Era justo, perguntava Rejwan, atribuir antissemitismo a "pessoas que se sabe serem antissionistas e anti-israelenses e não antissemitas"? Esse, segundo admitia, era um "problema complicado". Alguns anos depois, ainda continuava a ruminar a questão. Numa longa carta ao crítico americano Irving Howe, Rejwan comentou o predomínio crescente da expressão "antissemitismo árabe". Concordava que a bibliografia antissemita em árabe gozava de uma preocupante popularidade e não tinha dúvidas quanto a seu caráter pernicioso, mas ainda sentia algumas apreensões.

> Admitindo tudo isso, para mim ainda continua a ser quase a ironia suprema que o que os antissemitas árabes têm feito não é de forma alguma mais horrível do que aceitar a própria definição que o sionismo dá de si mesmo! [...] Depois de 1948, Israel — a consumação, ainda que parcial, do sionismo — se definiu de tal forma

> e promulgou leis e regulamentos de tal natureza que praticamente converteu todos os 90% de judeus vivendo fora de suas fronteiras em "nacionais" israelenses. Quem somos nós, então, para acusar os árabes de antissemitismo, se tudo o que eles têm feito cai diretamente na armadilha ideológica que os sionistas montaram?[45]

Rejwan nos ajuda a ver como o conflito árabe-israelense estava começando a modificar as percepções de antissemitismo. Na cabeça de sionistas ardorosos, dizia ele, a criação de Israel equivalia à plena realização política do judaísmo, e, assim, era tentador lançar a acusação de antissemitismo contra os críticos do sionismo, mesmo que não fossem antissemitas no velho sentido racial. Em outros termos: se a pessoa realmente acredita que o sionismo e o Estado judaico falam em nome de todos os judeus, então de fato pode se tornar impossível ver a crítica ao sionismo ou a Israel como nada além de antissemitismo. No entanto, outros — judeus e não judeus — podem encarar as coisas de modo muito diferente e considerar importante preservar uma distinção entre os dois. Como veremos adiante, é precisamente essa divergência que hoje cria confusão e discórdia. Mas, nos anos 1950, poucos judeus americanos ou europeus acreditavam a sério que Israel falasse em nome de todos os judeus. A discussão entre Jacob Blaustein, presidente do AJC, e Ben-Gurion deixou claro o que *ele*, Rejwan, pensava. O novo Estado judaico era minúsculo, formado em larguíssima medida por imigrantes e precisava de ajuda; outras comunidades judaicas do mundo eram muito mais antigas ou muito maiores, ou as duas coisas ao mesmo tempo. Nas décadas seguintes, tudo isso iria mudar. Assim, Rejwan estava à sua maneira prevendo o surgimento daquilo que se tornaria uma verdade autoevidente para vários dos que fazem campanhas contra o antissemitismo, e, para seus críticos e oponentes, uma omissão em favor de seus próprios interesses. A era em que o antissemitismo podia ser discutido sem referência a Israel estava prestes a terminar.

7. Um novo antissemitismo?

A arena internacional

> *O sionismo se tornou um palavrão. Até que ponto esse ataque a ele é um disfarce do velho ou do novo antissemitismo, e até que ponto nasce de uma genuína discordância e de uma crítica ao caráter e às políticas atuais do Estado? — essa é uma pergunta à qual os judeus devem procurar responder com urgência. É fácil demais levantar o espectro do antissemitismo, clamar por unidade e, com isso, ignorar as mudanças na posição judaica no mundo que esses desenvolvimentos representam.*
>
> Antony Lerman, *Jewish Quarterly*[1]

No que veio a ser conhecido na época como a "epidemia internacional da suástica", o inverno de 1959-60 viveu um surto de vandalismo contra locais judaicos pelo menos em três continentes. Começou na Alemanha Ocidental, onde o grafite "Alemães exigem a saída dos judeus" foi pichado na sinagoga em Colônia, acompanhado de suásticas. Em alguns dias, slogans semelhantes tinham desfigurado lojas, lápides e locais de culto em cidades da

Europa Ocidental, em Nova York e em lugares tão distantes quanto a Austrália, a Nova Zelândia e a América do Sul. Somente na Alemanha Ocidental, em meados de fevereiro de 1960 as autoridades já haviam registrado mais de oitocentas ocorrências. Centenas de outras, na maioria envolvendo suásticas e pichações ofensivas, foram registradas nos Estados Unidos durante o mesmo período. A indignação internacional contra o reavivamento do nazismo na Alemanha Ocidental atingiu um pico, e manifestaram-se publicamente várias dúvidas de se o país tinha condições adequadas para ser membro da Otan, na qual ingressara poucos anos antes.[2]

A polícia alemã fez numerosas detenções, mas teve dificuldade em rastrear os culpados. Descobriu-se que dois homens detidos pelo incidente em Colônia eram membros de um partido de extrema direita e se entregaram a diatribes antissemitas durante seu julgamento. No entanto, entre os suspeitos recolhidos nas semanas subsequentes, apenas cerca de um terço parecia movido por convicções políticas; muitos eram jovens, e vários deles estavam copiando os grafites só por diversão. Então soube-se que os dois réus tinham ido diversas vezes à Alemanha Oriental, e outro neonazista confirmou que haviam recebido instruções de um agente alemão-oriental para intensificar as atividades antissemitas. As suspeitas da polícia acabaram se confirmando: a operação inteira se iniciara como um complô de desinformação da KGB para criar tensões nas atitudes ocidentais em relação à aliada Alemanha Ocidental. Inspirando-se na notícia de que episódios antissemitas anteriores no país tinham despertado especulações na imprensa sobre um reavivamento nazista, a KGB lançara uma operação secreta para enfraquecer a aliança ocidental e lhe dera o nome de Operação Zaratustra (segundo um desertor) para apontar que o antissemitismo germânico era tão imorredouro quanto o clássico texto de Nietzsche, *Assim falou Zaratustra*.[3]

Uma coisa que não era de conhecimento geral na época era que a KGB fizera previamente um ensaio dentro da própria Rússia, enviando um grupo de agentes para profanar túmulos judaicos e fazer pichações num vilarejo próximo de Moscou. Outros agentes então informaram a reação dos moradores locais. Alguns ficaram horrorizados; muitos ficaram assustados e perplexos. Mas vários revelaram seus preconceitos pessoais e começaram a realizar ações parecidas por conta própria. Apenas dois meses antes do início da "epidemia da suástica" no Ocidente, uma sinagoga foi incendiada no subúrbio de Malakhovka, e a esposa de seu zelador foi assassinada. Haviam colado panfletos nas paredes com lemas antissemíticos da era tsarista.[4]

Assim, quase vinte anos depois da guerra, a sociedade europeia se revelava dividida, dos dois lados da Cortina de Ferro, entre aqueles para os quais a suástica trazia lembranças pavorosas e aqueles para quem ela representava uma licença para se rebelar. Havia, claro, uma diferença significativa. No lado soviético, havia uma agência do governo responsável por instigar todo o caso, e seu criador, Ivan Agayants, chefe do Departamento da Europa Ocidental da KGB, se tornou uma lenda dentro da agência como inventor daquilo que sua história oficial designa como "medidas ativas". O Kremlin tentou silenciar os informes de ressurgimento do antissemitismo dentro do país e nunca admitiu seu papel em criar a "epidemia". No lado ocidental, em contraste, a condenação foi ampla e imediata; de fato, em vários países europeus o episódio reforçou as demandas de uma legislação contra o discurso de ódio. Mas o episódio também teve outra consequência que certamente não fora prevista pela KGB ao planejar a operação resultou na inclusão da questão do antissemitismo na pauta da ONU. Assim teve início a internacionalização da campanha contra o antissemitismo, um processo muito sinuoso que ainda hoje continua em curso e constitui o tema dos capítulos seguintes.

* * *

Com a descolonização na África e na Ásia, a ONU estava se tornando uma organização realmente mundial, na qual as tensões e discussões sobre a luta épica pelo destino de povos sob governo colonial europeu eram apresentadas perante a mídia global. Com o ingresso de Estados na maioria africanos, caribenhos e asiáticos, a Assembleia Geral passou de cerca de sessenta membros no começo dos anos 1950 para 110 em 1962: isso transformou todo o relacionamento da ONU com a Europa. Para os recém-chegados, as preocupações europeias e sua história recente tinham uma importância menor do que para os membros originais da organização; importavam mais o imperialismo, o colonialismo e a raça. Mesmo assim, a notícia da "epidemia da suástica" levou à elaboração de uma resolução da Assembleia Geral condenando "manifestações de antissemitismo e outros preconceitos religiosos e ditos raciais". Tanto os israelenses quanto o governo americano apoiaram a resolução; para eles, levantar a questão do antissemitismo era uma forma de exercer pressão sobre a União Soviética e dar destaque ao tratamento dos judeus soviéticos. A delegação soviética contra-argumentou, apontando o dedo para o neonazismo nascente e acusando o Ocidente de apoiar a Alemanha Ocidental "fascista". Quando outras delegações sugeriram vincular o preconceito antijudaico ao racismo em geral, surgiu uma fórmula de compromisso que citava o antissemitismo ao lado de outros "preconceitos religiosos e raciais", tidos como reminiscência dos nazistas.

Mas essa versão, que surgira na comissão, foi novamente alterada quando os membros da Liga Árabe insistiram que qualquer menção ao antissemitismo exigia como compensação uma referência à difícil situação da "minoria árabe na Palestina". Mais significativo, tinham acabado de chegar da África do Sul as notícias do massacre de Sharpeville, com dezenas de manifestantes africanos mortos a tiros pela polícia; foi essa tragédia que converteu o apartheid na grande questão do momento e marcou a internacionalização do movimento contra ele. Comparado à escala da luta em curso contra a discriminação e a segregação raciais, o antissemitismo — embora avultasse em grandes dimensões na mente europeia e americana — parecia a muitos dos integrantes mais recentes da ONU uma questão do passado. A resolução final que foi aprovada, condenando "o ódio racial, religioso e nacional", não trazia qualquer referência ao antissemitismo.[5]

A luta contra ele claramente se tornara apenas mais uma peça no tabuleiro de xadrez da Guerra Fria, e qualquer tentativa dos Estados Unidos ou de Israel para promovê-la encontrava oposição: a delegação soviética queria que "os americanos largassem suas queixas de antissemitismo", e avisou — em vão — que, se tentassem levantar a questão, seriam contrapostos com referências ao sionismo. Mas a questão do antissemitismo também ficara sob a sombra da descolonização: um grande bloco votante de novos Estados simplesmente não considerava prioritário um problema que julgavam ser europeu, e alguns se mostravam cada vez mais favoráveis a acusações — que a crise de Suez de 1956 havia tornado muito mais plausíveis — de que o próprio Estado de Israel era agente e beneficiário do império europeu. A conexão colonial que sionistas como Jabotinsky tinham ressaltado antes da Segunda Guerra Mundial agora constituía um risco.[6]

O antigo vínculo de meados do século entre antissemitismo e racismo estava, ele próprio, sob tensão. Outras formas de discriminação racial pareciam mais urgentes para muitos membros da ONU, e o significado do termo "racismo" estava se transformando quase imperceptivelmente. Ele fora popularizado no final dos anos 1930 pelo sexólogo judeo-alemão Magnus Hirschfeld, que defendia uma visão do nazismo que situava o antissemitismo no contexto de persistentes teorias de diferenciação racial. Nos anos 1940 e

1950, um compromisso comum em prol do antirracismo levara grupos que lutavam pelos direitos judaicos ao centro do movimento pelos direitos civis nos Estados Unidos e em outros lugares. Nos anos 1960 — sob o duplo impacto da luta antissegregacionista americana e da luta contra o apartheid — o termo começava a conotar, acima de tudo, um problema do sofrimento dos negros nas mãos dos brancos, quer consistisse na escravização nas Américas, quer na exploração colonial africana pelos europeus.

Nacionalistas árabes haviam traçado, mais ou menos desde o começo, uma conexão entre o racismo nazista e o sionismo, e sustentavam sistematicamente que não se devia pedir à Palestina que pagasse o preço pela perseguição antijudaica nazista. No final de 1947, durante o debate da ONU sobre a partilha do território, o delegado sírio Farid Zeineddine, advogado em direito internacional formado na Sorbonne e estudioso do nacionalismo, foi além e insistiu que o próprio sionismo se baseava na discriminação racial. A ONU, afirmava ele, "que fora formada pelo empenho comum em destruir o nazismo, não deveria apoiar seu paralelo, o sionismo". Vinculado a teorias mais amplas do imperialismo e do capitalismo, o conceito de racismo podia ser ampliado em favor da causa árabe. Quando a OLP encontrou voz própria em meados dos anos 1960, seus líderes prontamente adotaram a linguagem do antirracismo e do anticolonialismo. "O sionismo é um movimento colonialista em sua concepção, agressivo e expansionista em seus objetivos, racista e segregacionista em suas configurações e fascista em seus meios e fins", declarava um artigo em sua ata de fundação. Fayez Sayegh formulou o problema da Palestina nos mesmos termos liberacionistas. "Como empreendimento colonial", escreveu ele, "que veio a prosperar precisamente quando o colonialismo estava começando a definhar, [o sionismo] é de fato uma provocação a todos os povos anticoloniais na Ásia e na África." Ele era, concluía, "um sistema racista alimentado por doutrinas de segregação racial, exclusivismo racial e supremacia racial".[7]

Depois da vitória de Israel na Guerra dos Seis Dias de 1967 e da ocupação militar da Cisjordânia e da Faixa de Gaza, um bloco do Terceiro Mundo abraçou a causa palestina como parte da luta maior contra o colonialismo e encontrou na ONU — como antes fizera a Frente de Libertação Nacional (FLN) argelina — um fórum onde tinham esperança de prevalecer e que lhes proporcionava a atenção mundial. A influência dos Estados árabes foi fortalecida pelo surgimento do cartel dos produtores de petróleo, a Opep, em 1973, e ficou demonstrada quando vários Estados das Nações Unidas romperam relações diplomáticas com Israel. No ano seguinte, Yasser Arafat, líder da OLP, foi convidado a discursar na Assembleia Geral, e a organização obteve o estatuto de observadora. Mas foi a controvertida resolução de 1975 da Assembleia Geral, equiparando o sionismo ao racismo, que mostrou a que ponto a linguagem da análise de Sayegh, uma década antes, se tornara senso comum. O texto começa denunciando não só as doutrinas de "diferenciação ou superioridade racial", mas também "a aliança profana entre o racismo sul-africano e o sionismo". Ele retoma uma declaração anterior, afirmando que "a cooperação e a paz internacionais exigem a conquista da libertação e da independência nacional, a eliminação do colonialismo e do neocolonialismo, da ocupação estrangeira, do sionismo, do apartheid e da discriminação racial em todas suas formas". E acrescenta uma declaração da Organização da Unidade Africana, afirmando "que o regime racista na Palestina ocupada e os regimes racistas no Zimbábue e na África do Sul têm uma origem imperialista comum, formando um conjunto e tendo a mesma estrutura racista". Depois de tudo isso, sua conclusão — a de que o sionismo era uma forma de racismo — era previsivelmente inevitável.[8]

A resolução foi um choque para Israel e seus defensores. Sem conseguir criar uma declaração contra o antissemitismo, a ONU claramente permitia que Israel fosse tratado não como herdeiro das vítimas do Terceiro Reich — conforme era visto por si mesmo e por grande parte do Ocidente —, mas como seu sucessor. Daniel Patrick Moynihan, o combativo embaixador americano nas Nações Unidas, já entendera que os Estados Unidos teriam de "ir para a oposição"(como disse o embaixador), visto que a Assembleia Geral se tornava território inamistoso e ele considerava, corretamente, a resolução como mais um voto antiamericano disfarçado, um fruto da antipatia pós-Vietnã em todo o Terceiro Mundo. Washington agora não só via seus interesses se alinhando cada vez mais com os de Israel, mas também passou a operar em paralelo à ONU — sobre a qual antes exercia domínio —, operando nas duas décadas seguintes na suposição de que aquela era basicamente uma causa perdida. Os diplomatas israelenses, por sua vez, viam as Nações Unidas como uma instituição irremediavelmente voltada contra a sua nação.

Os dois países tinham dificuldade em entender a drástica mudança na opinião mundial desde a criação de Israel. Em 1948, os Estados Unidos, em larga medida, eram vistos no exterior como uma potência anti-imperial, e Israel fora saudada na Europa e na América do Sul como um exemplo de emancipação nacional. Em meados dos anos 1970, a Guerra do Vietnã marcou os Estados Unidos como a superpotência neoimperialista por excelência, e Israel passou a ser amplamente encarado como uma potência ocupante, no lado errado da luta contra o colonialismo. Alguns comentadores acreditavam que essa crítica crescente refletia um sentimento geral de terceiro-mundismo antiamericano ou viam aí um dedo de Moscou. Mas outros enxergavam o que chamavam de "novo antissemitismo", cujo alvo era Israel.

"O que há de errado com a fala e a escrita atuais", observou certa vez um estudioso da língua inglesa, "não é que se empreguem palavras novas, mas o mau uso das antigas." (Assim afirmou George Sampson na introdução a *On the Study of Words* [Sobre o estudo das palavras], o clássico de filologia vitoriana de Richard Chenevix Trench.) É discutível se o conceito de antissemitismo estava sendo mal utilizado por sua vinculação com Israel, mas decerto é possível vê-lo sendo usado em um cenário global bem diferente. Como forma de explicar a hostilidade a Israel em termos que a vinculavam ao passado judaico, mais do que a seu papel geopolítico no presente, a invocação do antissemitismo nesse contexto marcou uma nova fase na história do próprio conceito. Ele não perdeu de forma alguma suas associações históricas com as animosidades contra um povo minoritário histórico; pelo contrário, seu poder crítico derivava dessas associações e de ecos do passado. Mas agora esses vínculos passaram a crescer com outras conotações políticas. Uma reação à hostilidade percebida na ONU e em outras instâncias, essa nova leitura do antissemitismo refletia e emergia de transformações mais profundas no pensamento cultural e intelectual tanto nos Estados Unidos quanto em Israel, e vamos nos dedicar mais detalhadamente a esse tema a partir daqui.

A DESCOBERTA DA IDENTIDADE JUDAICA AMERICANA

Nos anos 1970, a judeidade americana estava, segundo qualquer critério, num período de realizações extraordinárias. Sua população aumentara com notável rapidez para 5,7 milhões, e a melhoria nos padrões de vida impulsionou a mudança para os subúrbios, onde um crescimento completamente imprevisto na construção de sinagogas prenunciava um tipo de comunidade novo e vibrante. A vida judaica estava mudando: à medida que a geração imigrante morria, seus filhos e netos jogavam fora seus velhos livros em iídiche — a língua do Velho Mundo, com um número de falantes cada vez menor — e voltavam-se aos mais recentes Saul Bellow ou Philip Roth. As barreiras nos locais de trabalho caíam;

o ingresso em diretorias, no governo e na academia avançava. Com a redução da discriminação, as pesquisas de ciências sociais sobre o preconceito antijudaico, campo importante e florescente nos anos 1940 e 1950, começaram a parecer cada vez menos prementes. Uma série de levantamentos, iniciados no começo dos anos 1960, mostrava "um declínio constante no nível das atitudes antissemitas convencionais adotadas pelos americanos". Outros trabalhos chegaram a conclusões semelhantes: um ex-diretor da Liga Antidifamação descreveu os Estados Unidos em 1982 como "mais hospitaleiro conosco do que com o antissemitismo". Pesquisas de opinião realizadas entre os anos 1960 e o começo dos anos 1980 confirmaram maciçamente essa tendência.[9]

No entanto, se as pessoas continuavam a temer o que o historiador Henry Feingold chamou de "a ameaça à sobrevivência judaica nos Estados Unidos", suas percepções acerca dessas ameaças diferiam muito. "Alguns podem pensar que a judeidade americana está ameaçada por um intenso antissemitismo", escreveu Feingold em 1985, "enquanto outros a veem mergulhar num mar de perfume emanado por uma sociedade ansiosa em absorvê-la." Como isso sugere, os indicadores estatísticos não eram suficientes para atenuar a preocupação dos judeus americanos, cada vez mais numerosos, de que o antissemitismo poderia se intensificar seriamente no futuro próximo. Havia, como escreveu Jerome Chanes em seu levantamento da bibliografia, um "fosso perceptual": números crescentes de judeus americanos declaravam aos pesquisadores que se sentiam "confortáveis" nos Estados Unidos, e ao mesmo tempo diziam considerar o antissemitismo um problema "sério", que vinha piorando.[10] Alguns especialistas viam isso como "dissonância cognitiva" ou sugeriam que os judeus americanos tinham se tornado "paranoicos"; outro comentou que a ansiedade era "mal direcionada ou excessiva". O historiador Edward Shapiro concentrou sua atenção num outro rumo: os receios de antissemitismo, escreveu ele, eram

> atiçados por organizações cuja própria sobrevivência está em jogo caso os judeus americanos venham a crer que o antissemitismo americano se tornou um fenômeno marginal. Sem a existência de um antissemitismo interno, grande parte da *raison d'être* de organizações como a Liga Antidifamação [...] passaria a ser questionada.[11]

Feingold, um dos mais argutos comentadores da vida judaica americana, apontou a mesma questão de modo mais geral.

> Quando a ameaça à sobrevivência judaica americana brota mais da aceitação do que de um intenso antissemitismo, entidades com pautas que se baseiam exclusivamente numa função de defesa correm o risco de perder sua função. O sucesso, não menos que o fracasso [...], pode ser causa de obsolescência.

Ele escrevia sobre o AJC, mas o problema era muito mais agudo para os combatentes do ódio na ADL. Assim, talvez não fosse de admirar que, de fato, tivesse sido o livro *The New Anti-Semitism* [O novo antissemitismo] (1974), de dois dirigentes da ADL, Arnold Forster e Ben Epstein, a soar o alarme. Forster, investigador veterano da ADL que passara os anos da guerra brigando contra grupos pró-nazistas, conta em suas memórias, talvez com uma leve ponta de pesar, que no começo dos anos 1970 "o antissemitismo organizado como o conhecêramos por mais de trinta anos" havia caído; estava numa "maré baixa", uma pálida sombra da ameaça do pré-guerra. Trabalhando para uma organização contra o ódio numa sociedade em que parecia mais difícil encontrar o ódio, Forster e Epstein fizeram uma pergunta que deve ter parecido estranha na época: "A lua de mel com os judeus após a Segunda Guerra Mundial terminou?". A resposta deles era previsível. O livro, apresentando enérgicas figuras da ADL em perseguição cerrada de nefastos fanáticos de tipos variados, investia contra pregadores nativistas idosos e pontificava sobre a estereotipagem dos judeus nos meios de comunicação, denunciando a versão cinematográfica de *O complexo de Portnoy* como "uma diatribe antijudaica barata, vulgar, obscena". Mas, como que percebendo que nada disso era material realmente capaz de exaltar os ânimos, eles exortavam os leitores a aceitarem "certa redefinição das noções tradicionais de antissemitismo". Não havia como negar que a ameaça da direita estava em declínio, mas — alegavam — surgia um "novo antissemitismo", que vinha se manifestando como hostilidade a Israel; os autores criticavam severamente o que diziam ser uma generalizada "falta de disposição em compreender a necessidade da existência de Israel para a segurança e a sobrevivência judaicas no mundo". A fonte do problema? A esquerda radical.[12]

Estava se estabelecendo uma nova ortodoxia: antissemitismo era a mesma coisa que oposição a Israel, e esse era um problema principalmente da esquerda, mais do que da direita. Prenunciando a transição neoconservadora para a direita de algumas importantes figuras e organizações judaicas americanas nos anos 1980 e 1990, *The New Anti-Semitism* citava os pecados da esquerda radical: a crítica do apoio americano a Israel; a torcida por Moscou e pelo movimento comunista; a exploração do cansaço público americano pós-Vietnã. Os autores estavam especialmente preocupados com o que chamavam de "comunistas trotskistas" e o impacto de grupos da extrema esquerda nas atitudes políticas e na vida universitária. De nossa perspectiva atual, é fascinante ver como esses argumentos pareciam estranhos naquela época. Forster reconheceu que o livro despertou "não poucos protestos e indignação"; os autores foram até criticados pela explícita presteza em rotular as pessoas de "praticamente antissemitas".[13] Mas a obra, embora admitisse que os grupos criticados eram muito enfáticos em não ser antissemitas e considerassem suas posições puramente políticas, ainda assim insistia que as ações deles eram "claramente antijudaicas". A prova: estavam trabalhando com "explícitos antissemitas". Tais figuras sombrias não eram os neonazistas americanos do passado; mas acabaram se revelando, na narrativa, serem nacionalistas negros. Talvez inevitavelmente, em vista do contexto americano, os autores de *The New Anti-Semitism* tenham proposto assim a questão da raça.[14]

Em 1907, o advogado Louis Marshall, que ajudara a fundar o AJC no ano anterior, ficou atônito ao saber que um grupo de discussão judaico do Lower East Side ia apoiar a moção de que "o Sul estaria justificado em revogar os direitos do negro".* "Parece-me inacreditável", escreveu Marshall,

> que uma entidade de judeus que acabaram de sair de uma virtual escravidão e estão buscando neste país o privilégio de votar, que lhes era vetado na terra onde viviam seus antepassados, não considere sequer por um instante a adequação de defender a perda de direitos de quaisquer cidadãos deste país.[15]

Marshall identificou a questão central que moldava as relações negro-judaicas nos Estados Unidos. Na era da legislação Jim Crow, tentara-se negar direitos iguais aos negros tanto por meio da lei quanto pela violência, sobretudo com os linchamentos. Naquelas mesmíssimas décadas, chegaram aos Estados Unidos centenas de milhares de judeus da Europa Oriental, fugindo à perseguição dos pogroms e dos governos para encontrar a liberdade:

* No original, é utilizado o termo *negro*, que em inglês remonta aos tempos de escravização e segregação racial e tem conotação pejorativa. Ele caiu em desuso, sendo gradualmente substituído por *black*. (N. E.)

dessa forma, o reconhecimento dos direitos dos judeus coincidiu com a perda dos direitos dos negros — não poderia haver contraste mais forte entre seus destinos comunais nos Estados Unidos. Como notou James Baldwin certa vez, os judeus europeus haviam encontrado oportunidades no país, ao passo que os afro-americanos, que ali viviam fazia muito mais tempo, ainda não tinham "nenhum lugar para ir".[16]

Nos Estados Unidos, a boa fortuna política pressupunha os benefícios da branquitude, e os judeus sem dúvida foram mais favorecidos do que os descendentes de escravizados, ainda que houvesse inevitáveis divergências — visto que o racialismo era ao mesmo tempo amplamente aceito e cientificamente infundado — quanto ao grau de branquitude deles. Alguns diziam que não havia raça mais pura, ao passo que outros os consideravam aparentados aos negros. "Os judeus, os descendentes de Sem, em todos os países [...] pertencem à raça branca", argumentou um clérigo de Nashville em 1867. "Sabemos por autoridade bíblica, com certeza matemática, que eles não são negros, nem antes, nem depois do dilúvio, e sim brancos." Mas, algumas décadas depois, outro autor, Arthur Abernethy, escreveu seu polêmico *The Jew a Negro* [O judeu negro], no qual, pelo contrário, insistia que "o judeu de hoje, bem como seus ancestrais em outros tempos, é parente e descendente do negro". Até data muito avançada do século XX, os judeus existiram numa zona ambivalente, com estatuto racial indeterminado.[17]

Embora desde longa data vários autores americanos negros se sentissem indignados com a forma como os imigrantes europeus eram capazes de obter no país uma aceitação que lhes era negada, de início tendiam a isentar os judeus dessa crítica por serem também um povo que conhecia o sofrimento: "Há uma semelhança entre o judeu e o negro", escreveu o jornal *The New York Age* em 1889. "Um é desprezado quase tanto quanto o outro." Durante o caso Dreyfus, muitos articulistas na imprensa negra condenaram os franceses por seu antissemitismo. No entanto, conforme aumentava a violência contra os negros no Sul, muitos se perguntavam como as organizações judaicas americanas podiam pressionar o governo para protestar contra os pogroms na Rússia e não diziam nada sobre a perseguição interna a concidadãos americanos. A decepção negra com o silêncio judaico aumentou. E pouco ajudava que os mesmos senadores do Mississipi que assinavam petições ao tsar defendessem publicamente os linchamentos em nome "da lei e da ordem". Para a imprensa negra, os paralelos com a Rússia eram evidentes. Em julho de 1903, depois que um motim obrigou centenas de moradores negros de Evansville, Indiana, a fugirem para as matas próximas em busca de segurança, um jornal negro local escreveu que "os negros estão fugindo do Chisinau americano".[18]

Nos círculos judaicos de imigrantes proletários e esquerdistas, os Estados Unidos passaram rapidamente a ser vistos por uma lente russa, e jornalistas judeus muitas vezes se manifestavam em oposição ao racismo e à violência contra os negros, sobretudo quando escreviam em iídiche. O *Forward*, por exemplo, noticiou a ocorrência de Evansville com a manchete: POGROMS NEGROS. Mas não só as principais organizações judaicas americanas em geral se mantiveram em silêncio, como também alguns líderes judeus até protestaram contra o paralelo, alegando que os pogroms atacavam inocentes, ao passo que os linchamentos em teoria puniam culpados. "Entre todos os defensores moralmente ignóbeis desse crime americano de linchamento", escreveu um jornal negro de Chicago, "o judeu americano que defende os linchadores de negros enquanto denuncia massacres russos — e alguns denunciam — é o mais desprezível." Logo depois disso, houve uma tentativa em Maryland de cassar o direito ao voto dos eleitores negros: dois dos principais proponentes da medida eram figuras bem conhecidas na comunidade judaica de Baltimore, francos apologistas da restrição segundo linhas raciais. "A raça branca deve prevalecer sobre a barbárie", afirmou Isidor Rayner. "E a melhor maneira de chegar a isso é reduzindo o voto negro ao mínimo possível em Maryland."[19]

Nos anos do entreguerras, com a intensificação da política antissemita na Europa e também nos próprios Estados Unidos, os judeus americanos passaram a se manifestar mais vigorosamente contra o racismo. Enquanto muitos judeus sulistas continuavam cautelosos e pouco dispostos (mesmo quando discordavam na esfera privada) a contestar o fanatismo predominante da sociedade branca em torno deles, as comunidades judaicas muito maiores dos estados do Norte e suas lideranças nacionais cada vez mais organizadas divulgavam uma mensagem de solidariedade inter-racial. Com efeito, foram naqueles anos que se iniciaram as tentativas de líderes comunais de ambos os lados de estabelecerem vínculos.[20] A chamada "aliança" negro-judaica foi, na verdade, sempre desigual, visto que havia uma clara assimetria de poder entre os dois lados: a população negra precisava de bem mais ajuda porque enfrentava discriminação e violência muito maiores. A questão dos critérios duplos continuava a ser um ponto sensível. "Por que derramar lágrimas de crocodilo pelo destino dos judeus em Berlim", perguntou o *Oklahoma City Black Dispatch*, "quando aqui nos Estados Unidos diariamente tratamos o povo negro da mesma maneira?" Mas, apesar de tudo, formou-se uma aliança antirracista frente ao fascismo. "O problema racial", afirmou W. E. B. Du Bois, "atravessa linhas sociais, físicas e religiosas." A NAACP denunciou o antissemitismo nazista, crendo que isso ajudaria também a luta contra o racismo americano. "Nós negros sabemos o que isso significa, pois aconteceu conosco", disse Walter White da NAACP na época da Noite de Cristais. "O que aconteceu a uma minoria pode acontecer a outras — uma lição que judeus, negros e todas as minorias precisam aprender." Em 1947, depois que a NAACP pediu formalmente apoio a um projeto de lei contra o linchamento, o AJC, antes indiferente, declarou sua intenção de "se unir a outros grupos na proteção dos direitos civis dos integrantes de todos os grupos, independentemente de raça, religião, cor ou origem nacional". Nas duas décadas seguintes, o AJC manteria a firme posição de que os interesses judaicos eram mais bem atendidos quando se asseguravam os direitos de todos.[21]

Essa nova política de lutar pelos direitos civis de todos gerou tensões entre as comunidades judaicas no Sul e judeus de outras partes. Não que os sulistas apoiassem a legislação Jim Crow; de modo geral, encontravam-se na ponta liberal do espectro branco. Mas estavam preocupados com sua vulnerabilidade caso viessem a se identificar com o movimento negro pelos direitos civis e tinham razão em se inquietar: os ativistas judeus de fato se tornaram alvos, e vários militantes pelos direitos civis foram assassinados. Circulavam folhetos alertando que "os judeus destruíram a segregação racial", e uma série de bombas no Sul culminou em 1958 numa tentativa de explodir a principal sinagoga de Atlanta, na Geórgia, cujo rabino havia apoiado o movimento pelos direitos civis. O minúsculo Partido Nazista americano, fundado em 1959, ocupou as manchetes de maneira totalmente desproporcional a seu tamanho durante quase uma década, até que o assassinato de seu líder levou a lutas internas e à fragmentação; mas o verdadeiro problema era o racismo repleto de ódio, endêmico na sociedade sulista branca.[22] As conhecidas imagens de Martin Luther King Jr. e do rabino Abraham Joshua Heschel de braços dados, à frente de uma passeata no Alabama em 1965, marcaram talvez o ponto alto da solidariedade negro-judaica nacional. Menos percebidos na época eram as preocupações e o incômodo dos rabinos judeus sulistas, muitos dos quais estavam cientes da vulnerabilidade de suas congregações.

Com a aprovação da legislação principal sobre os direitos civis em 1964 e 1965, a aliança negro-judaica começou a se fraturar. Os nacionalistas negros não gostavam do que lhes parecia ser paternalismo de aliados brancos bem-intencionados. Estes achavam que seu apoio não era devidamente apreciado. Intelectuais como Harold Cruse e James Baldwin escreviam ensaios desapaixonados sobre as relações negro-judaicas, enquanto o jovem sociólogo Gary Marx fazia a primeira análise sistemática do preconceito negro. Pelas duas ou três décadas seguintes, polêmicas acusadoras surgiam com deprimente regularidade, e no final dos anos 1980 o conflito piorara, tanto nas páginas impressas quanto ao vivo, a tal ponto que mesmo os analistas de maior visão de ambos os lados tinham dificuldade em enxergar uma forma de superar a situação. "O antissemitismo negro e o racismo antinegro judaico são reais", escreveu Cornel West em *Race Matters* [Raça importa], em 1993, "e ambos são tão profundamente americanos quanto uma torta de cerejas".[23]

Antes de examinar a variedade de sentimentos e estereótipos muitas vezes amontoados sob a rubrica de antissemitismo negro, vale a pena dedicar um momento à outra metade da torta. Para muitos dos que se preocupam com o antissemitismo, é contrário a seu feitio prestar atenção às formas de racismo judaico ou refletir sobre as forças sociais e culturais mais amplas presentes em todos os tipos de conversas sobre raça. (E mesmo, em alguns casos, nem sequer ouvir falar em racismo: Lucy Dawidowicz já em 1958 se dispunha a reconhecer a existência de um "sentimento antinegro entre judeus", mas se negava a chamá-lo de racismo.) A existência de um termo específico para o preconceito antijudaico — herança, como vimos, da política europeia — pode por si só obscurecer o fato de que os judeus, como quaisquer outros, não são imunes ao discurso racializado. O racismo judeu antinegro tendia (e tende) a ser muito menos discutido do que o racismo antijudaico, mas — como vimos — ele oferecera aos imigrantes judeus um meio de provar suas credenciais americanas e de ajudá-los a conquistar a aceitação social, talvez principalmente no Sul durante a Reconstrução. Politicamente, os judeus americanos tendiam ao liberalismo, ao Partido Democrata e ao apoio aos direitos civis, mas nada disso impedia que partilhassem os estereótipos e comportamentos antinegros vigentes na sociedade branca em geral. Numa inusual intervenção numa conferência do AJC em maio de 1968, o escritor Charles Silberman, um dos comentadores mais interessantes sobre a comunidade judaica americana do pós-guerra, ressaltou que

> é hora — mais do que hora — de encarar o denso e cru preconceito antinegro que existe em nosso próprio meio. Falamos — interminavelmente — sobre o antissemitismo negro; raramente falamos, e muito menos tentamos lidar com o antinegritude judaico que há em nosso meio e está crescendo com grande rapidez.[24]

O antissemitismo negro, a metade da torta que preocupava Forster e Epstein da ADL, era um termo composto e não muito preciso que apontava pelo menos para três elementos distintos: a desconfiança em relação aos brancos em geral como exploradores dos negros, muitas vezes identificando a conhecida figura do comerciante ou do proprietário judeu como encarnação disso; uma sensação de que, entre todas as pessoas, justamente os judeus, que deviam ser capazes de entender a situação dos negros, não estavam fazendo mais para ajudá-los; por último, mas igualmente importante, um ressentimento contra outro grupo de pessoas que se diziam vítimas da história num contexto onde pouco haviam sofrido em comparação aos que ainda padeciam os efeitos posteriores da escravização. Mas, no que se referia a Forster e Epstein, havia ainda um quarto elemento: o aumento do apoio nacionalista negro às lutas de libertação na África, que se traduzia prontamente em solidariedade pelos palestinos. Du Bois sem dúvida não fora o único líder negro a ver o Estado nacional judaico como um passo positivo para a humanidade; Martin Luther King Jr. o descrevera como "um dos grandes postos avançados da democracia no mundo". No entanto, essa visão positiva de Israel foi rejeitada pela geração posterior a eles, que, com sua desconfiança do poder militar americano no exterior e sua denúncia da Guerra dos Seis Dias como conflito "imperialista, sionista", entrou em oposição contra a corrente judaica americana dominante.[25]

Assim, o preconceito propriamente dito constituía apenas uma razão para a ruptura da aliança antirracista, e, embora estivesse muito presente em todos os lados, provavelmente não foi a razão mais importante. Como sugeriu Harold Cruse numa excelente abordagem à questão, em 1967, as relações negro-judaicas foram fundamentalmente afetadas pela mudança do lugar dos judeus na sociedade americana. Citando Arthur Hertzberg, Cruse observou que a passagem dos judeus, em suas palavras, de "pobretões" para "pessoas com posses" estava levando a discordâncias sobre as formas de desenvolver as conquistas da legislação dos direitos civis de meados dos anos 1960. É uma velha história, e não especialmente americana, constituindo em essência um choque entre liberais, que acreditavam que o estabelecimento da igualdade formal aos olhos da lei era um objetivo suficiente, e radicais e revolucionários, que a consideravam insignificante e prosseguiam na luta pela igualdade no campo econômico e social. A inflexão especificamente americana decorria de que, nesse caso, a divergência ideológica era também, em larga medida, racial, com grande parte da opinião judaica dominante adotando a posição liberal, deixando às organizações negras a tarefa de lidar com as múltiplas fontes de discriminação ainda persistentes contra os negros. Assim, o crescente afastamento negro-judaico se estendia para além da questão do preconceito e chegava ao cerne do tratamento que os Estados Unidos nas décadas finais do século XX estavam dando a seus padrões históricos profundamente arraigados de discriminação racial.[26]

Uma das reclamações mais usuais adotadas por grupos judaicos americanos nos últimos anos é que o antissemitismo não é levado tão a sério quanto outros racismos. As raízes dessa percepção se encontram nesses debates de meio século atrás, em especial em sua solução sob a forma de uma nova burocracia contra a discriminação. Pois, de meados dos anos 1960 em diante, as autoridades reguladoras americanas começaram, por meio de cláusulas contra a discriminação e de ações afirmativas, a empregar o poder federal para derrubar as barreiras de moradia, emprego e educação que se haviam erguido contra os negros e outros grupos minoritários. Nas décadas seguintes, apenas alguns poucos países, se tanto, fizeram intervenções tão amplas quanto os Estados Unidos a fim de aumentar a igualdade de oportunidades para as minorias e incluir a diversidade como princípio da vida pública. Por trás dessa abordagem estava a crítica ativista ao "racismo institucional" — expressão cunhada por Stokely Carmichael e Charles Hamilton em 1967, em *Black Power*. Outros contribuíram: o Relatório Kerner sobre os levantes urbanos de 1965-8, que vendeu mais de 2 milhões de exemplares, identificou o "racismo branco" como fonte principal de agitação social. A partir da era Nixon, as agências federais passaram a interpretar de forma proativa os dispositivos da Lei dos Direitos Civis de 1964, para impor o cumprimento de suas normas antirracistas em muitas áreas da vida social e econômica. Isso gerou uma profunda mudança no próprio entendimento do preconceito racial: visto cada vez menos como uma propensão psicológica ou emocional que se manifestava em ações individuais, ele se tornou um problema social expresso na sub-representação estatística. Os psicólogos sociais deram lugar ao surgimento de uma burocracia de monitoramento e à busca de categorias étnicas e raciais que permitissem a quantificação e a mensuração da luta contra a discriminação.[27]

E aí estava o paradoxo: uma das aspirações do movimento pelos direitos civis dos anos 1950 era afastar as categorias raciais como princípio classificatório da vida cotidiana; a nova abordagem exigia sua retomada. Um comentador observou: "O sucesso do movimento de retirar a raça dos formulários a fim de reduzir a discriminação agora é um grande obstáculo na aplicação de políticas importantes voltadas para o fim da discriminação". A fim de reduzir a discriminação racial, a categorização se tornou uma ferramenta burocrática essencial.[28]

"Saber ou não saber" — um relatório da Comissão Federal sobre os Direitos Civis de 1973, a respeito da coleta e do uso de dados raciais e étnicos em programas de assistência federal — defendia vivamente a padronização das designações raciais. Constatou-se que as seis principais agências federais examinadas pela comissão usavam vários sistemas diferentes de classificação, e pelo menos uma delas ainda empregava uma categoria racial proibida (a de "não branco"). Na verdade, houve controvérsias sobre praticamente todas as potenciais categorias mencionadas — incluindo a de branco (sugeriram-se outras nomenclaturas) — e uma confusão generalizada entre "raça" e "nacionalidade"; quanto a "etnia", poucos entendiam o que realmente era ou se grupos como os poloneses e os portugueses deveriam constar em alguma categoria abrangente de "outras minorias". Cinco anos depois, após muitas discussões, o Departamento de Políticas e Padrões Estatísticos do Ministério do Comércio interveio. Quando esse departamento obscuro, porém dotado de influência, publicou sua Diretriz de Política Estatística nº 15, em maio de 1978, vinha anunciada a existência de cinco classes: indígena americano ou nativo alasquiano, ilhéu asiático ou do Pacífico, negro, hispânico e branco. Apenas quatro delas eram apresentadas como raciais, visto que a hispânica era considerada uma categoria étnica, e não uma designação racial. Apesar da confusão, uma coisa ficou clara desde o começo: para fins burocráticos e, portanto, do ponto de vista do monitoramento das políticas federais contra a discriminação, os judeus (com outras etnias europeias) eram estatisticamente invisíveis.[29]

Recuperava-se a negritude por parte de grupos de estudantes e de protesto. "Uma recente conquista, tributável principalmente à juventude universitária preta, é a inédita inversão semântica das conotações raciais negativas antes associadas sobretudo à palavra 'negro'", observou um relatório de 1968 sobre os protestos estudantis na Universidade de Columbia. A branquitude não só se tornou uma categoria genérica à qual faltavam algumas vantagens usufruídas pelas outras, como também começava a soar cada vez mais negativa. "Como os judeus se tornaram brancos de repente?", indagou um jornal judaico. "Que caixinha eu prefiro?", comentou um jornalista. "Branco? Negro? Frequentemente consulto 'Outros'." Muitos judeus recusavam-se a se considerar brancos ou a aceitar a premissa implícita — qual seja, a serem incluídos no mesmo grupo que opressores, e não com os oprimidos.[30]

Na verdade, a reinserção de categorias raciais encontrara resistência de início tanto de grupos judaicos quanto de grupos negros. O AJC, por exemplo, sustentava desde longa data que os judeus não existiam como raça; os judeus americanos tinham deixado de ser identificados como uma categoria racial específica nas estatísticas de imigração dos Estados Unidos em 1943, e fazia muito tempo que preferiam não ser marcados por religião nos recenseamentos e em outros documentos oficiais. Assim, o fato de que o antissemitismo *não* estivesse entre as formas de discriminação abrangidas não só confirmava a sensação geral de que o preconceito antijudaico estava em declínio, como também refletia os anseios das organizações judaicas na época. Mas demonstrou-se que o novo sistema regulador incentivava que houvesse menção a ele.[31] Quando uma congregação de Maryland entrou com uma ação por violação dos direitos civis contra vândalos que haviam pintado suásticas numa sinagoga, os tribunais constataram que o sistema judicial americano não reconhecia os judeus como grupo racial protegido. Somente uma intervenção do Supremo Tribunal lhes estendeu a proteção; as reivindicações judaicas para serem incluídas nos mecanismos estatais contra a discriminação viriam a se acelerar no começo do século XXI.[32]

Alguns comentadores judeus argumentaram que a omissão original era profundamente injusta, visto que os judeus eram vítimas potenciais tanto quanto qualquer "grupo protegido". Defendendo uma nova linguagem em termos de etnia, não de raça, o sociólogo Nathan Glazer escreveu que os Estados Unidos haviam simplesmente criado uma "discriminação afirmativa", e destacou que a desvantagem étnica também afetava grupos brancos. Norman Podhoretz frisou que os judeus também eram perseguidos nos Estados Unidos.[33] E havia as perseguições do passado. Com a ascensão da vitimação como uma forma de capital cultural no fim do século XX, uma espécie de rivalidade no sofrimento histórico, que fora evidente nas relações negro-judaicas pelo menos desde a era dos pogroms russos, se intensificou drasticamente. A vitimação se tornou uma categoria desejável e fonte de atritos entre grupos que, em graus muitos diversos e por variadas razões, haviam se beneficiado com a mudança social americana do pós-guerra. Em conversa com James Baldwin, o roteirista Budd Schulberg manifestou explicitamente sua preocupação de que a comparação entre o sofrimento da escravização e a experiência judaica europeia de perseguição e genocídio "podia se tornar um ataque descuidado contra os judeus". Baldwin discordou e se opôs a qualquer tentativa de minimizar o que os escravizados americanos e seus descendentes haviam sofrido. Num texto redigido logo após o diálogo com Schulberg, ele escreveu:

> A pessoa, em suma, não quer que um judeu americano lhe diga que seu sofrimento é tão grande quanto o sofrimento do negro americano. Não é, e a pessoa sabe que não é pelo próprio tom com que lhe assegura que é [...]. O sofrimento do judeu é reconhecido como parte da história moral do mundo, e o judeu é reconhecido como um contribuinte para a história do mundo: isso não ocorre com os negros. A história judaica, quer se possa dizer ou não que é respeitada, certamente é conhecida: a história negra é destruída, caluniada e desprezada.[34]

Houve sofrimento e então houve o reconhecimento do sofrimento. Não era um tanto injusto, parecia sugerir Baldwin, que, enquanto os crimes cometidos contra os negros eram esquecidos no país que os perpetrara, os judeus americanos ganhassem simpatia com a crescente atenção dada às histórias do sofrimento judaico do outro lado do Atlântico? Não era, de fato, um tanto conveniente que, enquanto qualquer sério ajuste de contas com a escravização levantava inevitavelmente questões incômodas sobre o momento presente dos Estados Unidos, o foco sobre o Holocausto permitisse ao Novo Mundo se apresentar de modo complacentemente favorável, em contraste com o Velho Mundo? E, no entanto, é de se perguntar quantos judeus americanos concordavam com isso. Pois foi justamente nesses anos que eles passaram a sentir que os sofrimentos dos judeus exigiam maior, e não menor, reconhecimento. No interior do mundo judaico, Meir Kahane, nascido no Brooklyn, era uma figura polarizadora, um nacionalista judeu extremado que montou sua conhecida Liga de Defesa Judaica para combater o antissemitismo em reação ao que considerava ser uma timidez excessiva da ADL. Todavia, quando Kahane insistia que os judeus eram "a vítima mais vitimizada" da história, sem dúvida expressava apenas uma suposição partilhada por muitos judeus americanos. Os negros haviam sofrido a escravização, a questão que, mais do que todas as outras, permanecia no cerne da vida nacional, mas para os judeus americanos havia o Holocausto.[35]

The Holocaust in American Life [O Holocausto na vida americana], o clássico estudo de Peter Novick, nos mostra que a liderança da comunidade judaica nos Estados Unidos sentia, de início, uma grande ambivalência em relação à ideia de comemorar publicamente o sofrimento da época da guerra. Foi sobretudo a partir da guerra árabe-israelense de 1973 — e da percepção de que Israel escapara por pouco da derrota — que os judeus americanos começaram a abraçar a ideia do Holocausto não meramente como história, mas como um alerta para o futuro e parte integrante de sua identidade.[36]

Um livro de história de grande vendagem, *The War Against the Jews* [A guerra contra os judeus], de 1975, escrito por Lucy Dawidowicz, ex-integrante da equipe do AJC, lançou o que veio a se tornar uma extensa redefinição da Segunda Guerra Mundial, concentrando a atenção na Solução Final da questão judaica e, com isso, inaugurando uma grande dedicação a pesquisas acadêmicas que continua até hoje. Mas o que realmente galvanizou a atenção pública nos Estados Unidos foi um famoso seriado da NBC, *Holocausto*, de 1978: neonazistas se enfureceram, cineastas abominaram, muitos sobreviventes o consideraram vulgar e inexato, mas o seriado foi um sucesso comercial espantoso. Ao que se supõe, ele foi visto nos Estados Unidos por mais de 100 milhões de espectadores, e na Alemanha Ocidental pela metade estimada da população adulta, provocando dolorosas discussões públicas. Em 1980, o conhecimento sobre o genocídio se espalhava rapidamente; no novo milênio, já circulava por todo o globo.

O significado dessa transformação na consciência mundial era muito evidente para os que tanto tinham se empenhado em despertá-la. Falando a seus colegas em 1996, o presidente do AJC, Robert Rifkind, enalteceu a contribuição deles para assegurar "a centralidade do Holocausto na imaginação da modernidade". Em suas palavras: "Nós o gravamos indelevelmente no espírito da modernidade [...]. Providenciamos para que ele se tornasse um dos fatos culturais centrais do mundo moderno, e esta é uma grande contribuição para a civilização em que vivemos". Como avaliação geral, não parece exagerada. Em certo sentido, era uma confirmação do argumento de James Baldwin: o reconhecimento do sofrimento era uma forma de afirmação e validação cultural. Esse reconhecimento incluía a comemoração da impotência, mas exigia poder para se realizar.[37]

O impacto do que Rifkind chamou de "a centralidade do Holocausto" na consciência moderna foi múltiplo. Houve o efeito sobre a Igreja católica, que passou a se manifestar contra o antissemitismo como nunca antes. Houve o efeito sobre a negação do Holocausto, agora combatida de forma muito mais sistemática do que no passado. E houve também, desde o começo, uma íntima vinculação entre o surgimento da comemoração do que acontecera, a posição cada vez mais respeitada da judeidade nos Estados Unidos e o crescente compromisso da política externa americana com Israel, expresso sob a forma de um enorme aumento na ajuda militar. O governo americano deu ênfase a esse vínculo. Um mês depois da transmissão de *Holocausto* nos Estados Unidos, o presidente Jimmy Carter celebrou na Casa Branca o trigésimo aniversário da fundação de Israel. Na presença do primeiro-ministro israelense Menachem Begin, ele anunciou que estava formando uma comissão para um memorial aos "6 milhões que foram mortos no Holocausto"; Elie Wiesel, escritor sobrevivente, iria presidi-la. Assim, o processo que, quinze anos depois, levaria à inauguração do Museu Memorial do Holocausto dos Estados Unidos numa locação central em Washington, DC, começou com uma iniciativa presidencial destinada a reassegurar aos israelenses e aos judeus americanos que o empenho de Carter em obter a paz e seu reconhecimento dos direitos palestinos caminhavam junto com um "compromisso total e absoluto com a segurança de Israel", de forma que "o povo judeu não será condenado a repetir o Holocausto". O antigo consenso se invertera. As organizações judaicas americanas, que antes resistiam aos apelos de memorialização, passaram a insistir nela; os governos israelenses, que antes eram avessos a discutir o passado, agora se pronunciavam a favor. E o próprio Holocausto, genocídio perpetrado por europeus contra outros europeus, de certa forma se tornara uma garantia do compromisso dos Estados Unidos com Israel.[38]

Na época, parecia não haver muitos comentadores que vissem qualquer coisa de estranho nisso. Um dos poucos foi a historiadora Lucy Dawidowicz: ela ficou horrorizada com os planos e renunciou à comissão, argumentando que um museu "não [era] o meio apropriado de relembrar os Mortos da Shoah". A seu ver, seria melhor ter apenas um memorial público, que deveria ficar na cidade de Nova York. Outra reação igualmente consternada foi a do historiador israelense Evyatar Friesel, que fugira da Alemanha quando menino, em 1939, e perdera a maioria de seus parentes no Holocausto. Ao ler que o planejado Museu Memorial do Holocausto dos Estados Unidos tinha como objetivo pôr os visitantes em contato com a "experiência" do Holocausto, sentiu-se levado a registrar sua discordância:

> Havia algo de profundamente errado [...] na forma como a judeidade americana estava tentando retratar a destruição da judeidade europeia. Aqueles museus [...] eram contrários à tradição judaica do luto e da lembrança: seriam pouco mais do que uma hora de dor forçada, de truques e faz de conta. Pior [...] esses planos indicavam não a dor pela destruição da judeidade europeia, mas uma dimensão mais sombria e perturbadora na alma da própria judeidade americana.[39]

Talvez tenha sido mais que uma coincidência o fato de que tanto Dawidowicz (nascida em 1915) quanto Friesel (nascido em 1930) conservassem memórias pessoais vívidas acerca do mundo judaico europeu nas vésperas da destruição, e que, como historiadores, pudessem avaliar a discordância com a forma como se propunha retratar esse mundo no presente. Mas tais apreensões não eram amplamente partilhadas. Em 2011, já se estabelecera mais de uma dúzia de museus nos Estados Unidos e havia outros mais a caminho; formara-se a Associação das Organizações do Holocausto, conquistando centenas de membros. Multiplicaram-se programas universitários e periódicos acadêmicos. Centros educacionais pregavam lições de moral universal baseadas em eventos da época de guerra, mesmo quando simultaneamente ressaltavam o sofrimento específico do povo judeu. Pesquisas de opinião indicavam que o Holocausto era um dos episódios da história mundial mais conhecidos pelos americanos médios: em 2011, rivalizava com o movimento americano pelos direitos civis como ponto de referência histórico para a educação cívica no país da escravização e da Guerra Civil Americana. O mais surpreendente de tudo para o historiador do antissemitismo e seus significados variáveis foi, talvez, a forma como a memória do Holocausto veio a se combinar com a adoção de Israel como indicador de identidade étnica entre o mundo cada vez mais diversificado e secularizado da judeidade americana.[40]

A própria expressão "identidade étnica" era um novo conceito para novos tempos. "Hoje dificilmente poderíamos dispensar a palavra 'identidade' ao falar sobre [...] etnia", escreveu o estudioso Philip Gleason em 1983. A "política identitária", expressão cunhada por um coletivo feminista negro em meados dos anos 1970, estava em ascensão na vida americana, registrando o afastamento do antigo ideal do caldeirão cultural. Depois que o "americanismo" tradicional perdeu seu verniz entre as tensões da Guerra do Vietnã, vários grupos diferentes adotaram a possibilidade — na verdade, o desejo — de uma identidade composta: uma "nova etnicidade" se apoderou da política americana. Os revolucionários negros deram início a ela. Mas, depois disso, a afirmação das virtudes da identidade étnica se tornou corrente nos Estados Unidos e remodelou também a vida judaica americana. Dentro da comunidade, surgiu o que um estudioso descreveu como uma "indústria da identidade judaica", que passou a ver a questão da "identidade" pessoal cada vez mais como algo a ser definido, quantificado, medido e, acima de tudo, elogiado ou (com mais frequência) tomado como motivo de preocupação. Era essa "identidade" cuja sobrevivência muitos judeus americanos agora eram levados a se preocupar, como de fato fizeram.[41]

Isso foi uma revolução na consciência coletiva. Gerações anteriores de judeus imigrantes, vindos (na maioria) das terras falantes de iídiche do Velho Mundo, tinham adotado a ideia da "América" e contribuído para o senso de identidade da nação: George Gershwin levara o jazz para a música clássica; Israel Beilin mudara o nome para Irving Berlin e dera ao país uma canção natalina que se tornou uma das favoritas, "White Christmas". Os nascidos antes e depois da Segunda Guerra Mundial eram menos praticantes e, ainda assim, mais arrojados em seu judaísmo e muito mais propensos a tomar sua americanidade como dado evidente. Nos anos 1980, a judeidade americana era um mundo poroso e diversificado, no qual mais de 40% dos adultos eram casados com não judeus e a ida regular à sinagoga diminuía. Muitos comentadores receavam que isso significasse o fim da vida judaica nos Estados Unidos: como antes acontecera com o historiador Lewis Namier, o temor deles era que a acolhida americana fosse uma ameaça existencial. Mas, ao mesmo tempo, os judeus americanos, em sua maioria esmagadora, diziam se orgulhar de ser judeus, e três quartos deles tinham um forte sentimento de pertencimento ao povo judeu. As fontes desse orgulho e desse pertencimento eram duplas. Uma delas consistia na identificação com Israel, que, nas palavras de Glazer, se tornara "*a* religião judaica para os judeus americanos". Em 2013, quase metade de todos os judeus americanos adultos já tinha estado em Israel, viajando com frequência cada vez maior com passagens gratuitas oferecidas pela Birthright Foundation, e cerca de um terço deles dizia acreditar que a terra de Israel fora concedida por Deus ao povo judeu. A outra fonte de pertencimento étnico, talvez ainda mais importante, conforme sugeriam as pesquisas de opinião, era o Holocausto. Assim, o Estado judaico e a catástrofe judaica em conjunto haviam se tornado para muitos judeus americanos o núcleo entrelaçado de uma nova identidade: o Holocausto era comumente entendido como forma de racionalizar a existência de Israel, que, por sua vez, parecia reforçar a segurança e o status da judeidade americana.[42]

O historiador Yuri Slezkine satirizou não só essa transformação, mas também sua tendência rival subjacente. Em *The Jewish Century* [O século judeu], ele descreve como os judeus americanos nos anos 1970

> finalmente se tornaram "étnicos" americanos comuns, com uma velha terra que era também um novo Estado com uma bandeira, um exército e um time de basquete. Mais que isso, haviam se tornado os primeiros entre os étnicos americanos, porque sua nova velha terra era inigualavelmente velha, inigualavelmente nova, inigualavelmente vitoriosa e inigualavelmente vitimada. E, claro, sua própria existência e, portanto, a existência continuada de todos os judeus [...] eram (como se revelou) uma reação a um evento que era o "mais inigualado" de todos os eventos já ocorridos em todos os tempos.[43]

Com a secularização da judeidade americana e sua adoção da política étnica, o antissemitismo foi ficando cada vez mais vinculado à questão de Israel. Nas palavras do historiador Leonard Dinnerstein,

> os instrumentos de medição do antissemitismo podem estar em processo de mudança. Enquanto no passado eram as barreiras políticas, sociais e econômicas que definiam o que era o antissemitismo, hoje muitos judeus tomam a hostilidade em relação a Israel como o sinal revelador.[44]

Quanto a isso, a explicação de Dinnerstein era que a maioria das barreiras discriminatórias nos Estados Unidos havia caído e se conquistara a aceitação social em quase todas as partes. Em decorrência disso, somente na própria cabeça deles é que os judeus americanos existiam como um "grupo minoritário" que precisava da proteção do Estado; os não judeus não os viam assim. E, de fato, os próprios judeus em geral entendiam que a discriminação ao velho estilo dentro do país havia diminuído e a ameaça de violência da extrema direita se reduzira em comparação aos anos 1930. "Não acontecerá nada como [o Holocausto] nos Estados Unidos", escreveu Nathan Glazer. "É inconcebível." No entanto, muitos judeus sentiam que a prosperidade e a segurança no país não forneciam qualquer razão para se acomodarem, e muitas vezes reagiam de forma negativa quando lhes diziam que as perspectivas eram relativamente róseas. "É preciso coragem para dar boas notícias à comunidade judaica", observou Charles Silberman.

Um número cada vez maior de judeus americanos, como observou Dinnerstein, via as ameaças à segurança de Israel como um ataque pessoal a eles. Henry Feingold assim formulou: como a garantia do apoio americano a Israel se tornara "um postulado importante na religião civil à qual adere a maioria dos judeus americanos, o antissemita, ao criticá-lo e [criticar] a ideologia fundadora do sionismo sobre a qual se funda o Estado judaico, pode facilmente atingir o próprio núcleo da sensibilidade e da preocupação judaica americana contemporânea". A questão que isso colocava, porém, era como se distinguiria o antissemitismo da crítica política arrazoada ao sionismo ou ao próprio Estado de Israel. Era fácil ver como algumas pessoas poderiam vir a considerá-los, em grande medida, a mesma coisa, sobretudo porque, à diferença dos lares étnicos aos quais americanos de outras comunidades imigrantes se sentiam ligados — a Irlanda, por exemplo, ou a Itália —, o país com que se identificavam os judeus americanos estava sob constante ameaça.[45]

Teria sido de fato o declínio do antissemitismo americano que levou os judeus nos Estados Unidos a se sentirem mais em casa e, portanto, mais capazes de apoiar explicitamente Israel e mais propensos a se preocupar com o país? A prova disso veio em 1985, quando um analista judeu americano, Jonathan Pollard, foi condenado nos Estados Unidos por ser espião de Israel — de súbito nasceu a acusação de dupla lealdade. A traição de Pollard deu a algumas organizações judaicas americanas algo para pensar, levando-as a entabular uma canhestra correspondência com o governo israelense durante algum tempo, enquanto faziam o que podiam nos bastidores em Washington; mas outras formaram um vigoroso lobby em favor de Pollard e de sua esposa. "O espectro da dupla lealdade ainda assombra nossa comunidade", disse na época um alto membro do Comitê Americano de Assuntos Públicos de Israel (Aipac, na sigla em inglês) a seus integrantes.

> Mas aqui, neste nosso país, não devemos ser tímidos quanto a nosso interesse por Israel. Esta é uma sociedade pluralista, e nossa sobrevivência aqui depende desse pluralismo [...]. Preocupamo-nos até o fundo da alma com o que acontece tanto nos Estados

Unidos quanto em Israel — essa preocupação não é incoerente, não é antiamericana e *não é dupla lealdade*. É parte da democracia.

Foi preciso vir um cientista político israelense para dizer com todas as letras o que a maioria dos comentadores judeus americanos ainda tratava com luvas de pelica: surgira nos Estados Unidos uma "nova política judaica", escreveu Peter Medding, caracterizada pela "autoassertividade pública militante" com que os judeus do país agora integravam as questões que lhes importavam dentro da vida política americana dominante e adotando um novo papel como participantes políticos internos. Apenas uns poucos se indagavam abertamente sobre o rumo que a coisa tomava. O almirante Sumner Shapiro, ex-diretor do serviço secreto naval americano, havia se encontrado com Jonathan Pollard antes que este fosse desmascarado: ele reduzira o grau de acesso de Pollard às informações, mas não o demitiu. Shapiro, ele próprio judeu, ficou indignado com o apoio que Pollard recebera de organizações judaicas após a condenação: "Trabalhamos tanto para nos estabelecer e chegar onde estamos, e vem alguém ferrar com a coisa [...] e aí vêm organizações judaicas se alinhando atrás desse cara e tentando torná-lo um herói do povo judeu, isso me deixa louco da vida".[46]

A ASCENSÃO DE ISRAEL JUDEU

Enquanto essas mudanças culturais ocorriam nos Estados Unidos, aumentando o número de judeus americanos propensos a ver os ataques a Israel como ameaças à sua própria identidade étnica, também surgia em Israel uma preocupação quanto ao antissemitismo. Para entendê-la, podemos começar por uma discreta conversa que ocorreu em 1968 no escritório do conselheiro político do primeiro-ministro israelense. O conselheiro era o advogado e diplomata Yaakov Herzog, ele próprio nascido em Dublin e com formação rabínica. Seu convidado era o ilustre filósofo da política francês Raymond Aron. Ambos tinham origem europeia, mas não podiam ser mais diferentes: o primeiro era um orgulhoso sionista que dera as costas a seu lar europeu, enquanto o segundo era o próprio retrato da presença judaica assimilada na elite republicana francesa.

Aron abriu a conversa em termos polidos, porém diretos, perguntando a Herzog se a própria criação de Israel em 1948 não contrariara as noções modernas de equidade e justiça política. Não violava os direitos básicos dos árabes que já viviam ali? Imperturbável, Herzog respondeu sem rodeios que Aron sofria de uma espécie de "esquizofrenia espiritual" ao pensar que podia ser judeu e, ainda assim, ser também um representante da França. Aron se iludia: os franceses nunca iriam realmente aceitá-lo. O próprio Aron, alegou Herzog, nunca aceitara o que significava ser judeu. Se tivesse aceitado, teria percebido que os judeus não podiam ser entendidos segundo conceitos do século XX. Descartando a própria possibilidade ou desejo de que um judeu se sentisse em casa em qualquer outro lugar, a concepção de Herzog sobre Israel como Estado judaico rejeitava a própria ideia de normalidade. Mesmo sionistas clássicos, disse ele, tinham erroneamente pensado que, com a criação de Israel, os judeus se converteriam num povo normal, aceito entre as nações. O que eles não tinham entendido era que os judeus eram, na expressão bíblica, "um povo que vive apartado".[47]

"Um povo que vive apartado": a expressão em si transmitia uma perspectiva que podia se encontrar em todo o espectro, da alta filosofia política ao kitsch. Por volta dessa época, podia-se ver na TV israelense o Dizengoff Variety Ensemble apresentando sua versão saltitante de uma canção pop chamada "Ha'olam kulo negdeinu" — "O mundo todo está contra nós". Era uma "melodia muito antiga", dizia a letra, que fora cantada pelos antepassados e continuaria a ser entoada por seus futuros netos. Pareciam aceitar quase alegremente a hostilidade mundial. Mas, assim como Herzog, a canção registrava a mudança do clássico pressuposto sionista de que Israel iria ser "uma luz para as nações" para a ideia de que se cumprira a profecia bíblica de que a judeidade tinha um destino único como "um povo que vive apartado".[48]

Na época de Ben-Gurion, a maioria dos líderes sionistas acreditava que o antissemitismo como problema mundial iria desaparecer. De modo geral, não estavam preocupados com o preconceito antijudaico na diáspora e achavam que, se os judeus realmente se incomodavam com isso, então deviam emigrar. Quando o primeiro-ministro israelense encontrou com um dos chefes da Liga Antidifamação em 1970, saudou-o perguntando com alegria: "Você ainda está nisso de salvar os judeus dos antissemitas?". Para ele, esse era um fato da vida política na diáspora, com o qual não valia a pena se preocupar e que podia ser facilmente resolvido com a migração. Mas a ideia mais desolada e mais introvertida de que Israel estava eternamente fadada a viver separado vinha ganhando terreno e ajudou a pavimentar o caminho para a derrota eleitoral do Partido Trabalhista dirigente em 1977. A direita nacionalista que subia ao poder tinha sua inspiração no revisionista e profeta do sionismo Vladimir Jabotinsky, e partilhava sua noção de que um Estado judaico iria inevitavelmente enfrentar hostilidade. Mas, à diferença de Jabotinsky, ela atribuía cada vez mais essa hostilidade a uma espécie de antissemitismo onipresente.[49]

O historiador Eric Hobsbawm fez certa vez uma afirmação que ficou famosa: "Nós historiadores somos para o nacionalismo aquilo que os plantadores de papoula no Paquistão são para os viciados em heroína: fornecemos ao mercado a matéria-prima fundamental". Israel é a melhor ilustração da verdade dessa afirmativa. Como sugerimos no capítulo 1, os historiadores da Escola de

Jerusalém em Israel vinham sustentando desde os anos 1950 que o antissemitismo era uma forma de antipatia mais séria e duradoura do que qualquer outra, que não podia ser comparada a nenhuma forma de preconceito e, por assim dizer, era teologicamente separado. O trabalho deles postulava uma ligação entre história, fé e política que dificilmente poderia ser mais estreita. O leitmotiv da abordagem era o ódio gentio aos judeus ao longo dos tempos.[50] O ensaio "Hatred of Israel as an Historical Continuum" [O ódio a Israel como um continuum histórico] de Shmuel Ettinger, de 1980, foi um dos primeiros num gênero de surpreendente sucesso; o historiador Robert Wistrich, educado na Inglaterra, escreveu *Antisemitism: The Longest Hatred* [Antissemitismo: O mais longo ódio] e popularizou a ideia de que o antissemitismo era algo único, interminável e inextirpável. Para os historiadores fora do país — e, gradualmente, também para uma geração mais nova de estudiosos israelenses —, essas concepções pareciam fragilmente argumentadas, bizarras e até a-históricas: que tipo de historiador acredita em alguma força que se move inalterada ao longo do tempo como esses historiadores apresentavam o antissemitismo? Alguns objetavam: afinal, os historiadores sem dúvida têm a obrigação de se desprender do nacionalismo que estudam, mais do que contribuir com ele, não têm? O debate acadêmico se movia em outras direções, apontando como o antissemitismo não era uma coisa só, nem estava desvinculado das correntes mais amplas dos tempos, e nem mesmo é sempre uma questão precisamente de ódio.[51]

Outros historiadores podiam ter reservas quanto aos pressupostos e às conclusões da Escola de Jerusalém, mas, com o tempo, foi aumentando a parcela do público em Israel que partilhava a suposição da escola de que um povo judeu existente desde os tempos bíblicos, com sua ligação essencial com Deus inalterada, incorria, como necessária sombra dessa conexão, na eterna animosidade do mundo. Quanto à Assembleia Geral da ONU, aos olhos desse mesmo público, ela simplesmente espelhava um mundo pós-colonial repleto de novas variantes do antissemitismo. Depois da resolução da Assembleia Geral de 1975, um colaborador da imprensa israelense descreveu a ONU como "a portadora da bandeira de Hitler em nossa geração"; outro disse que ela deveria se chamar "Organização dos Nazistas Unidos". Era uma "organização antissemita racista", e não por acaso seu endereço ficava na rua 42, em Nova York, "uma rua de pornografia". A ideia de um "novo antissemitismo" que ameaçava repetir o genocídio dos judeus viria não só a ser considerada compatível com o sionismo como também adotada na retórica oficial, e se tornaria uma segunda natureza para muitos israelenses comuns. Era um tipo de abordagem, como assinalou Antony Lerman em 1985, que dispensava qualquer necessidade de levar a sério as críticas à política israelense: "Em vez de conceder que os árabes têm um argumento ideológico fundamentado, tratamos o antissionismo deles como preconceito. Em vez de admitir que os erros de Israel alimentam o antissionismo, preferimos rotular os críticos de antissemitas".[52]

Essa visão do antissemitismo, tal como a visão isolacionista do lugar de Israel no mundo a que ela servia de esteio, deixava pouquíssimo espaço para uma efetiva diplomacia; Yaakov Herzog de fato dissera a Raymond Aron que via as relações internacionais como uma simples questão de administrar ódios. No entanto, havia implicações práticas intrigantes e insatisfatórias ao adotar a teoria em termos demasiado literais. Se o antissemitismo era tão determinante entre os árabes, como ele não impedira que o presidente egípcio Anwar El-Sadat — que na juventude havia colaborado com o Eixo — fizesse a paz? Para Sadat, claramente, era a oposição ao governo colonial, e não o antissemitismo, que determinava suas simpatias pró-Eixo durante a guerra. Assim, talvez o antissemitismo de fato não explicasse tudo; e, mais importante, ao permitir que um estereótipo guiasse a política, ele poderia se converter numa profecia autorrealizável. E, para falar a verdade, será que o antissemitismo árabe não vinha acoplado a um outro fenômeno menos estudado, que aumentava dia a dia naquela época: a estereotipagem israelense racista dos árabes? A maioria da Escola de Jerusalém resistia a seguir por esse caminho, e o tema foi praticamente tabu em Israel durante décadas. Mas o próprio Yehoshafat Harkabi, perto do fim de sua carreira, veio a admitir que o desdenhara, e em 1988 escreveu que o preconceito antiárabe entre os judeus aumentara tanto que "não podemos mais criticar os árabes sem criticar a nós mesmos".[53]

A concepção de antissemitismo da Escola de Jerusalém não fora adotada nos anos iniciais de Israel pela esquerda do Partido Trabalhista e nem mesmo por muitos da direita laica. Entre outras coisas, o argumento de que Israel era necessário como refúgio para os judeus de todo o mundo não se casava muito bem com a alegação de que o novo Estado judaico estava, ele mesmo, fadado a enfrentar ódio eterno. Além disso, o argumento parecia implicar que os próprios judeus não poderiam mudar. Para Ben-Gurion e muitos em torno dele, o primeiro grande objetivo de Israel era romper com a judeidade antiquada e criar um novo tipo de judeu secular: muitos não discordariam da previsão de Arthur Koestler, afirmando em 1949 que, "dentro de uma ou duas gerações, Israel se tornará um país inteiramente não judeu". Os sionistas trabalhistas tinham como meta gerar uma identidade cívica nacional e criar um novo povo: os israelenses, que não se confundiam com os judeus da diáspora. Muito diferente do que ocorre hoje, uma versão extrema dessa posição insistia que "quem é hebreu [isto é, israelense] não pode ser judeu"; mesmo grande parte da corrente dominante em Israel dos anos 1950 mostrava um surpreendente desinteresse por questões de fé ou religiosidade, e — guiada pelo espírito do socialismo — se concentrava na construção de um

Estado moderno eficaz, de um exército e de um novo tipo de sociedade. Alguns judeus devotos podiam se perguntar o que isso tinha a ver com o judaísmo. Mas mesmo o primeiro-ministro Shamir, ainda em 1989, fazia uma distinção, de uma forma que logo pareceria antiquada, entre os interesses de Israel e os da judeidade mundial. A seu ver, ao governo israelense cabia manter o país em segurança, e às organizações judaicas mundiais cabia combater o ódio.[54]

Foi, assim, a retórica cada vez mais religiosa da política nacional do país que tornou os políticos mais receptivos à ideia de que Israel estava diante de uma luta internacional contra o antissemitismo e competia-lhes liderá-la. O que se poderia chamar de judeização da identidade nacional israelense começou, talvez, com a criação de programas de Consciência Judaica em escolas laicas, mas ela foi consolidada com o crescimento das comunidades ortodoxas e, talvez ainda mais importante, com o espetacular crescimento da população não asquenaze do país. Isso não fez propriamente com que o país se tornasse mais judaico; o que ocorreu foi que sua política veio a se basear cada vez mais na linguagem religiosa. "A autoridade secular se apropria, quando pode, da aura (que é também uma arma) da religião", escreve o historiador Carlo Ginzburg.[55] Com o fim da esquerda e o surgimento de um novo sionismo de direita em 1977, sob Menachem Begin, esse processo ganhou impulso. Num dos extremos estava o direitista Meir Kahane, nascido no Brooklyn, para quem Israel era um mandato divino não sujeito a regras seculares. A seu ver, Ben-Gurion estivera criando apenas "góis falantes de hebraico"; para Kahane, ser "religioso é ser nacionalista". A normalidade era para o resto do mundo: "estar isolado não é estar sozinho".[56]

Depois que o Holocausto foi recrutado para transformar a consciência cívica israelense, essa visão se fortaleceu. Para Begin, o Holocausto estava por toda parte, e o primeiro-ministro israelense, que perdera o pai, a mãe e o irmão mais velho na Shoah, invocava-o constantemente. Na invasão do Líbano em 1982, guerra que dividiu profundamente Israel e os judeus do mundo inteiro, Begin foi muito criticado por sua propensão a invocar os nazistas: o classicista francês Pierre Vidal-Naquet, cujos pais tinham morrido em Auschwitz, investiu contra "a utilização diária do grande massacre feita pela classe política israelense". "Hitler já morreu, senhor primeiro-ministro", escreveu o romancista Amós Oz num artigo famoso. "Sr. Begin, reiteradamente o senhor revela ao olhar público uma estranha premência de ressuscitar Hitler a fim de matá-lo mais uma vez todos os dias sob o disfarce de terroristas." A analogia, claro, poderia ser usada de várias maneiras diferentes, e o tabu contra uma comparação pública entre a política do governo e os nazistas se rompeu quando os comentadores passaram a refletir sobre a possibilidade de que a tendência de Begin em enxergar tudo pela lente das experiências de guerra de sua família se tornasse responsável por danos persistentes. "Aqui jaz a estatura internacional e a integridade moral de um povo maravilhoso. Faleceu de uma falsa analogia", escreveu Ze'ev Mankowitz no *Jerusalem Post*. "Em que ponto uma devoção à história", indagou Roger Rosenblatt na *Time*, "deixa de ser uma arma contra erros presentes e futuros e começa a mutilar os que procuram sua proteção?" Ao mesmo tempo, porém, havia muitos no campo nacionalista que abraçavam a ideia daquilo que o filósofo Yeshayaju Leibowitz conhecidamente criticou como política "judeo-nazista" de Begin: "Melhor um judeo-nazista vivo do que um santo morto", insistiu um enfático nacionalista israelense, defendendo a invasão de Beirute e os massacres subsequentes.[57]

Quando o Partido Trabalhista voltou ao poder nos anos 1990, a retórica bélica se enfraqueceu por algum tempo. Antes combatente por conta própria, Yitzhak Rabin se absteve das analogias com o Holocausto e tomou como meta fazer de Israel "uma nação normal". Teve certo êxito: registrou-se o aumento apreciável no número de países que reconheceram internacionalmente o Estado de Israel. Mas seu assassinato por um fanático direitista trouxe de volta a direita e também a linguagem instrumentalizada do Holocausto. Os eleitores foram recebidos nas urnas de 1996 com o slogan: "Só Netanyahu é bom para os judeus". A escolha era clara: a antiga Israel laica ou o novo nacionalismo judaico. Consta que, ao ser derrotado, Shimon Peres teria comentado: "Os israelenses perderam, os judeus ganharam". O comentador e ativista pacifista Uri Avnery escreveu: "Temos não só dois blocos políticos, mas duas culturas e, na verdade, duas nações separadas". Havia os "israelenses", que Avnery considerava integrantes da cultura internacional moderna; contra eles, havia os "judeus", com o ponto de vista de "uma minoria oprimida" assediada.[58]

A minoria, porém, estava se tornando dominante, e não apenas dominante, porém crescentemente dominadora. Com a polarização cada vez mais explícita da sociedade israelense, foi possível rastrear nas pesquisas das ciências sociais a presença de uma direita racista — e de atitudes racistas se estendendo para além dela. O preconceito, sobretudo contra os árabes, disparou. Os resultados das pesquisas de opinião publicados em 1999, às vésperas da Segunda Intifada, mostraram que nada menos de 77% dos israelenses se opunham à ideia de um relacionamento romântico com uma pessoa árabe, e mais da metade se opunha à concessão aos árabes dos mesmos direitos sociais dos judeus. (Como ocorre com frequência, as próprias categorias eram problemáticas: "árabe" se referia a árabes cristãos ou muçulmanos, e não a judeus do Oriente Médio falantes de árabe; "israelense" excluía tacitamente os árabes israelenses.) "O cruel passado do povo judeu não deteve o ódio", concluíram os autores da pesquisa. "Pelo contrário, o sofrimento do passado pode ter contribuído para a difusão de atitudes xenofóbicas [...]. Uma vasta maioria dos israelenses gostaria de fechar os portões do Estado e deixar os 'outros' fora de suas fronteiras." Para muitos dos israelenses com idade suficiente para lembrar os ódios da Europa, era chocante ver surgirem preconceitos similares em Israel. Shevach Weiss, sobrevivente do Holocausto e ex-presidente da Knesset, escreveu amargurado:

> O racista judaico médio de vocês odeia "os góis" especialmente quando são árabes. Ele é xenófobo, com ódio jurado a estrangeiros. Odeia os judeus que não odeiam os árabes. Quebra vidraças porque nunca ouviu falar da Noite dos Cristais [...]. Traça uma distinção entre sangue judeu e sangue árabe.

Tais posições, prosseguiu Weiss, eram as mais repreensíveis quando encontradas entre judeus — entre todos os povos, justamente os que mais deviam saber disso — e precisavam ser "removidas da sociedade" por aqueles que são "escolados no sofrimento" e "vítimas de racismo".[59]

No entanto, essa parecia cada vez mais ser a prudência e a visão de mundo de uma geração mais velha, que observava enquanto o país por ela construído mudava de maneira irreconhecível. Nos anos 1950, a vasta maioria da população era composta de recém-chegados de países onde ela mesma havia enfrentado perseguições. No começo do século XXI, mais de 80% dos israelenses eram nascidos em Israel, onde cresceram com a ocupação, a discriminação contra a minoria árabe e um movimento de assentamento cada vez mais vigoroso como fatos normais da vida. Como escreveu Weiss, o campo de paz estava se tornando mais sitiado e — em Israel, como em outros lugares do mundo — a direita estava em ascensão. A quantidade de colonos nos territórios ocupados centuplicou, passando de 4400 em 1977 para 427 800 quarenta anos depois, o que significava que o movimento político mais bem-sucedido no país era um dos que menos apoiavam um acordo de paz com os palestinos. Em 1988, o direitista Meir Kahane fora impedido de concorrer ao parlamento por uma lei especial contra o racismo — foi talvez por volta daquela época que se rompeu o tabu contra o reconhecimento de que Israel tinha um problema de racismo —, mas seu funeral dois anos depois teve a presença de multidões enormes e suas ideias foram adotadas por um número crescente de pessoas. Hoje os colonos continuam a ser uma periferia violenta e, para muitos em Israel, impopular. No entanto, as ideias que adotam não são exclusivas deles: o racismo antiárabe de torcedores fanáticos de times de futebol como o Beitar Jerusalem e o Maccabi Tel Aviv não é segredo em Israel, e recentemente irrompeu em brigas no além-mar. Depois de trinta anos, a declaração de Rabin em 1994 — "O mundo inteiro não está contra nós. O mundo está conosco" — parece um eco cada vez mais fraco do passado.[60]

Um dos fundadores da área de história judaica americana, o rabino e estudioso Jacob Marcus, observou em 1964 que a ascensão dos Estados Unidos a potência mundial criou para as organizações judaicas locais a oportunidade de assumir um novo papel internacional. O país, afinal, possuía naquela época a comunidade judaica de longe mais numerosa, mais rica e mais bem-sucedida do mundo, contando pelo menos com o dobro da população de Israel. Só na cidade de Nova York havia mais judeus do que em toda a Europa Ocidental. Marcus imaginou a formação de uma "agência judaica internacional geral" com liderança judaica americana, unificando os esforços dos judeus de todas as partes e salvando o que fosse possível salvar da vida judaica no Velho Mundo.[61]

A perspectiva de Marcus traz a questão espinhosa do poder internacional e dos judeus. É espinhosa porque é um leitmotiv do pensamento antissemita conspiratório, mas ao mesmo tempo é também uma questão real, visto que os judeus têm sido impotentes, embora também poderosos em momentos diferentes de sua história. "Se os judeus americanos se ofendem com a noção de 'poder judaico', têm boas razões para isso", escreveu o autor de um livro com esse mesmo título. Todavia, como ele mostrou, os judeus americanos forneceram um modelo de mobilização politicamente importante e construíram não só uma máquina lobista amplamente temida a fim de angariar o apoio de políticos para Israel, mas também uma vasta rede espraiada de entidades filantrópicas comunais. Seja qual for a causa ou a questão, o tamanho, a escala e a sofisticação política da vida filantrópica judaica nos Estados Unidos não tinham igual em qualquer outro grupo étnico imigrante. Hoje em dia, a questão não é mais se os judeus americanos gozam de algum poder político, e sim quais são os indivíduos e grupos entre eles que detêm esse poder, e para quais fins.[62]

Quanto a Marcus, ele se mostrou certo e também errado. A agência unificadora de seus sonhos nunca foi criada, e certamente nem a Agência Judaica para Israel, nem o Congresso Judaico Mundial jamais chegaram perto de desempenhar o papel que ele esperava: a coordenação entre os grupos judaicos sempre se manteve como prioridade para os líderes da comunidade, justamente porque muitas vezes eram aliados e rivais ao mesmo tempo. Apesar disso, as organizações judaicas americanas vieram a ter uma importância significativa no cenário internacional com aquele tipo de veio redentor que Marcus acalentava. Os grupos judaicos pré-1914, como vimos, haviam feito lobby junto aos diplomatas das grandes potências, mas a posição deles era marginal, sem qualquer comparação com a de seus sucessores: os Estados Unidos tinham alcançado uma posição de destaque sem igual nos negócios mundiais e também passaram a ver Israel como um aliado importante. A questão que marcou o momento em que atingiram a maioridade e conquistaram influência foi a campanha para ajudar a libertar a judeidade soviética, que era de longe a maior comunidade judaica sobrevivente na Europa e a mais necessitada de amparo. A campanha iria se tornar o que seu historiador descreveu como "uma das mobilizações transnacionais pelos direitos humanos mais eficientes do século XX".[63]

A dura situação dos judeus soviéticos se fizera evidente desde a adoção do antissemitismo por Stálin no final dos anos 1940. Mas somente nos anos 1960 a questão foi adotada por ativistas judaicos americanos. Seguindo-se ao surgimento do nacionalismo negro e à desintegração do movimento pelos direitos civis, os ativistas judaicos transferiram suas energias humanitárias para o exterior; sua batalha agora era contra o sistema soviético. "Se não se pode tolerar a injustiça em Selma, nos Estados Unidos, tampouco deve ser ignorada em Kiev, na União Soviética", insistiram eles.[64] Movidos pelo exemplo do movimento Black Power, que muitos deles viam como modelo dos benefícios que obteriam com campanhas próprias, grupos judaicos americanos de base acolheram publicamente a causa e deixaram que as organizações mais estabelecidas seguissem em sua esteira. Acabaram obtendo apoio do governo americano, o qual, sob as presidências de Jimmy Carter e Ronald Reagan, se mostrou disposto a ajudar. O resultado foi um protesto social ativista, nos moldes do movimento pelos direitos civis, que, a partir daí, transformaria a defesa judaica americana.[65]

Uma das consequências foi a marginalização de uma geração mais antiga de especialistas judeus em direitos humanos que haviam dedicado a vida à luta pelos direitos universais. Internacionalistas judeus que cresceram nos sombrios anos 1930 tinham ajudado a remodelar as organizações internacionais e o direito internacional do pós-guerra. Por muitos anos tentaram evitar conflitos entre seu universalismo e os engajamentos especificamente judaicos, quer fossem voltados para Israel, quer para as comunidades da diáspora. Mas o universalismo deles estava sob ataque por dois lados: por ex-aliados, para os quais qualquer simpatia que se pudesse sentir pelo sionismo ou por Israel era cada vez mais questionável; e, ao mesmo tempo, por grande parte da própria judeidade americana, para a qual os direitos cada vez mais significavam direitos judaicos. O movimento para libertar a judeidade soviética conclamava o Kremlin: "Deixe meu povo sair", com isso referindo-se apenas a um povo; em larga medida, os ativistas judeus silenciavam sobre a dura situação de alemães, armênios e outros que também tentavam fugir da União Soviética ou no Báltico. Um rabino de Chicago objetou, quando sugeriram que se mudasse o slogan no exterior de sua sinagoga, trocando "Libertem os judeus soviéticos" por "Libertem as pessoas da União Soviética"; ele retorquiu que isso seria um "universalismo absurdo". As coisas tinham mudado muito desde os anos 1950.[66]

O enorme sucesso do movimento pela judeidade soviética provou o que a defesa judaica americana ativa, em discreta coordenação com agências israelenses, era capaz de conseguir quando utilizava o tremendo poder dos Estados Unidos no final da Guerra Fria. As autoridades soviéticas começaram a afrouxar esporadicamente as restrições à emigração, permitindo que mais de 30 mil pessoas por ano partissem para Israel no começo dos anos 1970. Mas a questão virou um futebol político: o slogan "Nem antissemitismo, nem sionismo", de Leonid Brejnev, era um equilibrismo praticamente impossível no contexto soviético, e, enquanto ele esteve vivo, muitos *refuseniks*, isto é, indivíduos impedidos de emigrar, foram presos. Com a súbita desintegração da União Soviética, porém, a emigração judaica disparou: atingiu seu auge em 1990, quando 185 mil pessoas saíram e foram para Israel, às quais se seguiram 148 mil em 1991. Estimativas recentes sugerem que, entre 1970 e 2018, houve a vertiginosa saída de quase 2 milhões de judeus soviéticos, dos quais 1,3 milhão foi para Israel. Desde a Primeira Guerra Mundial não houvera nenhuma emigração judaica em escala tão colossal. No começo de 2019, mal restavam 200 mil judeus na Rússia, na Bielorrússia e na Ucrânia; em decorrência da migração, até Israel passou por mudanças fundamentais.

Com essa última onda de emigração judaica russa, encerrou-se um importante capítulo na história do antissemitismo. No final do século XIX iniciara-se a inversão do longo curso do movimento judaico da Europa Ocidental para a Oriental: a enorme emigração da Zona de Assentamento convertera a judeidade americana na principal protetora dos que haviam permanecido e transformara Nova York num grande centro da vida judaica. Agora a presença judaica multissecular no mundo russo, que o governo soviético ajudara a proteger contra a extinção total no Holocausto, ficara maciça e definitivamente reduzida. Mesmo em 1970, a Rússia ainda tinha a maior população judaica na Europa; em 2020, encolhera para 155 mil pessoas. Apenas uns poucos outros países da Europa continuavam a ter uma população judaica considerável: o número de judeus assentados na Cisjordânia ocupada era quase igual ao dos judeus que viviam na França. E pela primeira vez, em consequência do influxo vindo das terras russas, Israel parecia pronta para ultrapassar os Estados Unidos como lar da maior população judaica do mundo.[67]

A luta para libertar a judeidade soviética era importante também por outra razão: o modelo ativista que se mostrou tão eficiente naquele caso forneceu a inspiração para aquela que se tornou uma das principais campanhas internacionais do novo século, a luta contra o antissemitismo. Haviam se passado décadas desde a epidemia da suástica de 1959-60 — a última vez em que ocorrera uma tentativa de mobilização diplomática contra o antissemitismo — e muitas coisas tinham mudado no mundo. Os impérios europeus haviam praticamente desaparecido. A União Soviética caíra e os Estados Unidos detinham a supremacia global. Mas, enquanto a Europa se reunificara pacificamente, a paz se afigurava mais remota do que nunca para Israel e os árabes.

Foi nesse momento que uma série de organizações judaicas americanas, planejadores políticos no Estados Unidos e autoridades israelenses começaram a se concentrar em despertar uma consciência internacional para o antissemitismo. A escala dessa iniciativa ultrapassava enormemente qualquer coisa já vista em relação ao problema. Nas duas décadas iniciais do século XXI, fizeram lobbies em governos nacionais e instituições intergovernamentais; batalharam pela criação de novas agências de monitoramento que compilariam listas, coletariam dados e divulgariam estatísticas e relatórios; propuseram iniciativas e elaboraram projetos de lei. Ao procederem assim, a questão de identificar a escala do problema impôs algumas perguntas básicas. O que, precisamente, era o antissemitismo e, de modo igualmente pertinente, o que não era? O que era preconceito étnico? Era apontar Israel como culpado? Essas concepções estavam relacionadas? E onde se deveria traçar a fronteira entre elas? E a pergunta talvez mais importante de todas: quem decidiria?

8. As armas da palavra

"A questão", disse Alice, "é se dá para fazer as palavras significarem muitas coisas diferentes."

"A questão", disse Humpty Dumpty, "é qual vai comandar — só isso."

Lewis Carroll, *Aventuras de Alice no País das Maravilhas e Através do espelho*[1]

As palavras podem ser usadas de várias maneiras. Podem encantar e podem repugnar. Podem abrir um debate e podem encerrá-lo. Depois da deposição do governo branco na África do Sul em 1994, apartheid passou de termo descritivo de uma situação histórica específica para designação, pelo direito internacional, de um crime definido de tal forma que não comportava qualquer menção à África do Sul. Pairando livre das especificidades do tempo e do espaço, o conceito se universalizou. O filósofo francês Jacques Derrida, por exemplo, definiu o apartheid como "o racismo supremo do mundo". A palavra tem sido empregada contra Israel por seus críticos, talvez na esperança de que tenha o mesmo efeito deslegitimizador que antes ajudara o movimento contra o apartheid. Uma comparação histórica detalhada sugere algo inesperado: a equiparação da situação dos palestinos com a África do Sul do apartheid é enganosa, não porque exagere a difícil situação deles, mas porque, na realidade, minimiza a opressão muito mais letal que enfrentam em mãos do Estado israelense. Uma palavra utilizada como arma é relativamente impermeável à complexidade das realidades históricas.[2]

"Sionismo" e "racismo" também se tornaram armas verbais e com consequências semelhantes. "Sionismo", mesmo quando usado como termo ofensivo, é uma abstração feita a partir de ampla variedade de ideias (bem como "antissionismo", conforme veremos no capítulo 10). Os que se dizem sionistas se referem com essa palavra a coisas surpreendentemente distintas ao longo dos anos, de início referindo-se ao local onde deveria ser o lar judaico (ao longo da Palestina; Uganda e localidades nos domínios britânicos e as Américas também foram aventadas), e mais tarde debatendo concepções constitucionais radicalmente distintas. Quanto ao termo "racismo", embora tenha se popularizado no âmbito internacional num contexto ofuscado pelas perseguições nazistas, de fato é claro que os judeus de modo algum são incapazes de expressar visões racistas, e existe racismo sionista. No entanto, há também inúmeros antirracistas sionistas, até mesmo no movimento americano pelos direitos civis e na luta contra o apartheid. Assim, se tivermos de optar por uma rubrica única e abrangente, provavelmente descreve-se melhor o sionismo não como racismo, mas — de modo mais coerente com suas origens — como uma forma de nacionalismo. Era assim que o entendiam muitos críticos de entreguerras — de comunistas ao Comitê Judaico Americano e a rabinos ortodoxos — e o que dava base a suas objeções a ele. Em 1944, um rabino londrino, Harold Reinhart, escreveu numa carta a *The Times* que o sionismo era "cria do desespero e da desilusão — puro nacionalismo —, contrário a toda a tradição judaica". A Reinhart não ocorreria e tampouco julgaria necessário ou apropriado descrever o sionismo como racismo para se opor a ele. Mas, embora o uso do termo "nacionalismo" nos ajude a entender melhor as ambiguidades e a amplitude do sionismo, ele não tem a qualidade estigmatizadora da acusação de racismo. Não é — pelo menos ainda não — uma arma verbal.[3]

Isso nos traz à nossa questão principal. Desde os anos 1970, como vimos, o antissemitismo passou cada vez mais a ser visto, sobretudo nos Estados Unidos e em Israel, no interior de um quadro que considerava grande parte da crítica a Israel como forma de preconceito disfarçado. Mas foi apenas no começo dos anos 2000 que esse reenquadramento se converteu em fator significativo no discurso político global. O que se seguiu foi uma espécie de combate retórico com consequências práticas no mundo real. Quer os críticos de Israel tentem equiparar sionismo e racismo, ou Israel e a África do Sul da era do apartheid, a reação será reformular o sentido de antissemitismo de uma forma que coloque seus críticos na defensiva.

O fim da Guerra Fria foi um período de triunfo e euforia liberal nos Estados Unidos, e, ao mesmo tempo, de crescente nacionalismo e racismo. Numa Europa que celebrava sua reunificação e integração pacífica, os partidos de centro-direita longamente estabelecidos eram cada vez mais acuados por rivais da extrema direita. Partidos como a Frente Nacional na França, o Partido da Liberdade na Áustria e a Aliança Nacional na Itália, antes vistos como extremistas eleitorais, começavam a se sair bem nas urnas. Na Europa Oriental, novos movimentos nacionalistas de direita se inspiravam numa história que associava o governo soviético ao "judeo-comunismo"; alguns se apresentavam como apologistas dos colaboradores durante a guerra. Uma onda de violência em todo o continente investia contra imigrantes e pessoas em busca de asilo. "Um novo espectro assombra a Europa: a xenofobia racista, etnocêntrica", alertou *Die Zeit* em julho de 1989.

A turbulência foi ainda maior no Oriente Médio. De início, o fim da Guerra Fria parecia prenunciar a paz, desembocando na primeira (e até hoje a última) década na história do conflito Israel-Palestina que transcorreu sem qualquer grande explosão de violência entre os dois lados. Mas em 2000 as negociações de paz de Camp David entre israelenses e palestinos desandaram em recriminações mútuas; Ariel Sharon fez uma visita provocadora à Esplanada das Mesquitas em Jerusalém e desencadeou-se a Segunda Intifada, revolta muito mais sangrenta do que a primeira.

Foi em oposição a esse cenário que se realizou uma conferência mundial contra o racismo organizada pela ONU no outono de 2001, em Durban, África do Sul, concentrando-se nas reivindicações do Sul Global de reparações pela escravização e pelo colonialismo. Alguns participantes também quiseram dar ênfase à causa palestina como a última grande luta anticolonial e antirracista, mas, com a causticidade antissemita borbulhando nos trabalhos paralelos da conferência, os Estados Unidos e Israel se retiraram. Três dias após o término da conferência, em 8 de setembro, a Al-Qaeda fez seu drástico ataque em solo americano: a "guerra global ao terror", que foi a resposta do Ocidente, viu explodir a violência não só no Oriente Médio, mas por todo o mundo.

O antissemitismo e a islamofobia pioraram nos meses seguintes, e locais judaicos como sinagogas, cemitérios e centros comunitários tornaram-se alvos. Não raro escolhiam-se esses alvos como representantes dos Estados Unidos ou de Israel, e, de fato, às vezes era difícil distinguir entre motivos antissemitas clássicos e uma retaliação pelas invasões conduzidas pelos Estados Unidos no Oriente Médio ou a ira perante a difícil situação dos palestinos. O "recente aumento nos atos e sentimentos antijudaicos na Europa Ocidental era muitas vezes influenciado por acontecimentos no Oriente Médio ou acoplado a visões anti-israelenses", observou o Ministério das Relações Exteriores dos Estados Unidos: "Grupos tradicionais de extrema direita ainda respondem por uma proporção significativa dos ataques contra judeus e propriedades judaicas; jovens muçulmanos desfavorecidos e descontentes foram responsáveis pela maioria dos outros incidentes".[4] Diante da maneira com que Israel lidou com o protesto palestino, a opinião pública do continente europeu como um todo teve, de modo geral, uma posição muito menos favorável do que a dos Estados Unidos, e diversos espectadores americanos se mostraram propensos a associar também esse fato à maior ameaça à vida judaica.[5] Vários chegaram a ponto de dizer que o ódio aos judeus se tornara "politicamente correto" na Europa, e, conforme aumentava o nervosismo, proliferavam as analogias com o Holocausto; comentadores falavam de um "Segundo Holocausto" ou de outra Solução Final. No entanto, Leon Wieseltier, editor literário do *The New Republic*, ele mesmo vigoroso apoiador de Israel, considerava essa evocação constante do genocídio nazista como algo profundamente problemático:

> É um argumento político disfarçado de argumento histórico. Destina-se a paralisar o pensamento e a paralisar a diplomacia. Nem toda violência é igual a todas as outras violências. Nem toda morte judaica é igual a todas as outras mortes judaicas. Crer de outra maneira é reviver o velho pensamento tipológico sobre a história judaica, segundo o qual todo inimigo dos judeus é o mesmo inimigo, e que só existe uma única guerra, e é uma guerra contra a extinção, e é uma guerra atemporal.[6]

A verdade era que a Europa no começo do século XXI guardava pouca semelhança com a Europa dos anos 1930, pois haviam acontecido muitas coisas nas décadas de entremeio. A memória da própria Segunda Guerra Mundial e o passar das gerações tinham remodelado as normas sociais. As pesquisas de opinião indicavam que os que tinham um verdadeiro engajamento ideológico com o antissemitismo ao velho estilo não passavam de uma pequena minoria — o final da Guerra Fria não alterara esse aspecto —, ao passo que a maioria dizia ter associações positivas em relação aos judeus. O que refletia os verdadeiros impedimentos na Europa a qualquer simples retorno à política antissemita do passado era a mudança ideológica da extrema direita. De fato, ela fizera seu retorno em termos políticos desde o fim da Guerra Fria, mas poucos, se é que algum, dos principais partidos na cena europeia esposavam abertamente o antissemitismo. A razão era clara: de fato tornara-se evidente para os políticos ambiciosos da extrema direita que o antissemitismo era um obstáculo para o sucesso eleitoral. O discurso contra os imigrantes podia ganhar votos, mas o antissemitismo geralmente levava a perdê-los. Como observou um analista político naquela época: "O antissemitismo tem uma estrutura e uma motivação totalmente diferentes das da xenofobia".[7]

Esse desenvolvimento tomou de surpresa muitos militantes da direita e se manteve sob constante questionamento. O realismo político vinha com muito maior naturalidade para uma geração mais jovem, ansiosa em ingressar na corrente dominante: quando Marine Le Pen tomou de seu pai impenitente o controle da Frente Nacional francesa, o rompimento decisivo com ele se deu em torno dessa questão. Como explicou um alto membro do partido: "O antissemitismo impede que as pessoas votem em nós. Só isso". A estratégia de "desdemonização" de Le Pen, condenando o antissemitismo, permitiu que o partido prosseguisse com sua mensagem contra a imigração com um custo eleitoral mínimo. Outros partidos de direita seguiram o mesmo curso, ajudando-os a assumir o governo. Para os que se aferraram a versões do neonazismo, o sucesso se mostrou mais esquivo. Assim, o repúdio do século XXI ao antissemitismo se tornou uma forma de sanitização política para a direita.[8]

A sinceridade dessa mudança podia ser questionável, mas a compensação política não o era, e com os anos os partidos de extrema direita passaram, um depois do outro, a se manifestar contra a negação do Holocausto ou a falar em termos positivos sobre Israel. Os tempos favoreciam a mudança. A difusão de uma intensa islamofobia pós-Onze de Setembro, a maior suspeita contra os imigrantes e o medo crescente do terrorismo islamicista incentivaram a direita europeia a adotar Israel como aliada. Houve também o respaldo de algumas vozes judaicas favoráveis, como a do escritor alemão Henryk Broder, alegando que a Europa estava sob o jugo do islã, paralisada pelo politicamente correto, sem querer se confrontar com os sentimentos antiliberais de sua própria população imigrante muçulmana. Sob o pseudônimo de Bat Ye'or (Filha do Nilo), a escritora anglo-suíça Gisèle Littman escreveu *Eurabia: The Euro-Arab Axis* [Eurábia: o Eixo euro-árabe] — descrito pelo historiador israelense Robert Wistrich como "Os protocolos dos sábios de Bruxelas" —, uma fantasia ferozmente islamofóbica que afirmava que os Estados europeus e árabes estavam conspirando para inundar o continente de imigrantes muçulmanos.[9]

Essa guinada da direita no sentido de Israel despertou uma reação inesperadamente calorosa na própria direita israelense. Havia, por exemplo, entre Netanyahu e Victor Orban, o dirigente autocrático da Hungria, laços próximos: Orban usou sua amizade com o primeiro-ministro de Israel para se defender de acusações de que seu partido era antissemita, e quando ele tomou o bilionário judeu húngaro George Soros, um dos pesadelos favoritos da direita, como alvo de uma campanha publicitária que muitos judeus húngaros consideraram perigosa e demagógica, Netanyahu o defendeu, fazendo ouvidos moucos às críticas da liderança comunal judaica húngara. E este não era um caso isolado: políticos israelenses passaram a se aproximar de outros políticos europeus da extrema direita, ignorando os protestos das comunidades judaicas da diáspora. O ministro israelense dos Assuntos da Diáspora, Amichai Chikli, observou às vésperas da eleição presidencial francesa de 2024 que seria "excelente para Israel" se Marine Le Pen, dirigente da Frente Nacional, vencesse. Ele também chocou os judeus romenos quando aparentemente apoiou um nacionalista radical que tinha uma queda pela Guarda de Ferro fascista do pré-guerra. Chikli, também atuando como "ministro da luta contra o antissemitismo" de Israel, evidentemente não enxergava qualquer incongruência entre essa função e a aproximação com partidos de extrema direita por toda a Europa. Sua posição faz pouco sentido num entendimento tradicional do antissemitismo, mas tem o maior cabimento com a redefinição do antissemitismo como hostilidade a Israel. Na verdade, as duas pastas ministeriais de Chikli — a luta contra o antissemitismo e os assuntos da diáspora — pareciam incompatíveis: sua posição e a de seu primeiro-ministro sugeriam que, para eles, o interesse nacional de Israel prevalecia sobre a preocupação genuína com a segurança e as opiniões da diáspora judaica. Aparentemente, combater o antissemitismo significava se acercar de líderes neofascistas e autoritários que apoiavam Israel, mesmo quando estavam associados a extremistas antissemitas e eram publicamente denunciados por líderes judaicos locais. Quando o ministério de Chikli patrocinou uma conferência internacional sobre o antissemitismo em 2025, não havia nada no programa que causasse preocupação a qualquer um da extrema direita; na verdade, figuras importantes desse espectro político na Europa foram oficialmente convidadas e sem dúvida sentiam um espírito semelhante ao seu nos anfitriões.[10]

A esquerda europeia também havia mudado desde os tempos de outrora, quando um amplo antirracismo reunira judeus e não judeus sob a bandeira do socialismo. Agora, a unidade da esquerda estava sob tensão, desde que um "antissionismo" usualmente mal definido se converteu numa espécie de teste decisivo do progressismo que afastou muitos esquerdistas judeus simpáticos a Israel. Com uma visão de mundo em termos da oposição binária simplista entre opressores e oprimidos ou entre privilegiados e não privilegiados, ficava mais difícil considerar que os judeus precisavam de proteção. Apesar disso, os judeus também podiam ser alvo de preconceitos. Depois que Jeremy Corbyn assumiu a direção do Partido Trabalhista britânico, um episódio de seu passado revelou algumas complexidades. Ele tinha escrito tempos antes a introdução a um texto eduardiano clássico sobre o imperialismo, da autoria do pensador radical John Hobson. Suscetível ao racismo antinegro presente no texto de Hobson, Corbyn se manifestara com eloquência, mas não dissera nada quanto à forma como o texto também ressaltava o papel dos financiadores internacionais do imperialismo, figuras que Hobson descrevia como "homens de uma raça peculiar e característica". Corbyn não era antissemita. Talvez simplesmente não tivesse percebido o antissemitismo de Hobson, ou talvez tivesse achado que não valia a pena mencioná-lo. Mas Hobson expressara os preconceitos de sua época contra os africanos explorados e os judeus: os primeiros retratados como classe explorada, os últimos como cabala de exploradores endinheirados. Historicamente, os dois alvos de fanatismo haviam sofrido catástrofes, e a disparidade no tratamento que Corbyn deu a ambos, vindo de alguém da esquerda, era tanto mais surpreendente por causa da preocupação geral da esquerda com o racismo. A questão maior era como definir o antirracismo, e se ele incluía ou excluía a preocupação com o preconceito contra os judeus.[11]

Se os comentadores americanos tinham uma tendência de ler erroneamente as atitudes europeias e de enxergar o pior do passado num conjunto muito distinto de dinâmicas no presente, isso talvez fosse porque o Atlântico dividia duas comunidades mais diversas em sua tradição e experiência histórica recente do que parecia à primeira vista. Nas ex-potências coloniais europeias, muitos eram simpáticos à ideia de que os palestinos haviam sido vítimas do colonialismo. Outras experiências históricas de opressão ainda eram frescas o suficiente para gerar um entendimento acerca da dura situação palestina maior do que o vigente em geral nos Estados Unidos. Na Irlanda, por exemplo, havia as lembranças do domínio britânico: eram elas, muito mais do que qualquer antissemitismo autóctone, que explicavam o amplo apoio aos palestinos. Lembranças da ocupação nazista que haviam dado base à admiração e ao apoio europeus em relação aos primeiros anos de Israel, por sua vez, podiam gerar — em especial porque a ocupação israelense dos territórios palestinos ainda prosseguia após 1967 — sentimentos de solidariedade com o lado árabe. E havia também as experiências relativamente recentes das ditaduras europeias meridionais dos anos 1960 ou do comunismo do Leste Europeu da Guerra Fria, que haviam politizado muitos líderes da Europa e continuavam vividamente presentes na imaginação popular. Nenhuma delas tinha equivalentes na consciência política americana. Assim, a memória histórica ajuda a explicar por que os europeus viam a ocupação militar como um problema genuíno e o direito internacional como uma realização incontestável, dando base para novos avanços. Talvez essas experiências também ajudem a explicar por que o terrorismo não era o rótulo automaticamente desqualificador como ocorria nos Estados Unidos. Na realidade, a paz na Irlanda do Norte oferecia uma espécie de precedente indicando como pôr fim à violência terrorista por meio da negociação, como também se fizera no desenlace pacífico de décadas de terrorismo separatista basco na Espanha.

Os críticos na Europa, portanto, opunham-se ao que consideravam alarmismo americano, que se apressava demais em falar de perigo existencial e representava erroneamente os riscos à vida judaica no Velho Mundo. Havia ameaças, claro, especialmente sob a forma de um racismo ressurgente, mas a vida cultural judaica estava em acentuada ascensão na Europa Central e Oriental, e o interesse pelo Holocausto encontrava-se em seu ponto mais alto. O número de visitantes anuais a Auschwitz, que variava em torno de meio milhão desde o final dos anos 1960, disparou para mais de 1 milhão no começo do milênio e continuou a aumentar, atingindo 2 milhões em 2016. Foram os mesmos anos em que os sobreviventes idosos finalmente se sentiram capazes de contar suas histórias em público, e um enorme trabalho coletivo criou um arquivo de testemunhos de vítimas que deu base a pesquisas históricas capazes de transformar as consciências.[12] As lideranças políticas europeias extraíram do Holocausto uma mensagem ecumênica e interpretaram "Nunca Mais" no sentido de um posicionamento contra a xenofobia em geral. Ao expressar solidariedade com os judeus, como fizeram políticos importantes nos anos iniciais do milênio, defendiam a Europa como protetora das minorias e opositora do etnonacionalismo. Muitos líderes judeus europeus adotaram essa perspectiva. O secretário-geral do Conselho Geral de Judeus da Alemanha declarou em 2009 que, "como judeu, sei que qualquer um que ataque uma pessoa por causa de sua raça, nacionalidade ou religião não apenas ataca a minoria: ataca a sociedade democrática como um todo".[13] Os críticos argumentavam que houvera uma onda sem precedentes de antissemitismo, que exagerava o perigo para os judeus e desconsiderava a ameaça muito maior a outras minorias étnicas e confessionais. No Reino Unidos, o rabino David Goldberg afirmou que os alertas sobre o aumento do antissemitismo eram "paranoicos e exagerados [...]. Nos tempos presentes, é muito mais fácil e seguro ser judeu que muçulmano, negro ou europeu-oriental em busca de asilo". Falando em 2004, Romano Prodi, presidente da Comissão Europeia, foi enfático: "A Europa de hoje não é a Europa dos anos 1930 e 1940, e seria falso alegar que o é". Não havia nenhum antissemitismo organizado que se comparasse ao passado, insistiu ele: invocar a Shoah era insultar suas vítimas.[14]

A discrepância nas avaliações — algumas profundamente pessimistas, outras relativamente positivas — era, em si mesma, surpreendente. Segundo um alto integrante do Congresso Judaico Mundial, desde a guerra as coisas nunca tinham sido tão ruins; no entanto, o diretor do Centro Internacional para o Estudo do Antissemitismo na Universidade Hebraica refutou a afirmação. O rabino-chefe britânico Jonathan Sacks alertou que o antissemitismo estava retornando de maneira assustadora; todavia, poucos anos antes, seu predecessor, Lord Jakobovits, afirmara enfaticamente que, em toda a sua história, os judeus nunca tinham vivido antes num mundo onde não enfrentassem alguma perseguição oficial. Episódios chocantes rendiam manchetes perturbadoras, mas as tendências subjacentes não eram fáceis de discernir. O rabino Arthur Hertzberg, consistentemente entre os comentadores americanos mais perspicazes da questão, observou que a existência de tão grande divergência de visões do antissemitismo entre os judeus era, em si mesma, "um desenvolvimento novo e muito sério".[15] Para muitos, as respostas deveriam ser encontradas nos fatos concretos, e os dados e as estatísticas dançavam ora para um lado, ora para outro. Mas tampouco eram capazes de resolver a discussão, porque a coleta e a apresentação dos dados, longe de oferecer um espaço de calma e objetividade, também tinham se tornado um campo político minado.

O crime de ódio era, em alguns aspectos, um problema muito antigo, e, em outros, surpreendentemente novo. O próprio termo começara a ter circulação ampla apenas nos anos 1980, no contexto dos receios sobre o preconceito anti-homossexual e racista nos Estados Unidos: depois que a Lei de Estatísticas de Crimes de Ódio determinou que as agências federais de criminalidade coletassem dados a esse respeito, os especialistas passaram a debater a utilidade do conceito. Alguns assinalaram que havia um problema fundamental: o consenso entre a mídia de que os Estados Unidos estavam passando por uma epidemia de crimes de ódio se baseava em dados fornecidos pelos próprios grupos de defesa que pleiteavam maior ação legislativa. A imprensa publicava as manchetes, mas cientificamente o terreno era instável: a falta de uma perspectiva histórica e o interesse próprio das organizações envolvidas podiam criar facilmente uma "epidemia" onde ela não existia. Nas palavras de dois importantes criminologistas, James B. Jacobs e Kimberly Potter, em 1997:

> A "hipótese epidêmica" afirma que *todas as formas* de crime motivado por preconceito estão aumentando de maneira alarmante [...]. Cremos que há razões para ceticismo [...]. Na verdade, é quase certo que agora há muito menos preconceito e violência intergrupos do que em muitos momentos anteriores de nossa história. Por exemplo, alguém realmente acredita que os negros americanos correm agora o mesmo risco de ataques por racistas brancos que corriam durante a era Jim Crow [...]? É plausível que haja agora um antissemitismo (para não mencionar um anticatolicismo) mais virulento do que no auge do padre Coughlin [...]? E seria possível mostrar que há agora mais violência xenofóbica contra os imigrantes do que na era de Sacco e Vanzetti [...]? Provavelmente o que melhor explica a redescoberta do crime de ódio não é uma epidemia de violência motivada por preconceitos, mas a sensibilidade muito maior de nossa sociedade ao preconceito.[16]

Ao resenhar o trabalho deles, o comentador Jim Sleeper também recomendou cautela. As leis sobre o crime de ódio não eram a solução em que muitos pareciam crer, sugeriu ele: elas podiam "promover o status político e a presunção moral de seus patrocinadores, mas diminuem a tolerância e a justiça". O que se esperava das estatísticas era que apresentassem um quadro da realidade. Mas o que realmente refletiam era a autoridade dos números e sua utilidade política. A ADL era a principal organização de defesa judaica envolvida nessa época na modelação da crescente burocracia do crime de ódio, e desde então ficara muito conhecida como divulgadora de dados sobre o antissemitismo. Ficou claro que sua dupla missão — por um lado a de defesa e, por outro lado, a de coleta de dados supostamente objetivos — formava um par um tanto canhestro. Nas palavras de Jacobs e Potter:

> Grupos de defesa que coletam e informam estatísticas de crimes de ódio utilizam essas estatísticas para promover suas alegações de que o grupo racial/religioso/de orientação sexual por eles representado está vivendo uma vitimação sem precedentes nas mãos de criminosos preconceituosos. Essas alegações são utilizadas para angariar fundos e obter o apoio do governo num amplo leque de questões.[17]

A despeito dessas inquietações, as estatísticas da ADL são amplamente empregadas até hoje. Porém, a história do debate sobre o antissemitismo e o que fazer a respeito suscitaria questões idênticas.

Provavelmente foi o bombardeio da sinagoga na rua Copernic em Paris, em 1980, matando quatro pessoas e deixando mais de quarenta feridos, que marcou uma mudança importante nas atitudes e políticas israelenses em relação ao antissemitismo. Em sua esteira, Menachem Begin providenciou para que as comunidades judaicas no exterior recebessem conselhos de segurança, e a agência do serviço secreto israelense, o Mossad, começou a coletar dados sobre ameaças e episódios antissemitas. Em 1988, foi criado um fórum interministerial israelense para monitorar o antissemitismo; quatro anos depois, o governo montou um Projeto para o Estudo do Antissemitismo na Universidade de Tel Aviv para dar vazão acadêmica a seus trabalhos. De início, a iniciativa ou suas atividades não foram objeto de muita atenção, mas o impulso governamental por trás do trabalho de coleta de dados iria ter um acentuado impacto sobre os próprios dados.

A demanda por estatísticas aumentava. Com o desenvolvimento de sistemas computadorizados, transformando a formulação de políticas numa ampla variedade de áreas, o enfrentamento do antissemitismo — como de outros "crimes de ódio" — se tornou um objetivo que dependia de inputs quantificáveis, e a coleta de informações se acelerou. Mas as falhas de uma grande parte dos dados sobre o antissemitismo foram um problema desde o começo. Quando o Instituto de Assuntos Judaicos (IJA, na sigla em inglês), sediado em Londres e editor de um respeitado periódico acadêmico, começou a planejar um relatório anual país a país, ao estilo da Anistia Internacional, que avaliaria o antissemitismo na Europa pós-Guerra Fria, ele se deparou com uma dificuldade. "Já estávamos cientes de um problema geral com a qualidade dos dados disponíveis", escreveu seu diretor, Antony Lerman, cujas memórias são uma inestimável fonte sobre os bastidores.

> O quadro geral ficava turvado por um fluxo de dados brutos distribuídos por fontes governamentais israelenses por todo o mundo [...]. A maioria dos pesquisadores do antissemitismo sabia muito bem que esse material era de qualidade bastante fraca. Incluía listas de chamados "incidentes antissemitas", mas, em muitíssimos casos, não havia absolutamente nenhuma prova de que os incidentes fossem antissemitas. Mesmo incidentes antissemitas conhe-

cidos eram frequentemente distorcidos, exagerados ou descritos de forma errônea.[18]

Uma parte disso refletia uma dificuldade intrínseca aos dados antiódio em geral: como atribuir motivos a incidentes sem recorrer a suposições precárias. Mas o maior obstáculo nesse caso era político. Lerman, que não era de forma alguma um novato no tenso mundo da pesquisa sobre o antissemitismo, viu que sua abordagem de mensuração estava sendo questionada por dois lados: o primeiro, por grandes organizações judaicas americanas, expandindo suas operações para a Europa recentemente reunificada e demandando material sensacionalista que levasse seus nomes para as manchetes; o segundo, pelas autoridades israelenses. As primeiras liam a situação europeia à luz de uma história ultrassimplificada e estavam acostumadas a exagerar a gravidade da situação. O Estado israelense queria não só ajudar comunidades judaicas no exterior, mas também incentivar a aliá: quanto mais alarmante fosse o quadro, maior a tentação que os jovens judeus no estrangeiro poderiam sentir de se mudar para Israel. Isso significava que havia o problema de que os dados dos crimes de ódio estivessem sendo usados como "um instrumento de recrutamento sionista". Em 1994, Lerman escreveu:

> o ethos por trás do trabalho de antissemitismo [israelense] [...] é que apenas o sionismo fornece a resposta ao problema do antissemitismo. Assim, o tom de grande parte de seu trabalho é altamente alarmista e exagerado [...]. O mais importante é uma abordagem rigorosa e objetiva. Apenas tal abordagem obterá o respeito de governos, organizações internacionais e assim por diante.[19]

Em suma, os dados não eram neutros e levantavam questões básicas sobre o enquadramento, a perspectiva e o objetivo. Pode-se ver facilmente o que estava em jogo comparando os *Antisemitism World Reports* [Relatórios mundiais do antissemitismo], publicados anualmente a partir de 1992 pelo IJA de Lerman, e *Anti-Semitism WorldWide* [Antissemitismo mundial], volumes rivais produzidos pelo Projeto Tel Aviv para o Estudo do Antissemitismo. Muito embora trabalhassem com o mesmo fenômeno e muitas vezes se baseassem, em larga medida, nos mesmos dados, o tom e a abordagem das duas séries eram totalmente diferentes. A organização de Lerman sediada em Londres refletia as perspectivas de muitas comunidades judaicas europeias, ansiosas por entender a escala do problema sem entrar desnecessariamente em pânico por causa dele. Isso levava a uma abordagem fundamentalmente diversa daquela dos mais dispostos a excluir a Europa como refúgio contra o antissemitismo e mais propensos a ver sua população judaica como peões numa luta maior. Mas a Europa tinha se tornado uma parente pobre, e o IJA não tinha como operar na mesma escala de seus primos americanos ricos. E, como histórias nuançadas rendiam manchetes fracas, a consequência foi que os números nas tendências de antissemitismo — como outros "crimes de ódio" — em geral pareciam ser publicados na imprensa somente quando despertavam alarme. Lerman observou frustrado: "Descobrimos que a mensagem de que o antissemitismo estava em declínio não era a que muitas pessoas queriam ouvir".[20]

O que aumentava o problema era que o panorama da defesa sediada nos Estados Unidos em prol de Israel estava mudando e começando a se sobrepor à luta contra o antissemitismo e a afetá-la. Nos anos 1980, a organização dominante tinha sido o Aipac, o principal lobby atuando em favor de Israel em Washington. Concentrando-se na aliança militar e fomentando laços diplomáticos próximos, o comitê quase nem se envolvia na discussão do antissemitismo: seus interesses centrais eram de natureza estratégica. Quanto às organizações de defesa judaicas americanas internas, seu interesse na defesa de Israel realmente diminuía numa época em que as negociações de paz ofereciam a esperança de um acordo com os palestinos, e os judeus americanos de modo geral apoiavam essa perspectiva. As preocupações internas com o aumento dos índices de casamento entre judeus e não judeus pareciam a muitos uma ameaça existencial à vida judaica americana muito mais premente do que o futuro de Israel ou o antissemitismo. Mas, após o fim da Guerra Fria, as principais organizações de defesa judaica buscavam ter um papel próprio na Europa.

Num momento de predomínio global dos Estados Unidos, elas obtiveram uma chance de desempenhar um papel diplomático maior concebido por elas mesmas, atuando como intermediárias junto a governos pós-comunistas centro-europeus e leste-europeus em particular. Esses países entendiam que o apoio norte-americano estava condicionado à maneira como eles abordavam o problema do antissemitismo e dos direitos humanos, a memória do Holocausto e as relações diplomáticas com Israel. As organizações judaicas americanas podiam aconselhá-los sobre esses temas e se manifestar favoravelmente a eles, por exemplo, testemunhando no Congresso para que fossem admitidos na Otan e em outros órgãos. Lerman disse a seus próprios diretores, em 1993, que essas organizações "viam como direito e até mesmo como dever seu iniciar algum tipo de atividade na Europa". O Congresso Judaico Mundial foi o primeiro: ele havia desempenhado um papel importante ajudando a judeidade soviética e expondo o passado nazista do ex-secretário-geral da ONU, Kurt Waldheim. A ele logo se seguiram outras entidades. Nas palavras de Lerman, a Europa "se tornou o campo de batalha que fornecia a todas essas organizações um suprimento aparentemente interminável de materiais que eram usados para conferir legitimidade e força de atração a suas metas organizacionais". Se a Europa era o campo de batalha delas, seu grito de guerra era a luta contra o antissemitismo.[21]

Depois de superar uma crise financeira interna, o AJC encontrava uma nova voz no exterior. Sua preocupação com a vida judaica europeia vinha de longa data; o ativismo em prol de Israel era mais recente. Abandonando sua velha desconfiança em relação ao nacionalismo judaico, a partir do começo dos anos 1990 ele passou a abrir suas reuniões oficiais tocando o hino nacional israelense, coisa que a maioria das organizações parceiras suas já fazia. Evidenciou-se uma cisão interna entre aqueles integrantes do AJC fiéis à sua tradição mais antiga de pesquisa e imparcialidade e uma nova liderança extraída do movimento da judeidade soviética, preocupada com a arrecadação de fundos e ansiosa em afirmar seu primado como grupo de defesa pró-israelense.[22] A ADL, especializada em lidar dentro do país com o antissemitismo, assumira um papel de liderança no lobby em prol de ações federais contra o crime de ódio, e fora mais rápida do que o AJC em se identificar com a causa de Israel: ela criou parceria própria com o programa de Tel Aviv de pesquisas sobre o antissemitismo. O ator mais recente nesse palco era o Simon Wiesenthal Center, sediado em Los Angeles e fundado por um rabino, Marvin Hier, que parecia ter sido fotografado com todo mundo, desde Clint a "Bibi" e vários papas. A organização de Hier, um verdadeiro fenômeno em angariar fundos, tinha arrecadado, ao que se dizia, entre 600 milhões e 700 milhões de dólares em apenas três décadas desde sua fundação em 1977. Fiel à vocação de seu nome, ela ainda se concentrava na caça a nazistas, por fim saudando a condenação de um alemão de 101 anos de idade com a manchete: MELHOR UMA JUSTIÇA TARDIA DO QUE JUSTIÇA NENHUMA. A entidade dirigia um centro do Holocausto em Los Angeles; estava também construindo um Museu da Tolerância em Jerusalém, em cima de um cemitério muçulmano medieval.[23]

Todas essas organizações derivavam da tradição filantrópica judaica americana e — com rendas anuais de dezenas de milhões de dólares — tinham recursos muito maiores do que qualquer equivalente europeia. Embora se inclinassem a falar no exterior (e muitas vezes fossem assim atendidas pelas autoridades) como se atuassem em nome da judeidade americana como um todo, é claro que não era assim: nenhuma entidade única tinha esse papel. Na verdade, a judeidade americana, ainda que unida quanto à necessidade de combater o antissemitismo, estava profundamente — e muitas vezes aguerridamente — dividida quanto à política israelense em relação aos palestinos. Até onde é possível uma generalização — e a vida judaica americana era, e é, caracterizada por uma enorme diversidade —, os judeus americanos como um todo tendiam a ser mais progressistas e liberais do que essas organizações, cujos líderes e principais doadores pendiam para um relativo conservadorismo, e a mostrar deferência a qualquer governo israelense que estivesse no cargo.[24]

Essa globalização dos principais grupos de defesa judaicos americanos coincidiu com um empenho dos governos israelenses em conferir maior destaque à luta contra o antissemitismo na pauta diplomática. O ponto de inflexão se deu após o retorno da direita ao poder, em 2001. Entre os ministros mais identificados com esse empenho estava o ex-dissidente soviético Natan Sharansky. Gozando de um status quase heroico entre muitos judeus americanos, como *refusenik* que se erguera contra o poder soviético, Sharansky foi condecorado pela Casa Branca, festejado pela imprensa e acolhido pelos neoconservadores dos Estados Unidos. Na Guerra Fria, ele mobilizara o apoio tanto de grupos de base quanto de figuras de alto escalão no governo americano; em Israel, ingressara na Knesset como uma voz de apoio aos recentes imigrantes russos. Agora desempenhava um papel fundamental na divulgação de um novo entendimento do antissemitismo, como deslegitimação de Israel. Sharansky escreveu que Israel estava sendo atacada por um "novo antissemitismo, sem precedentes históricos, da esquerda política", que era sucessor direto do antissionismo stalinista e soviético. Como ministro no governo Sharon, criou oficialmente um Fórum contra o Antissemitismo e anunciou que "o Estado de Israel decidiu partir para a luta e implementar uma contraofensiva coordenada contra o antissemitismo". A posição de Yitzhak Shamir de que o antissemitismo global não era assunto da conta de Israel ficou no passado.[25]

Logo se fez visível um novo nível de mobilização internacional coordenada em torno da questão, graças ao respaldo que a iniciativa recebeu de políticos e diplomatas americanos, que incluíram a luta contra o antissemitismo em seu trabalho de promoção da democracia ao redor do mundo. Em 2004, o ano seguinte ao anúncio de Sharansky, o ministro das Relações Exteriores dos Estados Unidos, Colin Powell, falou numa conferência sobre o antissemitismo na Alemanha. Declarou Powell:

> Na década inaugural do século XXI, nós, 55 nações democráticas da Europa, da Eurásia e da América, viemos a Berlim para apagar os novos fogos de antissemitismo dentro de nossas sociedades e acender luzes de tolerância para que as futuras gerações nunca conheçam os horrores indizíveis que o ódio é capaz de desencadear.

Powell anunciou planos para a Organização para a Segurança e Cooperação na Europa (Osce) criar uma burocracia que coletaria estatísticas dos crimes de ódio, rastrearia incidentes antissemitas e aconselharia os membros sobre a reforma legislativa e a educação contra o ódio. Estava se conjurando o nascimento de uma nova burocracia internacional, dedicada especificamente a combater o antissemitismo.[26]

Naquele mesmo ano, o Congresso americano aprovou a Lei Complementar do Antisemitismo Global, obrigando o Ministério das Relações Exteriores a manter relatórios sobre o antissemitismo no mundo. O ministério, que já monitorava as liberdades religiosas no plano global, de início resistiu à exigência de colocar um grupo confessional acima dos demais. Mas suas objeções foram vencidas; a lei foi aprovada e levou à criação do Departamento do Enviado Especial para Monitorar e Combater o Antissemitismo, encarregado de promover "a política externa americana sobre o antissemitismo". Isso não só implicava que o antissemitismo fora institucionalizado como uma questão de política externa do Estado, como a lei também afirmava que o termo "antissemitismo" agora abrangia o "aviltamento de Israel", trazendo com isso a sugestão de que os diplomatas americanos tinham a obrigação de agir em nome de outra nação. Não parece que exista algum outro país cujos funcionários do Departamento de Estado devam proceder dessa maneira: a campanha do antiantissemitismo estava criando não só uma burocracia, mas também uma diplomacia toda sua. Combater o antissemitismo não significava mais combater o preconceito racial; agora também podia significar a luta contra os críticos das políticas de Israel.

Em decorrência disso, estava se gerando outra conexão, talvez ainda menos notada, mas igualmente reveladora: os envolvidos nessa campanha agora não só argumentavam que ser contra Israel era antissemitismo; alguns chegavam a ponto de argumentar que era antiamericanismo. Os pesquisadores sobre antissemitismo em Tel Aviv, que trabalhavam intimamente com o governo israelense na avaliação da campanha em curso, observaram com satisfação que o governo americano agora enfatizava "um aspecto importante do antissemitismo atual, o elo entre antissemitismo e antiamericanismo, [...] articulando-se especificamente com o apoio e os esforços dos Estados Unidos em salvaguardar Israel". Essa redefinição tão incrivelmente instrumental do antissemitismo passou desapercebida na época; vinte anos depois ajudaria a forjar a coligação entre nacionalistas judeus e americanos, dois grupos divididos quanto às opiniões sobre o antissemitismo clássico, mas unidos pelo apoio ao Estado judeu.[27]

Para onde iam os Estados Unidos, outros seguiam atrás: no final de 2023, pelo menos 24 países do mundo haviam montado cargos semelhantes, criando um novo quadro de fiscais do antissemitismo, formado na maioria por funcionários públicos com pouco conhecimento especializado das questões, muitas vezes sob a pressão de lobbies e reunidos sob a égide de organizações como o Congresso Judaico Mundial. Com sua emergência, a campanha contra o antissemitismo se separou do mundo mais amplo do ativismo antidiscriminação. O antissemitismo agora era tratado como um problema de natureza única, tal como sempre haviam insistido os historiadores da Escola de Jerusalém.

Os membros da campanha também se instalaram na Organização das Nações Unidas. Desde a resolução da Assembleia Geral de 1975 sobre o antissionismo, os defensores de Israel consideravam que a ONU e suas atividades pelos direitos humanos tinham uma irremediável tendenciosidade contra o país. Irwin Cotler, professor e político canadense atuante na promoção da ideia de um novo antissemitismo dirigido contra Israel, desde muito tempo invectivava contra a ONU como local central desse fenômeno, e em 1993, com o respaldo do AJC, foi criada uma nova ONG, a UN Watch, provavelmente a primeira dos numerosos grupos "monitorando" tendenciosidades anti-Israel.[28] Ao assumir o cargo em 1997, o novo secretário-geral da ONU, Kofi Annan, estava decidido a acabar com o impasse. A Conferência de Durban de 2001 — "um frenesi de retórica antissemita e pérfidas resoluções anti-Israel" — certamente não ajudou, mas Annan sinalizou sua vontade de baixar a temperatura. Realizou-se um seminário da ONU sobre o antissemitismo, fizeram-se planos para reformar o controvertido Conselho de Direitos Humanos (o que de fato veio a acontecer) e, em 2005, a Assembleia Geral da ONU celebrou o sexagésimo aniversário da libertação de Auschwitz pelo Exército Vermelho, votando a criação do Dia Internacional em Memória das Vítimas do Holocausto. Dezenas de países criaram suas próprias cerimônias anuais de rememoração, a memória do Holocausto foi internacionalizada e veio a ser vista em especial como parte integrante da identidade oficial da Europa reunificada.

A memória do Holocausto poderia servir como lembrete não só dos males da xenofobia, mas também do poder restaurador do nacionalismo. Assim, talvez não seja de surpreender que a ideia para a resolução da Assembleia Geral pareça ter vindo do Ministério das Relações Exteriores israelense; em Israel mesmo já se celebrava anualmente uma cerimônia memorial análoga desde pouco tempo depois da criação do país. Tinha sido Ben-Gurion a insistir em 1950 (apesar dos protestos do AJC) que "todo o povo judeu" era "assunto do Estado de Israel". Seu ministro da Educação, o historiador Ben-Zion Dinur, fora além, sustentando que Israel tinha o direito de falar não só pelos judeus vivos, mas também pelos judeus mortos — sobretudo os que haviam morrido no Holocausto. Para Dinur, a criação do centro memorial Yad Vashem em 1953 tinha como finalidade "recolher a memória dentro da terra natal". Condizente com tal lógica, a lei que criou Yad Vashem bizarramente conferia aos milhões de mortos no Holocausto o que ela chamou de cidadania israelense retrospectiva, "simbolizando a reunião com seu povo".[29]

O pressuposto por trás dessa lei era de que havia uma unidade simples entre o judaísmo como antiga fé, o Estado de Israel como entidade política moderna e a totalidade dos judeus do passado, do presente e do futuro. Mas, na verdade, não havia nada de simples nisso: era uma alegação altamente contenciosa sobre um assunto de primeira importância para os judeus de todo o mundo. Na verdade, no próprio momento em que se criara o novo Estado, já se erguera um debate candente, muitas vezes tensamente carregado, sobre a relação de Israel com o judaísmo. Em 1948, o estudioso Simon Rawidowicz, por exemplo, afirmara a David Ben-Gurion que a decisão de dar ao novo Estado o nome de "Israel" era um escárnio da crença judaica tradicional: o judaísmo, tal como presente nas múltiplas associações antigas ligadas ao nome "Israel", abrangia tanto o novo Estado quanto a diáspora, e não podia nem devia tentar negar a longa história da diáspora, nem, aliás, o valor espiritual para a fé judaica da própria ideia de viver no exílio. A correspondência entre ambos prosseguira. A discordância de Ben-Gurion não podia ser maior. Ele escreveu a Rawidowicz afirmando sem rodeios que a diáspora estava condenada e não tinha como sustentar uma vida cultural judaica: para o primeiro-ministro israelense, a palavra "Israel" iria a partir daí perder sua ligação geral com a coletividade do povo judeu e seria identificada exclusivamente com o novo Estado, o qual de fato subsumira a si todas as associações passadas e presentes do antigo termo. Os séculos de vida como minoria seriam apagados e, com eles, as línguas do exílio judaico: eles traziam lembranças vergonhosas de impotência e não deviam ser celebrados. Essa era uma posição teologicamente nova e até chocante, mas que muitos vieram a aceitar sem questionamentos.[30]

A discordância com essa perspectiva nacionalista da relação do judaísmo com o novo Estado veio de todos os lados. Para outro dissidente sionista, o filósofo anglo-judeu Leon Roth (1896-1963), a judeidade de Israel nunca poderia ser uma simples questão de números demográficos nem de poder político; ela implicava um critério ético que vigorava antes e para além do Estado, não estava preso a ele. O filósofo israelense ortodoxo Yeshayahu Leibowitz considerava a fetichização de qualquer Estado, incluindo o que se dizia judaico, equivalente ao fascismo; a doutrina da Volta à Terra era uma idolatria. Entre os judeus ultraortodoxos, muitos chegavam a considerar o sionismo uma blasfêmia, porque, segundo eles, a decisão de fundar um Estado sem obedecer à ordem milenar de aguardar a vinda do Messias desrespeitava a vontade de Deus e violava a aliança "entre Israel e seu Pai no Céu". Para o rabino Joel Teitelbaum, o sionismo era "a maior forma de impureza espiritual em todo o mundo". Algumas dessas posições refletem o sionismo de seus proponentes; outras refletem seu antissionismo ou "pós-sionismo". Algumas se referem a questões de fé; outras estão mais ligadas à importância da ideia de exílio e diáspora no pensamento e na história judaicos. Todas elas, porém, sob qualquer rótulo, discordam com veemência da premissa de que contestar o Estado judaico atual equivale necessariamente a contestar os judeus ou o próprio judaísmo.[31]

No entanto, era exatamente essa premissa que se reafirmava e adquiria novas forças conforme o governo de Israel se movia com rapidez para a direita. A questão do que se perderia com a equiparação de todos os judeus do mundo com uma entidade política que se autodenominava Israel era precisamente o problema para o qual Rawidowicz tentara alertar Ben-Gurion. Mas a fusão entre o Estado judaico e os judeus em geral foi mais impulsionada ainda meio século depois, quando expressões como "o povo judeu" e "povo judeu unitário" entraram em voga como senhas de uma nova concepção etnonacionalista da unidade judaica mundial. Elas surgiram em meados da década de 1990, numa época de preocupação com a *des*união política e religiosa judaica depois do assassinato do primeiro-ministro de Israel, Yitzhak Rabin. Em poucos anos, formaram-se a Comissão sobre o Povo Judeu e o novo Instituto de Política do Povo Judeu. Foi criada uma fundação para "apoiar e promover o povo judeu unitário"; publicou-se um livro com o título de *The Case for Jewish Peoplehood: Can We Be One?* [O caso do povo judeu: Podemos ser um só?]. Antes conhecido por seu trabalho sobre a democracia, Natan Sharansky justificava o particularismo étnico em seu livro *Defending Identity* [Em defesa da identidade], de 2008, e como dirigente da Agência Judaica, ele fazia propaganda do "povo unitário", termo descrito por um jornalista que fez seu perfil em 2012 como "a palavra do dia entre líderes comunais judaicos". Assim, no exato momento em que a campanha para redefinir o antissemitismo de maneira que a vinculasse a Israel aflorava nos Estados Unidos e na Europa, uma tendência paralela procurava enfatizar a ligação entre "povo judeu" e "Estado judaico".[32]

A valência política dessas expressões se evidenciou pela primeira vez quando os legisladores submeteram à Knesset o projeto de lei que propunha definir Israel como "o Estado nacional do povo judeu". Em 1960, Alan Stroock, presidente da Comissão sobre Israel do AJC, insistira na questão de que "Israel fala apenas por seus cidadãos e de forma alguma fala pelos judeus de outras terras". Mas no século XXI essas posições tinham seguido o destino dos dinossauros. Nenhuma grande organização judaica americana retomou qualquer argumento desse gênero quando em 2018 foi votada na Knesset a Lei Básica, a qual afirmava de modo explícito que Israel *não* pertencia principalmente a seus cidadãos, e sim "ao Povo Judeu": o AJC, por exemplo, se limitou a alertar sobre o impacto que a lei teria sobre a alegação de Israel ser uma democracia. Pois embora o governo Netanyahu insistisse que os compromissos democráticos do país se mantinham inalterados, ficou evidente que a lei comprometia ainda mais a posição já diminuída das minorias não judias de Israel. De modo menos espetacular ou menos severo, ela também comprometia inequivocamente a posição da judeidade da diáspora. Israel "não é o Estado nacional de todos seus cidadãos, mas apenas do povo judeu", disse o primeiro-ministro Netanyahu, em observações destinadas a esclarecer o significado da nova legislação. "Outros povos, outras nacionalidades e outras minorias [...] têm representação nacional em outros

Estados. A representação nacional do povo judeu é no Estado de Israel. Israel é o Estado nacional do povo judeu e somente dele." O que tais ideias mais traziam à lembrança eram os sentimentos daqueles nacionalistas de direita da Alemanha de Weimar quase um século antes, outro grupo demograficamente obcecado que alegava ter a lealdade dos alemães étnicos de todas as partes. Assim, com seu pressuposto de que havia uma "comunidade da nação" que ultrapassava as fronteiras, a lei de 2018 se assemelhava a uma vertente do pensamento etno-nacionalístico da Europa Centro-Oriental que fora repudiada pela maioria da própria Europa após a Segunda Guerra Mundial. Era como se Israel sob Netanyahu estivesse decidida a se converter politicamente num lembrete do que a Europa do pós-guerra deixara para trás.[33]

Em Israel, a esquerda estava em declínio, e o movimento pela paz também. Mesmo assim, muitos israelenses se opuseram firmemente à Lei Básica de 2018, e alguns declararam que não queriam mais ser registrados como judeus nos documentos oficiais. Um deles foi o ex-presidente da Knesset, Avraham Burg, que protestou que a lei impunha um estatuto inferior aos cidadãos não judeus "similar ao que fora atribuído aos judeus por incontáveis gerações". Entre os judeus americanos, a direção que estava sendo adotada pelo governo de Netanyahu de modo geral era impopular, pois ameaçava a acalentada suposição de que Israel podia ser ao mesmo tempo judaica e democrática. Pois um comentador perspicaz não havia observado em 1992 que a "nova política judaica" nos Estados Unidos se baseava na hipótese de que Israel partilhava os mesmos valores morais e democráticos dos Estados Unidos? Foi também o mesmo momento em que a Europa se declarava a favor do multiculturalismo e do apoio às minorias. ISRAEL COLOCA UM SÉRIO DILEMA PARA OS JUDEUS DA EUROPA, declarou uma manchete no *Haaretz*. A escritora Diana Pinto indagou:

> As ações de Israel estão realmente protegendo o povo judeu? Ou estão obrigando os judeus fora de Israel a defenderem um Estado que abandonou os valores do pós-guerra que definem a Europa e o Ocidente, valores que estão no cerne de sua própria legitimidade como judeus em países democráticos?[34]

A aprovação da Lei Básica de 2018 parecia quase concebida para promover confusão. "A identificação de todos os judeus com Israel", escreveu o historiador Martin Jay, "que parece servir de pretexto para o antissemitismo em alguns quadrantes, é tão perturbadora quanto a insistência ameaçadora de alguns defensores de Israel em que todos os judeus devem se unir por trás dela, certa ou errada." De fato, seria possível interpretar que a lei de 2018 trazia implícito que os judeus que se opusessem radicalmente às políticas israelenses não faziam realmente parte do "povo judeu", e, assim, talvez, em certo sentido, não fossem de forma alguma judeus. Como veremos no próximo capítulo, esse tipo de acusação se tornou cada vez mais corrente. Dessas e de outras maneiras, o equilíbrio sempre complexo no interior do próprio sionismo estava sendo alterado de uma forma que fazia com que a dissidência dentro e fora dos círculos judaicos parecesse ao mesmo tempo mais necessária e mais difícil.[35]

O problema fundamental é que uma noção de "povo judeu unitário" centrada em Israel vai contra a perspectiva-padrão da diáspora de que é possível ser judeu, ser leal ao país de nascença e manter a liberdade de definir uma posição própria em relação a Israel — seja ela positiva, negativa ou neutra —, tal como em relação a qualquer outro Estado. A ideia de que as lealdades políticas judaicas não se definiam pela etnia ou pela fé era um axioma que formou as bases da própria emancipação judaica: o problema colocado pela Lei Básica de 2018 era, pois, uma continuação de um debate muito mais longo entre sionistas e seus opositores.

A grande diferença era que agora a discussão se dava na época de um Estado judaico realmente existente, cujas políticas haviam se tornado cada vez mais controversas, até mesmo entre os próprios judeus. Além disso, estava atraindo para seu vórtice o conceito de antissemitismo, pois trazia a perspectiva de substituir o paradigma da diáspora tradicional sobre o antissemitismo — entendido como preconceito ou fanatismo contra os judeus como etnia — por outro moldado para servir aos interesses do Estado nacional judaico. Segundo esse novo paradigma, um ataque a Israel era antissemita por definição porque trazia implícita uma crítica contra "*o* povo judeu". Mas seria mesmo possível redefinir tão radicalmente o antissemitismo?

9. A própria natureza da coisa

Pois os erros das definições multiplicam-se à medida que o cálculo avança.

Thomas Hobbes, *Leviatã*

Algumas pessoas, quando veem uma palavra, pensam que a primeira coisa a fazer é defini-la.

Raymond Williams, *Keywords*[1]

Nada, escreveu o estadista e intelectual tudoriano Thomas Wilson em 1551, é mais importante do que uma definição clara que nos permita mostrar em palavras "a própria natureza da coisa". Ele listou três regras da definição. Primeiro, ela precisa ser delimitada: "A definição não deve conter nada além da coisa definida". Segundo, deve conter os elementos essenciais: "Devemos cuidar que a definição expresse a própria natureza e substância da coisa definida, ou não será uma boa definição". E terceiro, deve ser "simples e direta, sem ambiguidades".[2]

O consenso predominante entre os estudiosos nos últimos trinta ou quarenta anos tem sido, de modo geral, que qualquer tentativa de chegar a uma definição rigorosa do antissemitismo fatalmente terá problemas porque, como conceito, ele é extremamente multifacetado, variando no tempo e no espaço. "Ficamos com um termo altamente confuso, emocionalmente carregado, do qual não só antagonistas polêmicos, mas também analistas deliberadamente neutros, extraem consequências sérias e contraditórias", escreveu um especialista em 1981. "O termo antissemitismo, em especial em seu contexto americano", observou Henry Feingold alguns anos depois, "é tão inclusivo e portanto impreciso que o estudioso pode classificar dentro dele praticamente qualquer coisa que envolva conflito com judeus, desde os perenes atritos em relação aos presépios de Natal até a questão do lado em que se deve estacionar nos feriados judaicos". Uma panóplia de teorizações de cientistas sociais, filósofos e teólogos não contribuiu em nada para alterar a sensação de complexidade, e a rica investigação acadêmica recente sobre a história do antissemitismo, mesmo que transforme nosso conhecimento acerca do passado judaico, confirma essas dúvidas. Na verdade, um importante estudioso pergunta se o conceito de antissemitismo acrescenta muito à investigação histórica séria. Afirmar a existência do "antissemitismo" é seguir uma convenção semântica, sugere o historiador David Engel, que "não descreve realmente coisa alguma no mundo". Ao chamar a atenção para as distorções que se podem produzir quando se reúnem sob o mesmo termo, antissemitismo, diversas espécies de incidentes de épocas com valores muito diferentes, Engel conclui que, para os historiadores, seria útil reduzir ou mesmo abandonar a palavra a fim de tentar entender episódios de preconceito ou hostilidade antijudaica em seus próprios termos e em seu contexto adequado. Talvez seja dispensável dizer, mas este livro não vai tão longe: o conceito de antissemitismo, quando utilizado com sensibilidade, certamente pode ajudar a iluminar aspectos do passado. Mas, sem dúvida, é preciso se preocupar quanto a seu potencial para semear confusão e mal-entendidos. Se for necessária alguma prova, temos a lição edificante que se extrai daquela que veio a ser conhecida como definição Ihra.[3]

Vamos começar com uma pergunta: em que data a ideia de promover uma definição específica de antissemitismo começou a ser identificada, por parte do governo de Israel, como um objetivo? A resposta está quase certamente nos primeiros anos do novo milênio. Foi aí que, quando sucessivas agências passaram a se debruçar sobre pesquisas acerca do antissemitismo, os representantes das grandes organizações de defesa judaicas americanas atuantes na Europa, em conjunto com autoridades israelenses, ficaram irritados ao saber que uma pequena peça da máquina da União Europeia, o Centro de Monitoramento Europeu de Racismo e Xenofobia (EUMC, na sigla em inglês), teria supostamente retido um relatório porque ele revelaria que muitos episódios antissemitas tinham sido obra de jovens muçulmanos. Se a acusação tinha ou não fundamento é algo ainda em debate, mas ela levou a uma discussão sobre a questão técnica quanto ao modo de comparar dados entre países na ausência de um entendimento padronizado dos atos supostamente antissemitas. Esse é um problema conhecido nas compilações dos dados de crimes de ódio em geral. No caso do antissemitismo, soma-se o complicador de que há divergências entre as forças policiais quanto a se o antissemitismo deve ser entendido como questão religiosa ou racial. Agora surgia mais uma fonte de confusão: no caso de muitos incidentes que pareciam ligados de uma ou de outra maneira à política israelense e à situação no Oriente Médio, não era fácil distinguir entre motivos políticos e preconceito antijudaico. Como vimos, entre manifestantes europeus contra o antissemitismo, de um lado, e seus análogos americanos e israelenses, de outro, já havia uma divergência incipiente para saber se essa distinção era minimamente significativa. Uma enxurrada de livros e artigos norte-americanos que argumentavam que a Europa estava tomada por uma antipatia antissemita por Israel se deparou com críticos que contra-atacaram dizendo que a própria ideia de um "novo antissemitismo" era confusa. Para se chegar a um consenso, solicitou-se o auxílio de um especialista do AJC, Kenneth Stern, para a elaboração de diretrizes que ajudariam a estabelecer quando se ultrapassava a linha e se ingressava no fanatismo étnico. O resultado final foi uma definição em duas frases, acompanhada por vários exemplos ilustrativos. Ela destinava-se a um uso administrativo interno, e não ao uso público, e foi o início discreto de algo que rapidamente se tornaria um esforço vigoroso para impor a observância internacional das premissas do "novo antissemitismo".[4]

O EUMC não era propriamente uma organização conhecida ou importante, mas mesmo assim Dina Porat, historiadora de Tel Aviv envolvida no processo de elaborar a definição, saudou o resultado como uma grandiosa realização. Em suas palavras: "Pela primeira vez foi aceita uma definição operacional internacional do antissemitismo, desde a cunhagem do termo no final do século XIX". A seguir, porém, ela fazia uma boa pergunta: "Por que foi necessária uma nova [...] definição?".[5] As gerações anteriores não tinham precisado dela para reconhecer o problema, e, de fato, a luta contra o antissemitismo havia obtido um sucesso notável nas décadas pós-1945, sem que os políticos utilizassem uma definição padronizada. Para a pergunta de Porat, havia duas respostas.

Uma delas era técnica: com o início do monitoramento dos crimes de ódio em bases quantitativas, houve uma onda de criação de definições formais conduzida por burocratas e técnicos de dados que procuravam monitorar políticas antidiscriminação e crimes de ódio, que precisavam classificar as informações em categorias rigorosas. "Da história sempre extraímos ideias de [...] desenvolvimento constante, de instabilidade", notou certa vez um jurista do final do século XIX. "Mas no direito ou, de todo modo, para os objetivos do advogado praticante, precisamos é de ideias de fixidez, de uniformidade." Principalmente, poderíamos acrescentar, numa era de computadorização. Além da necessidade administrativa e das demandas tecnológicas, porém, havia uma segunda resposta para a indagação de Porat. Como observou o teórico da cultura Raymond Williams, os "grupos temporariamente dominantes", como dizia ele, gostam de fixar definições a fim de legitimar alguns significados de uma palavra e proibir outros. Williams alertou que isso era especialmente problemático nos casos de termos carregados de valor, em que uma definição absoluta era de fato "um procedimento não só impossível, mas também descabido", que incluía tentar obscurecer "uma história e a complexidade de significados". Pode ser tentador gozar do privilégio de fixar o significado de termos que ficam potencialmente sob a alçada da Justiça, como "antissemita", não tanto para melhorar o entendimento deles, mas, precisamente, para excluir certas posições como indesejadas e talvez até inaceitáveis. A resposta à pergunta de Dina Porat sobre a necessidade de definição era, portanto, não só técnica, mas também ideológica.[6]

As gerações pós-guerra de manifestantes contra o antissemitismo não tinham precisado de uma definição rigorosa, em parte porque aquela era uma época menos movida à base de dados, em parte porque não se incomodavam com o sionismo — antes de 1967, Israel simplesmente não participava da problemática do antissemitismo — e em parte porque estavam operando com um entendimento contextualizado do antissemitismo e procuravam relacioná-lo a outros fenômenos sociais (como psicologia, racismo, pobreza e educação), em vez de enfatizar o que podia identificá-

-lo como um fenômeno separado. Os resultados tiveram um êxito incontestável: o antissemitismo diminuíra. Mas, no começo do século XXI, essa forma de encarar o problema havia desaparecido, e a política se transformara: a campanha antiantissemitismo se separara da luta mais ampla contra o racismo; migrara da associação com a esquerda e tomara a esquerda como alvo; conectara-se a Israel, que estava afirmando seu predomínio nos assuntos judaicos mundiais e, ao mesmo tempo, ficara sujeita a críticas internacionais crescentes.

Como examinaremos no próximo capítulo, viu-se que esse novo enquadramento do antissemitismo pouco ou nada fez para melhorar a eficácia da campanha contra a questão em si: ele é muito melhor em gerar manchetes do que em produzir resultados. Mas o que ficou imediatamente óbvio para os que monitoravam o antissemitismo para a União Europeia foi que, embora alguns dos exemplos que acompanhavam a definição de Stern — como as que ilustravam a negação do Holocausto — fossem indiscutíveis, os que tratavam de Israel suscitavam muitas perguntas. Ciente disso, o EUMC de início diluiu e então gradualmente abandonou a fórmula que Stern e seus colegas haviam produzido. Embora a seguir se dissesse que ela fora adotada pela União Europeia — houve muitas falsas alegações na tentativa de consolidar as credenciais da definição —, entidades do bloco continuavam cautelosas em relação a ela. Até o próprio EUMC por fim deixou de adotá-la oficialmente, e a agência sucessora a abandonou por completo.

Num outro mundo, toda essa tentativa de definir o antissemitismo teria se encerrado por aí. Mas não foi o que aconteceu. Em vez disso, num desdobramento que realçava claramente o impulso político dominante por trás de todo o exercício, seus formuladores procuraram outra entidade que emprestasse seu imprimátur à definição, presumivelmente porque era mais provável que o patrocínio de uma organização judaica importante ou do próprio

Estado de Israel fosse entendido como uma forma de participação ativa e de luta pela aceitação geral, do que apenas a bênção de uma agência internacional. De fato, havia todo um catálogo de autoridades patrocinadoras potencialmente disponíveis, porque alguns dos integrantes das organizações judaicas americanas envolvidas não só ocupavam a posição de membros observadores em agências intergovernamentais como também trabalhavam nelas. Um representante do AJC na Osce, por exemplo, era também o representante pessoal do presidente no Combate ao Antissemitismo. E um colega do Centro Simon Wiesenthal (SWC, na sigla em inglês) presidia um comitê sobre o antissemitismo numa entidade intergovernamental menos conhecida, a Ihra. Existindo desde 1998, a Ihra trabalhava na área de educação sobre o Holocausto de maneira discreta e atuava até aí sem uma definição, pois não era uma entidade de monitoramento nem um centro de pesquisas acadêmicas. Mas, em 2016, o lobby para que se adotasse a órfã "Definição Operacional" fez com que os membros da Ihra votassem por sua adoção: a chamada definição Ihra do antissemitismo logo estava em vigor.[7]

Para entender o que a Ihra efetivamente nominou, podemos comparar sua versão com o trabalho de lexicógrafos profissionais. O *Oxford English Dictionary* (OED), por exemplo, define o antissemitismo como: "Preconceito, hostilidade ou discriminação em relação a pessoas judias por motivos religiosos, culturais ou étnicos".

A "Definição Operacional" Ihra diz que ele é

> certa percepção dos judeus, que pode ser expressa como ódio aos judeus. Manifestações retóricas e físicas de antissemitismo são di-

rigidas a indivíduos judeus ou não judeus e/ou a suas propriedades, a instituições e instalações religiosas da comunidade judaica.

Usando quase o triplo do número de palavras do OED, a Ihra diz menos e com menos clareza. Já na primeira parte da frase, a palavra *certa* não é necessária; "percepção" é um termo impreciso; "pode ser" é estranho, visto que uma definição em geral nos diz o que alguma coisa é; e "ódio" não é a expressão única e nem mesmo necessariamente a mais importante do antissemitismo. Indeterminada, repetitiva e incompleta, a fórmula Ihra não consegue transmitir o que Thomas Wilson chamou de "a própria natureza da coisa". De fato, comparada à versão do OED, a definição Ihra é precariamente elaborada e, na verdade, não é em absoluto uma definição. Que tenha sido levada a sério, este é um enigma ao qual iremos voltar.[8]

Talvez por causa dessas deficiências bastante evidentes em sua formulação, a principal tarefa desempenhada pela definição Ihra não consiste nas duas frases apresentadas acima, e sim numa série de exemplos ilustrativos que vêm na sequência. Eles são apresentados em termos condicionais — o que significa que são exemplos de coisas que podem mas não precisam necessariamente valer como antissemitismo. Na verdade, essas ilustrações apenas confundem ainda mais as coisas.

Por exemplo, a Ihra diz que pode ser antissemita aplicar "duplos critérios [a Israel] demandando-lhe um comportamento não esperado ou exigido de qualquer outra nação democrática". Pode ser e pode não ser: não nos dizem como perceber a diferença. Essa injustiça aconteceu, claro, e nos anos 1970 e 1980 o Conselho de Direitos Humanos da ONU, egregiamente unilateral, viu regimes tirânicos, muitas vezes até mais brutais violadores dos direitos humanos do que Israel, tomarem-no como alvo de censura. Mas hoje a principal crítica da comunidade internacional a Israel não é dessa espécie. Ela decorre não da adoção de um critério diferente do aplicado a outros Estados democráticos, mas da aplicação do mesmo critério. A crítica mais frequente e expressiva se faz não a despeito da semelhança entre as políticas de Israel e as de outros Estados democráticos, mas à sua, digamos, abordagem da ocupação militar, e o direito internacional agora diverge significativamente dessas políticas.

Além disso, organizações são uma coisa, indivíduos são outra. O cientista político Peter Beattie especificou cuidadosamente os diversos tipos de razões pelas quais as pessoas podem dar mais atenção a Israel. Uma delas, de fato, pode ser o antissemitismo, em outras palavras, o desejo de apontar defeitos no Estado judaico por ser judaico. Mas esta não é a única razão. Há também o terceiro-mundismo — o desejo de mostrar solidariedade com o que se pode considerar um povo não ocidental mais fraco numa luta com um povo ocidental mais forte. Uma terceira pode ser a simples ignorância: em outras palavras, falta de conhecimento do que está se passando em outros lugares do mundo. Também é possível acrescentar uma quarta razão, a saber, as pessoas podem ter um senso específico de responsabilidade política em torno de determinada questão; isso pode refletir um laço étnico, confessional ou familiar, ou talvez apenas um senso de "não em meu nome", como poderia sentir um contribuinte americano insatisfeito com o grau extraordinariamente alto de apoio de seu país às forças militares de Israel. Esses três últimos motivos — solidariedade com o Terceiro Mundo, ignorância e "não em meu nome" — não implicam antissemitismo. O que Beattie nos mostra é que a forte crítica a Israel muitas vezes não tem absolutamente nada a ver com antissemitismo. Ele conclui: "Acusações imprecisas de antissemitismo não são apenas caluniosas, mas ameaçam degradar o próprio termo e enfraquecer sua ligação com uma forma de preconceito muito real e muito perigosa".[9]

A Ihra gera mais confusão ao sugerir que pode ser antissemita negar ao "povo judeu seu direito à autodeterminação, por exemplo, alegando que a existência de um Estado de Israel é um empreendimento racista". Aqui a Ihra junta desnecessariamente duas questões diferentes. Acusar reiteradamente Israel de racismo, claro, é contencioso; por outro lado, muitos outros países hoje também são criticados como racistas em sua própria origem — países nas Américas, por exemplo, ou a Nova Zelândia e a Austrália. Não impedimos as pessoas de expressar uma visão tão discutível nesses casos, e, se há razões pelas quais Israel deveria ser dispensada das preocupações normais com a liberdade de expressão, a Ihra não as apresenta.

Quanto ao chamado direito de autodeterminação, é uma questão invocada com frequência pelos proponentes do "novo antissemitismo", que gostam de dizer que o antissemitismo apenas mudou de nível desde o final da Segunda Guerra Mundial: nas palavras de Irwin Cotler, por exemplo, "o que aconteceu foi apenas a mudança da discriminação contra os judeus como indivíduos para a discriminação contra os judeus como povo".[10] Natan Sharansky fala praticamente a mesma coisa. Por esse ângulo, a negação do "direito do povo judeu a viver como membros iguais da família das nações" denotaria uma forma de antissemitismo: nega-se aos judeus seu direito à autodeterminação.

No entanto, o argumento se baseia numa falsa analogia. Pois, enquanto os direitos individuais são conferidos pelos Estados a seus cidadãos, o reconhecimento de um Estado na sociedade internacional é concedido pelos membros dessa sociedade. O reconhecimento internacional certamente não é dado a todas as nações; na verdade, não existe direito universal: muitos grupos étnicos no mundo jamais conquistaram e provavelmente jamais conquistarão a condição de Estado. Respondendo, em meados dos anos 1960, a comentários soltos na Assembleia Geral da ONU sobre um direito geral de autodeterminação para "todos os povos", Rupert Emerson, cientista político de Harvard, concluiu sua longa análise de modo inequívoco: "*Nem todos* os povos têm o direito à autodeterminação; nunca o tiveram e nunca o terão".[11]

No caso, a discussão toda é estranhamente descabida, visto que Israel de fato goza de reconhecimento internacional desde seu ingresso na ONU como membro pleno em 1949; no final dos anos 1960, já fora reconhecido pela maioria dos países da Europa Ocidental, das Américas e da África Subsaariana, e no século XXI pela grande maioria dos Estados-membros da ONU. É verdade que alguns deles lhe recusam o reconhecimento, e em número maior do que qualquer outro membro da ONU. Mas não são necessariamente motivados por antissemitismo; a recusa pode decorrer de discordâncias políticas em relação ao território ou à história (como no caso do não reconhecimento de Taiwan ou da Armênia). Os Estados africanos que retiraram seu reconhecimento após a guerra de 1973 não haviam se tornado antissemitas da noite para o dia, mas adotavam uma posição política, assim como não haviam se tornado de repente pró-semitas quando, mais tarde, reataram as relações diplomáticas. E mais: como questão essencialmente política, o não reconhecimento só pode ser resolvido por meio da política — como demonstrou o primeiro-ministro Yitzhak Rabin durante seu período no cargo. Assim, a descrição do não reconhecimento como uma expressão de antissemitismo é, na ausência de provas, não só uma suposição e uma mistura de categorias, mas também uma posição que ignora a possibilidade de solução.

Igualmente descabida é a alegação usual de que é antissemitismo negar o "direito de existir" de Israel. O diplomata soviético Andrei Gromyko formulou de forma concisa a questão muito tempo atrás: "No que se refere ao Estado judaico, sua existência já é um fato; quer se goste ou não desse Estado, ele está concretamente ali".[12] Menachem Begin descartava ainda mais a conversa de um "direito de existir". Ao assumir o cargo de primeiro-ministro em 1977, ele disse:

> O direito de existir? Não passaria pela cabeça de nenhum britânico, francês, belga, holandês, húngaro, búlgaro, russo ou americano pedir para seu povo o reconhecimento de seu direito de existir. Sua existência em si é seu direito de existir. O mesmo vale para Israel. Nós [...] não esperamos que ninguém peça em nosso nome que se reconheça nosso direito de existir na terra. É um reconhecimento diferente que se requer entre nós e nossos vizinhos: reconhecimento da soberania e da mútua necessidade de uma vida de paz e entendimento. É esse mútuo reconhecimento que procuramos: por ele envidaremos todos os esforços possíveis.[13]

"Sua existência em si é seu direito de existir." Não há muito mais o que dizer. Como Begin deixou claro, o importante é o reconhecimento internacional, que é um assunto de Estados, diplomacia, guerra e paz. Assim, como outros conceitos que se agrupam em torno da redefinição Ihra de antissemitismo, o significado de "o direito de existir" mais obscurece do que esclarece. Ele borra distinções fundamentais como a que se deve fazer entre, por um lado, a conclamação à própria extinção da vida judaica em Israel e, por outro lado, a reivindicação de se pôr um fim à negação de direitos iguais aos árabes do país. Não é na definição Ihra que devemos procurar auxílio para traçar essas distinções tão sensíveis e importantes. Felizmente, existem alternativas que oferecem uma orientação mais significativa.

A natureza confusionista e a pura inadequação conceitual da abordagem da Ihra não são segredo entre os estudiosos. Na verdade, como a criação e a disseminação da definição envolveram o abandono de grande parte do conhecimento especializado dominante sobre a questão, não admira que um amplo leque de pesquisadores respeitados tenha, desde o começo, discordado vivamente de suas asserções básicas. Criaram-se outras definições em resposta, duas das quais são bastante próximas entre si e mais alinhadas com a maior parte do entendimento especializado contemporâneo: a chamada definição Nexus e a Declaração de Jerusalém sobre o Antissemitismo. Esta última apresenta uma discussão especialmente proveitosa da questão central — quando a crítica a Israel é e quando não é antissemita —, que evita muitas das armadilhas da abordagem da Ihra e consegue oferecer instrumentos para combater o preconceito, ao mesmo tempo salvaguardando o debate político e a liberdade de expressão.[14]

Sob a categoria de exemplos da discussão sobre Israel sugerindo que, à primeira vista, *pareceriam* antissemitas, a Declaração de Jerusalém arrola os seguintes:

> [a] aplicar os símbolos, imagens e estereótipos negativos do antissemitismo clássico ao Estado de Israel; [b] considerar os judeus coletivamente responsáveis pela conduta de Israel ou tratar os judeus, apenas por serem judeus, como agentes de Israel; [c] exigir que as pessoas, por serem judias, publicamente condenem Israel ou o sionismo (por exemplo, num comício político); [d] supor que judeus não israelenses, apenas por serem judeus, são necessariamente mais leais a Israel do que a seus próprios países; [e] negar o direito dos judeus no Estado de Israel a existirem e se desenvolverem, coletiva e individualmente, como judeus, de acordo com o princípio da igualdade.

Sob a categoria de exemplos que *não parecem* antissemitas, ela arrola:

> [a] apoiar a reivindicação palestina por justiça e plena concessão de seus direitos políticos, nacionais, civis e humanos, tal como vem estipulado no direito internacional; [b] criticar ou se opor ao sionismo como uma forma de nacionalismo, ou defender uma variedade de dispositivos constitucionais para judeus e palestinos na área entre o rio Jordão e o Mediterrâneo; [...] ou apoiar dispositivos que concedam plena igualdade a todos os habitantes "entre o rio e o mar", seja em dois Estados, um Estado binacional, um Estado democrático unitário, um Estado federal ou em qualquer forma; [c] crítica com base comprovada a Israel como Estado; [d] boicote, desinvestimento e sanções, que a Declaração observa serem formas usuais e não violentas de protesto político contra Estados; [e] discurso político — que não precisa ser comedido, proporcional, moderado ou arrazoado para ser protegido pelo direito internacional.[15]

Algumas das observações específicas são úteis e detalhadas. Assim, a Declaração estabelece que não é antissemita apontar ou afirmar a existência de uma discriminação racial sistemática em Israel. Tal como fazemos ao debater sobre outros Estados, podemos reconhecer que uma posição é contenciosa — por exemplo, a visão de que Israel está praticando uma forma de apartheid ou de colonialismo por assentamento — sem considerá-la antissemita. O antissemitismo não é a mesma coisa que um mero irracionalismo; e se uma posição em relação a Israel é tida por alguns como ofensiva ou desconcertante, nem por isso ela se torna uma questão de preconceito.

Tudo isso é apresentado de forma direta, num espírito totalmente diferente da fórmula Ihra e numa resposta esclarecedora a ela. Resultado de uma série de oficinas promovidas por um instituto israelense de estudos avançados — o Instituto de Jerusalém Van Leer —, a declaração foi assinada ou endossada desde seu surgimento, em 2020, por muitos dos principais estudiosos do mundo. Com a vantagem de ser lançada depois do texto da Ihra, ela é capaz de dissipar muitas confusões que haviam sido fomentadas por ele. E no entanto é notável que nem ela nem nenhuma outra definição tenha recebido qualquer coisa que se aproxime do apoio político ou do sucesso internacional que teve a definição Ihra. De fato, num irônico reconhecimento da existência das definições, e talvez de seus méritos, o projeto de lei do antissemitismo aprovado em 2023 no Congresso americano bane em termos explícitos o uso de definições rivais. Provavelmente em reação à crítica de especialistas, o website da Ihra agora alerta que se trata de uma definição "operacional" e também "não juridicamente vinculativa". Mas isso é como chorar sobre leite derramado: não cabe mais à Ihra determinar o que será e o que não será juridicamente vinculativo.

Pois a definição Ihra foi adotada internacionalmente numa escala além de desproporcional a seus méritos. Em dezembro de 2016, o Senado Federal americano aprovou a Lei da Consciência do Antissemitismo, que fazia referência a ela. Uma ordem executiva assinada pelo presidente Trump em 2019 também a mencionava.[16] Até a data de hoje, mais de quarenta governos a endossaram de uma ou de outra maneira, incluindo quase todos os membros da União Europeia, bem como 34 estados americanos e a maioria das províncias do Canadá. No Reino Unido, as universidades sofreram pressão para adotá-la, e a maioria acedeu, mais ou menos; centenas de outras organizações na Europa e na América do Norte a incorporaram em seus programas de treinamento. Outras, porém, sobretudo a própria ONU, até agora têm se abstido.[17]

Os lemingues, de fato, podem não praticar o suicídio em massa, mas o comportamento de lemingue de várias figuras internacionais e instituições oficiais muitas vezes leva a resultados precariamente avaliados e contraproducentes. Em decorrência da adoção da fórmula Ihra, alguns países — em especial os Estados Unidos — agora estão de fato tentando ditar o que seus cidadãos nacionais podem ou não podem dizer sobre outros países. Parecem poucos os precedentes para isso, se é que há algum, e as potenciais consequências para a liberdade de expressão são profundas. Pois, como escudo que desvia críticas à política externa e ao mesmo tempo se apresentando como meio de combater os crimes de ódio, a definição Ihra de antissemitismo oferece o tipo de armadura que muitos países gostariam de ter. É fácil imaginar, por exemplo, como o Kremlin acharia bom poder assistir à repressão americana do discurso antirrusso em 2022. O fácil deslizamento do nível nacional interno (abominar a violência contra uma etnia) para o nível internacional (vetar certas críticas a outro país) que é propiciado por essa concepção de antissemitismo lhe dá um poder extraordinário. E, ainda que o antissemitismo continue a ser um caso único, vários nacionalistas hinduístas já se inspiraram no exemplo Ihra, e alguns esperam chegar a uma definição de "hindufobia" e tê-la incluída na lei americana contra a discriminação, de forma que venha efetivamente a silenciar os críticos da Hindutva nos Estados Unidos. Atrás deles podem estar outros, aguardando sua vez na fila do lobby. O que restará então da liberdade de expressão? Pode-se encontrar a resposta examinando mais detalhadamente o que a definição Ihra de antissemitismo vem significando para a discordância política, o debate público e a vida cultural em termos mais gerais.[18]

10. Caçando o elefante errado

Diz-se que o Império Britânico foi perdido e foi ganho nos campos esportivos de Eton. A coroa do judaísmo e da judeidade será ganha ou perdida nos campi dos Estados Unidos.

Rabino Irving Greenberg, 1968[1]

Qualquer crítica é antissemita; todo oponente é um inimigo; todo inimigo é Hitler; todo ano é 1938.

Avraham Burg, ex-presidente da Knesset,
26 de julho de 2022[2]

É fácil narrar a história dos últimos anos como uma teoria conspiratória — uma história da deliberada exploração e instrumentalização de uma palavra como arma verbal — ou como um choque entre crenças culturais e ideológicas, normas morais e incompreensão mútua. Mais difícil é fazer justiça a ela como uma mescla de todas essas coisas e outras mais. Seria ingenuidade ignorar as várias formas de uso político da definição Ihra. Ao mesmo tempo, as sociedades ocidentais estão demonstravelmente mais sensíveis do que nunca a questões de tendenciosidade e discriminação, e uma época propensa a ver os sentimentos como verdades confere um novo peso às emoções e percepções em temas de preconceito. Esses fatores complicam imensamente qualquer tentativa de avaliar a escala e a relevância do antissemitismo em nossos tempos.[3]

O fato geopolítico fundamental é que uma definição altamente contenciosa e problemática do antissemitismo tem sido promovida e disseminada numa época em que as pesquisas de opinião vêm mostrando sistematicamente um endurecimento a longo prazo da opinião mundial contra Israel. Ao alegar — e, sem dúvida, com o tempo, ao acreditar de forma generalizada — que a razão disso foi, em larga medida, o antissemitismo, a elite militar e diplomática do país parece basicamente ter se resignado já faz algum tempo com a existência dessa tendência mundial, considerando sua aliança com Washington e, por detrás disso, com a opinião pública americana o fator essencial. No entanto, nesta última estão surgindo fissuras, pois embora o apoio público nos Estados Unidos se mantenha vigoroso desde 1967, há sinais de que ele está começando a seguir o padrão internacional, a expressar maior preocupação com o rumo das políticas de linha dura adotadas pelo governo Netanyahu e a mostrar muito maior simpatia pelos palestinos. Não é uma questão de e/ou: a maioria continua a apoiar Israel, mesmo criticando seu emprego de uma força esmagadora e indiscriminada. Mas a tendência é incontestável, em especial entre os jovens norte-americanos, e se abriu um fosso geracional nas atitudes.

Não admira que os campi americanos tenham se tornado uma arena central das tensões disso resultantes: afinal, faz décadas que são um local de ambivalência judaica. Ao sonharem com o ingresso dos filhos na faculdade, muitos pais judeus ao mesmo tempo temiam o que aconteceria com eles. O velho receio era o atrativo da assimilação e da secularização: o canto das sereias da *shiksa* [garota] loira assombrava os pesadelos das mães judias desde que o sistema de cotas desaparecera. "A faculdade é uma área desastrosa para o judaísmo, a lealdade judaica e a identidade judaica", escreveu o rabino Irving Greenberg em 1968, alertando que a academia pregava um "estilo de vida universal, secularista", que via com desprezo o "tribalismo étnico".[4] O surgimento da política identitária amenizou essa preocupação específica — vicejava o tribalismo étnico nos campi americanos —, mas ela trouxe novas preocupações sobre a doutrinação de esquerda, a antipatia por Israel e, de forma mais recente, até mesmo o próprio antissemitismo.

Essas coisas já andam juntas na mente de muitas pessoas há algum tempo, e a crença de que as universidades tinham se tornado centros do politicamente correto, infelizmente, transformou aqueles que se preocupavam com o antissemitismo mais receptivos aos ataques contra elas. Os professores têm seu próprio jargão, é verdade, e o pós-modernismo não ajudou. Mas o argumento do politicamente correto muitas vezes se baseia mais em boatos do que numa noção real de como são as universidades. Descrevê-las como, "em essência, fábricas de militantes maoistas", como afirmou recentemente um estudioso, sugere a verdadeira ignorância do trabalho que elas fazem. Se há uma coisa que a sociedade americana não precisa temer das universidades é a produção em massa de maoistas. (Na verdade, atualmente é provável que a maioria dos estudantes, incluindo os que vão aos protestos, teria dificuldade até em reconhecer um maoista, e os professores maoistas hoje são tão raros quanto um pássaro dodô.) Em seu nervosismo, os que vivem preocupados costumam se enganar na avaliação das forças que moldam a perspectiva dos jovens: os campi não tanto criam, mas refletem mudanças culturais mais amplas. Assim como a passagem da sociedade americana para a política étnica desmentiu os motivos de preocupação do rabino Greenberg, os americanos de todos os quadrantes no começo do século XXI estavam mudando de ideia quanto à questão Israel-Palestina. Os estudantes universitários não demoraram a seguir as tendências sociais: se protestavam, era porque escolhiam isso, e não porque os professores lhes diziam o que fazer.[5]

A divisão geracional crescente entre manifestantes estudantis de um lado e, do outro, pais, ex-alunos, doadores e administradores foi vividamente ilustrada na primavera de 2024 (ver também o Epílogo). Enquanto os acampamentos nas universidades ocupavam as manchetes, os jornais revelavam que um grupo de bilionários se reunira discretamente para exigir a repressão policial dos manifestantes pró-palestinos em campi na cidade de Nova York. Tendo crescido numa época diferente, esses homens estavam acostumados a ver Israel como um valoroso oprimido e sitiado, e ficavam indignados com os protestos e o apoio aos inimigos. Muitos estudantes, por seu lado, ficavam indignados com as ações de uma força de ocupação que expulsava sistematicamente os palestinos de seu lar ancestral em Gaza. A geração mais velha entendia que o Holocausto impunha uma solidariedade imorredoura a Israel; a geração mais jovem acreditava que ele significava erguer-se contra a violência da massa organizada pelo Estado. Como os empresários em sua maioria tinham sessenta anos ou mais, os estudantes eram jovens, tinham idade para ser netos deles. Ou, mais precisamente, netas deles, pois o que passou quase despercebido na época foi o fato de que os bilionários eram todos homens, enquanto entre os estudantes havia um predomínio de mulheres. A religião em si nem vinha ao caso, pois a opinião estudantil judaica também estava dividida, e entre os estudantes em protesto havia, como entre os bilionários, um grande número de judeus e que também invocavam esse fato como razão de seu ativismo.[6]

Para entender o papel de ideias concorrentes sobre o antissemitismo nessa luta, precisamos voltar no tempo, até o começo dos anos 2000. Foi então que os ansiosos em combater o que viam como um novo antissemitismo começaram a voltar sua atenção para as faculdades e universidades americanas a fim de levar até elas a contenda. Por um lado, procuraram obter o respaldo acadêmico para sua abordagem ao antissemitismo montando programas e institutos; por outro lado, esperavam combater por meio da repressão e outras formas de coação as mudanças na opinião estudantil que lhes eram incômodas. Mas como na verdade entre defesa e academia não há uma integração tão fácil quanto se costuma pensar, como fazia tempo que a corrente acadêmica dominante contestava as premissas do novo paradigma do antissemitismo e como o próprio paradigma incluía uma resposta equivocada ao ativismo estudantil, o que se seguiu foi uma história cada vez mais dolorosamente emaranhada.

Em 2006 — em meio a uma intensa discussão internacional sobre o antissemitismo no mundo pós-Guerra Fria —, a Universidade de Yale anunciou com orgulho o lançamento da primeiríssima iniciativa de pesquisa interdisciplinar sobre o antissemitismo numa universidade americana. Meros cinco anos depois, porém, ela encerrou o projeto. Alguns observadores criticavam a falta de rigor acadêmico do programa; outros comentavam os perigos de uma defesa disfarçada de estudo acadêmico. O criador da iniciativa — que nunca integrara o corpo docente titular — deixou Yale e se concentrou em dirigir um Instituto para o Estudo do Antissemitismo e Política Global (Isgap, na sigla em inglês), organização ainda existente. Embora o website do Isgap dê a impressão de ser mais um centro de pesquisa acadêmica, ele está engajado em "combater o antissemitismo no campo de batalha das ideias", e, no tipo de "pesquisa" que faz, há alegações de que doações secretas do governo dos países do Golfo corrompem o trabalho acadêmico nos Estados Unidos. Na verdade, o Isgap é financiado pelo governo israelense, e entre seus consultores está Natan Sharansky, ex-ministro do governo, bem como uma ex-integrante do serviço secreto, Sima Vaknin-Gil, que foi diretora-geral do Ministério de Assuntos Estratégicos e Diplomacia Pública. Colocando em termos simples: parece que estamos entre o mundo da academia e o reino das sombras do que hoje é conhecido como "campanhas de influência".

Organizações como o Isgap, que surgiram mais ou menos na época das primeiras tentativas de criar uma nova definição operacional de antissemitismo, devem ser vistas no contexto do esforço semipúblico maior do governo israelense de melhorar a imagem do país no exterior e tentar restringir o impacto dos grupos pró-palestinos. A própria Vaknin-Gil disse à Knesset em 2017 — ano seguinte ao efetivo início da disseminação da definição Ihra — que as agências governamentais israelenses estavam trabalhando em conjunto para resolver o problema da grande queda da reputação mundial do país. Tentara-se um reposicionamento, mas não tinha dado certo; a nova prioridade era cercear a crítica no exterior. Perante o crescimento do movimento de boicote, desinvestimento e sanções (BDS), Vaknin-Gil descreveu os protestos ativistas no exterior como uma ameaça fatal à sobrevivência nacional. A estratégia esboçada por ela incluía conseguir que o movimento BDS fosse declarado antissemita e se tornasse ilegal, e, de modo geral, tentar moldar o debate internacional sobre o antissemitismo — em suma, uma intervenção na vida cultural, intelectual e acadêmica de outros países sob a forma de mobilização contra os apoiadores dos palestinos. Assim, o "campo de batalha das ideias" fazia parte de uma guerra maior a ser travada muito além do Oriente Médio. Essa visão militarizada da vida intelectual e acadêmica no Ocidente hoje se tornou usual entre atores políticos externos. Os campi são a "segunda frente da guerra", escreveu Natan Sharansky após 7 de outubro: "Os estudantes ativistas são nossa infantaria [...]. Possam nossos soldados nas duas frentes continuar a ser fortes".[7]

Essa, claro, é basicamente uma visão ativista da educação, e era sem dúvida partilhada por alguns do lado contrário na discussão sobre o Oriente Médio. Mas a discrepância entre os graus respectivos de poder e influência dos dois lados era inequívoca, em especial nos Estados Unidos, onde era possível que o conceito de antissemitismo desempenhasse tantas tarefas. A fusão do Ihra entre antissemitismo e crítica a Israel abriu caminho para apresentar os protestos estudantis como predominantemente antissemitas, assim oferecendo aos observadores de fora uma base plausível para a intervenção na vida universitária. Já na altura em que o governo de Israel embarcou na iniciativa descrita por Vaknin-Gil, algumas pessoas estavam preocupadas com o potencial de uso distorcido da definição de antissemitismo. Um dos primeiros a se mostrar alarmado foi o homem que fizera sua redação original. Em 2010, Kenneth Stern soube de planos para invocar sua definição na litigância de direitos civis contra universidades americanas. Ele sabia que ela não se destinava a tais fins; sendo desde longa data defensor da livre expressão, Stern considerava que mesmo palavras de ódio deviam ser autorizadas no campus. Como afirmou ele: "Posso dizer que acho que Israel é de tipo nazista sem ter de me preocupar em ser processado". Dentro do AJC naquela época, outros integrantes tinham a mesma preocupação de Stern quanto aos perigos agora postos pela definição que tinham ajudado a formular, e Stern tomou a iniciativa de lançar uma declaração se opondo a seu uso distorcido. "Ao tentar censurar comentários anti-Israel", alertou ele, "torna-se não menos, e sim mais difícil enfrentar o antissemitismo e o dogma anti-Israel." Mas essa carta, que Stern escreveu com o presidente da Associação Americana de Docentes Universitários, desencadeou uma tempestade de críticas dos grupos judaicos de direita tão feroz que o texto foi desautorizado pelo presidente da AJC, David Harris. Stern acabou saindo da organização onde trabalhara durante 25 anos e se tornou o principal crítico do abuso da definição Ihra. Mais tarde, David Harris ingressou no conselho diretor do Isgap A cisão no interior da vida judaica americana, referente ao debate sobre se a definição Ihra realmente ajuda ou prejudica a luta contra o antissemitismo, se refletiu nos caminhos divergentes de ambos.[8]

Desde então, o problema temido por Stern se tornou muito maior. Grupos judaicos americanos que antes se opunham a medidas antidiscriminação por causa da liberdade de expressão passaram a exigir ações similares contra o antissemitismo. Diante das acusações de se preocuparem mais com certos tipos de preconceito do que com outros, as universidades ficaram com um pé atrás. Sua capacidade de recorrer ao princípio da liberdade de expressão se limitara porque já estavam policiando discursos potencialmente ofensivos. Em vez de tratar seus estudantes como adultos e sujeitos pensantes, pareciam considerá-los cada vez mais poços de sentimentos facilmente feridos. Isso refletia em parte uma nova sensibilidade cultural ao trauma, categoria de amplitude cada vez maior; em parte, uma guinada subjetivista que convertia os sentimentos do atingido diante de uma potencial afronta em teste para determinar se houvera mesmo a ofensa. Mas havia outra razão também: em consequência da lei federal americana contra a discriminação, os administradores universitários enfrentavam a ameaça de serem acusados de criar um "ambiente hostil" para determinados grupos específicos.

Foi isso que abriu caminho para as pessoas argumentarem — mais ou menos pela primeira vez com alguma perspectiva de sucesso — que era possível dizer que a crítica a Israel criava um ambiente hostil. Antes ninguém havia pensado em usar a lei antidiscriminação dessa maneira. Mas, com o amparo das turvas ambiguidades da definição Ihra, vários advogados de direitos civis começaram a dar entrada em ações sob o Título VI, no Ministério da Educação, contra universidades que, segundo eles, estariam tolerando o antissemitismo. Um pioneiro dessa abordagem, Kenneth Marcus, foi mais tarde nomeado diretor do Departamento de Direitos Civis (OCR, na sigla em inglês) do mesmo Ministério. Era o começo de um processo perigoso. Em 2024, dezenas de faculdades e universidades americanas se viram alvos de investigações da OCR, as quais podiam ser iniciadas por queixas apresentadas não só por estudantes ou seus representantes, como também por grupos de advogados politizados. O que estava em risco não eram apenas as reputações institucionais, mas milhões de dólares de verbas federais. O governo americano, mesmo quando começou a criar um maior aparelho de Estado antidiscriminação, assinalou o antissemitismo nos campi como caso especial. Um mecanismo que fora originalmente concebido para defender as vítimas de injustiça social estava sendo convertido num meio de censurar o debate e acuar as universidades. Os que antes atacavam renhidamente a cultura do cancelamento agora se tornavam seus defensores mais ardorosos; os que exigiam a diversidade de pontos de vista agora procuravam calar o debate. E no centro disso, gozando de uma relevância quase totêmica, estava a definição de antissemitismo do Ihra.[9]

Mesmo antes que universidades particulares como Harvard se curvassem à pressão política e incorporassem a definição Ihra na elaboração de suas políticas internas contra a discriminação, uma série de assembleias legislativas estaduais dava entrada em projetos de lei contra o antissemitismo determinando que as faculdades públicas ou as agências estatais adotassem a definição. Vários pioravam a coisa ignorando o caráter condicional dos exemplos da Ihra — o texto diz apenas que os casos listados *podem* contar como antissemitismo — e referindo-se a eles como se fossem prova de antissemitismo. Um projeto de lei do estado de Nova York propõe a proibição de qualquer evento universitário que promova o antissemitismo — finalidade sem dúvida louvável —, mas a seguir cita a Ihra de uma forma que deixa totalmente obscuro o que é ou não abrangido: uma leitura literal do projeto de lei implicaria que qualquer crítica a um político israelense individual, por exemplo, se arriscava a transgredir a lei. Em resposta, a PEN America argumentava que "propostas mal avaliadas referentes ao antissemitismo" ameaçavam restringir a livre expressão protegida por lei, enquanto o próprio Stern qualificava as tentativas de legislar "sobre algo que é intrinsecamente um discurso político" de "absurdo total".[10]

Vários grupos ativistas, mirando os campi, adotaram um caminho mais direto, preferindo formas turbulentas de intimidação que equiparam uma declaração em favor dos palestinos a antissemitismo. A história dessa prática remonta a quarenta anos, aos rescaldos da invasão do Líbano, em 1982, quando a ADL e outros grupos fizeram circular listas de professores que, segundo a organização, "usavam seu antissionismo apenas como disfarce para o profundo antissemitismo". No entanto, na época, essas ações macartistas ainda eram recentes e chocavam: na verdade, a ADL repudiou uma das listas, depois de ser acusada de difamar professores, qualificando-a de "incidente lamentável". Eram tempos de inocência para os padrões atuais, em que essas táticas se ampliaram e se tornaram uma característica onipresente do ativismo anti-antissemita. Por meio de "listas proibidas" on-line, *doxxing trucks** e corrosivas campanhas de humilhação nas redes sociais, lançam-

* Caminhões com telas digitais que percorrem as ruas expondo nome e foto de estudantes, para prejudicar a vida pessoal deles, bem como suas perspectivas profissionais. (N. E.)

-se acusações de antissemitismo contra estudantes e professores. Embora seja difícil de acreditar, alguns dos responsáveis são eles próprios estudantes e professores que não só registram a vida no campus como também colaboram com os serviços de inteligência ou de segurança passando informações sobre os colegas. Num exemplo muito conhecido, em 2025, um estudante ativista palestino, Mahmoud Khalil, primeiro foi assediado on-line e depois foi detido e ameaçado de deportação. Os envolvidos comemoraram a vitória. É difícil até imaginar o que os primeiros manifestantes contra o antissemitismo — homens como Louis Marshall nos Estados Unidos ou o imigrante judeo-alemão Alfred Weiner (cuja biblioteca ainda demonstra a seriedade de seus esforços) — pensariam do que agora é perpetrado em nome da luta contra o antissemitismo.[11]

Há quase meio século, Nahum Goldmann, fundador do Congresso Judaico Mundial, alertou "sobre o maior perigo para um povo que, depois de séculos de perseguição e sem nenhum poder, alcança uma posição de força, riqueza e poder numa curta geração". O que se faz hoje, supostamente para combater o antissemitismo, sugere que ele estava certo e demonstra a mudança radical ocorrida desde aqueles dias — que foram vividos pela geração de Goldmann —, quando os judeus temiam o poder do Estado e conheciam bem demais o pavor de uma batida à porta. Agora, nos Estados Unidos, alguns se sentem tão à vontade com o acesso ao poder e sentem que seus interesses estão tão bem alinhados com o do Estado americano, que chegam a se gabar publicamente de seu papel de fazer com que outros sejam difamados, expulsos, demitidos ou presos. Poderíamos considerá-los extremistas desorientados. Mas o que isso nos revela sobre o profundo poder dos valores e suposições que agora estimulam esse comportamento que nem de longe condena o sofrimento que causam a pessoas inocentes, e sobre a corrosão da confiança necessária para que haja aprendizagem? A maioria das principais organizações judaicas americanas tem se mantido em silêncio ou oferece ativo apoio a essas táticas, seja porque realmente compartilham seus interesses, seja porque temem ser superadas pelos extremistas. De fato, em vez de reconhecer os perigos de explorar a ansiedade em relação ao antissemitismo, elas parecem apenas querer intensificá-la. A ADL, por exemplo, concebeu algo a que deu o nome de Boletim de Antissemitismo no Campus, para avaliar o desempenho das universidades. Nas letrinhas miúdas pode-se ler: "Só porque uma instituição recebeu nota A ou B com base na metodologia acima não significa que não tenha um problema de antissemitismo". Com ressalvas como esta, não surpreende ver que a "metodologia" da ADL levanta sérias questões e tem o objetivo de fazer com que as coisas pareçam as mais sombrias possíveis. Louvados por políticos e criticados por muitos estudantes, esses artifícios mostram a que ponto as organizações de defesa judaicas se afastaram do compromisso com a verdade e da finalidade pública que guiava seus predecessores ao lidarem com graves questões de discriminação no passado. Um estudante judeu analisou recentemente as falhas nos métodos de "pesquisa" da ADL e concluiu que "parece fazer parte de um padrão maior de pessoas externas ao campus que alegam ter as respostas para os problemas dos estudantes, dos funcionários e do corpo docente de uma universidade, falando mais alto que nós nesse processo". Outro se perguntou abertamente por que os ativistas de fora parecem mais ansiosos em incentivar brigadas do que o aprendizado.[12]

A resposta sucinta é que isso é política, claro, mas nem todas as políticas são iguais. Porque sob a bandeira de combate ao antissemitismo e de apoio a Israel surgiu uma aliança entre três grupos que se sobrepõem. Por um lado, há aqueles cuja preocupação básica é Israel propriamente, e desejam defendê-lo de críticas com qualquer meio necessário. Sobrepondo-se a eles há uma parcela significativa da judeidade americana, alguns organizados, outros não, que sem dúvida apoia Israel, mas é movida basicamente pela preocupação com o antissemitismo nos campi universitários. A esses dois grupos somou-se agora um terceiro segmento muito diferente da vida política americana: uma ampla coalizão de combatentes culturais conservadores que pouco se interessam pela questão do antissemitismo em si, mas que a utilizam para promover uma pauta muito mais abrangente. Grupos como a direitista Heritage Foundation, por exemplo, com raízes no conservadorismo cristão, têm interesses situados em outro lugar. Desejam basicamente promover a economia de livre mercado e acabar com grandes programas governamentais de melhoria social. Para os grupos de pressão com ideias semelhantes às da direita, a questão do antissemitismo facilita o trabalho de policiar as universidades, acabar com antigas iniciativas contra a discriminação e em prol da diversidade, reafirmar os "valores ocidentais" e ratificar o papel da religião na vida americana. O fato de que esses grupos possam veicular teorias da conspiração e sejam efetivamente acusados de antissemitas não os impediu de enxergar as vantagens de se apropriar da guerra contra o antissemitismo. Porque essa acaba sendo uma questão que neutraliza inúmeros democratas que, de outra forma, se oporiam a tais grupos, e é perfeitamente adequada para alimentar uma investida geral contra o inimigo ideológico que sempre viram na esquerda.

A durável suposição do "novo antissemitismo", de que o preconceito antijudaico era uma questão da cultura marxista, foi assim capaz de oferecer à direita americana uma abertura para sua própria contrarrevolução cultural. Isso faz pleno sentido em termos políticos e irrompeu à vista do público no começo do segundo mandato de Trump. Se essa ligação tão próxima entre a luta contra o preconceito e as forças do nacionalismo cristão ajuda a combater o antissemitismo ou oferece maior segurança aos judeus, esta é uma questão discutível, à qual retornaremos adiante. Enquanto isso, podemos lembrar o aviso de Chevenix Trench: quando um termo com um significado antes preciso passa a ser empregado "de maneira mais ampla, mais vaga, mais indefinida, [...] [ele] perdeu seu lugar no exército de palavras e tornou-se parte de uma multidão solta e desordenada".

"O que coloca o 'novo' no 'novo antissemitismo'?", perguntou o estudioso Brian Klug. "A resposta é, numa palavra, o antissionismo." A equiparação entre antissemitismo e antissionismo tem tido um sucesso político extraordinário, à medida que permite que os protestos pró-palestinos sejam rotulados de antissemitas. Depois de lançado o decreto presidencial de 2019 sobre o antissemitismo, com sua referência à definição Ihra, um conselheiro da Casa Branca observou que o governo estava adotando uma "definição de antissemitismo [...] [que] deixa evidente o que nosso governo declarou pública e oficialmente: antissionismo é antissemitismo". Na verdade, o texto da Ihra não menciona o termo "antissionismo" e faz poucas afirmações categóricas de qualquer espécie a esse respeito, sem dúvida nenhuma em apoio a essa posição. Apesar disso, uma fórmula que originalmente pretendia demarcar a linha entre crítica aceitável e crítica inaceitável a Israel agora é com grande frequência citada para banir toda e qualquer crítica.

Se quisermos realmente entender a relação entre antissemitismo e antissionismo, a primeira coisa é notar que este último é um termo bastante abrangente, que pode designar coisas muito diferentes para diferentes pessoas: assim, quando se fala que se é contra o antissionismo, pouco se está dizendo. O antissemitismo, por exemplo, pode se basear numa aversão por princípio a todas as espécies de etnonacionalismo — judeu ou não judeu —, e sem dúvida não há nada de antissemita nisso, a não ser que simplesmente crer que o nacionalismo é ruim, como muitos creem, seja antissemita. Para outros, o termo pode conotar uma desaprovação radical do desfecho de 1948 ou talvez um desejo de ter uma entidade política com direitos iguais para todos dos dois lados das fronteiras pré-1967. Alguns esposam o sonho de uma geração anterior de sionistas idealistas, qual seja, um único Estado federado de árabes e judeus, e outros podem de fato sonhar com um Estado sem nenhum judeu. Mas todas essas posições se diferenciam umas das outras em suas implicações. A limpeza étnica é deplorável, qualquer que seja o alvo pretendido, quer seja executada por árabes ou, nesse caso, por judeus: como esclarece a Declaração de Jerusalém, clamar por violência contra os judeus é diferente de ter a esperança de ver o Estado judeu existente se tornar um Estado que concede direitos iguais a todos os seus cidadãos, independentemente de credo. Além de todas elas, há também o que Antony Lerman certa vez designou como formas de "antissionismo fictício", que não guardam qualquer relação com coisa alguma no mundo real. Assim, "sionista" tem sido usado como insulto para denunciar inimigos tão variados quanto os comunistas chineses (pela Radio Outer Mongolia) ou Papa Doc (por exilados haitianos). Nos círculos de direita nos Estados Unidos, o prefixo "sio-" é empregado para denotar inimigos, como "judeo-" era utilizado pelos nazistas. E, claro, há o precedente stalinista de lançar mão de antissionismo como forma levemente disfarçada de falar mal dos judeus.

Em suma, como a história deixa claro, o antissionismo traz o risco de uma forma própria de intolerância e preconceito. Mas isso é muito diferente de dizer que ele é *equivalente* ao antissemitismo, coisa que claramente não é. Na discussão talvez mais ponderada a respeito dessa inter-relação, o historiador David Myers considera que os antissionistas dão uma contribuição fundamental para um "debate sobre questões de peso essencial para o futuro judaico", a saber, o caráter básico de Israel. Dessa perspectiva, aconselha ele, vetar a fala apenas por vir expressa na linguagem do antissionismo não só é errado como danoso.[13]

Mas admitamos por um instante — como experiência mental — que o antissionismo de fato se equipara ao antissemitismo. Significa isso que, por ser Israel um Estado judeu, é absolutamente impossível fazer qualquer crítica a ele que não seja antissemita? Embora raramente isso seja formulado de maneira tão direta, sem dúvida porque então a premissa pode começar a parecer questionável, podemos encontrar exemplos de raciocínios políticos recentes que se movem nessa direção. O rabino chefe britânico Jonathan Sacks, por exemplo, certa vez declarou numa comissão parlamentar que a acusação de "racismo, limpeza étnica, tentativa de genocídio, crimes contra a humanidade" por parte de Israel era não só incorreta como ela própria antissemita. E em 2024 alguns parlamentares trabalhistas no Reino Unido criticaram a decisão de seu próprio governo de retirar de Israel as licenças de exportação de armas por causa do conflito em Gaza. Teriam dito que, enquanto "estamos lidando contra o antissemitismo em nosso partido, [o ministro das Relações Exteriores e o primeiro-ministro] parecem tomar posição num conflito que envolve o único Estado judeu do mundo". O subtexto sugeria que o governo britânico, se quisesse evitar a acusação de antissemitismo, deveria apoiar "o único Estado judeu do mundo" ou pelo menos se abster de criticá-lo.[14]

No entanto, o empreendimento original de Kenneth Stern — no próprio início da saga da definição Ihra — em momento algum pressupunha que antissemitismo e antissionismo eram a mesma coisa. Pelo contrário, sua presunção era de que eles constituíam discursos diferentes com uma sobreposição. Para alguém como Stern, e como outros do AJC na época, a crítica a Israel era aceitável e (com base na liberdade de expressão) desejável: o objetivo era ajudar a entender o ponto em que ela transpunha a linha e ingressava no antissemitismo. Na verdade, como vimos, a definição traçada por ele e que foi adotada com pequenas modificações pela Ihra não conseguiu alcançar esse objetivo. Pelo contrário, criou uma confusão significando que muitos que a citam parecem crer que simplesmente não existe linha nenhuma ou, de todo modo, nenhuma que consigam identificar de forma plausível.

O que se espera de uma definição é que ela seja clara, coisa que a "Definição Operacional" Ihra não é. Mas será talvez precisamente nisso — em sua própria falta de clareza — que resida a explicação para sua notável carreira política? Será que o que mais a recomenda como definição aos olhos dos que mais ardorosamente a promovem talvez seja seu *insucesso* em definir? Afinal, como certa vez assinalou Jacques Derrida: "Quanto mais confuso um conceito, mais ele se presta a uma apropriação oportunista". Os estudiosos podem protestar contra suas falhas. Mas se as organizações são avisadas de que, se infringirem a definição Ihra, ficarão expostas a problemas judiciais ou burocráticos, e se não têm certeza quanto ao que *realmente* infringe a definição, elas provavelmente optarão pela cautela. É dessa forma que a definição ameaça a liberdade intelectual. Uma redação precária de fato pode ser útil, pois permite que as palavras signifiquem coisas diferentes para diferentes pessoas e, assim, tenham um impacto de maior extensão. O PEN America notou o problema dos legisladores que se baseiam na Ihra para elaborar a legislação e alerta sobre as consequências:

> Ao obrigar as escolas a considerarem a crítica às políticas israelenses como um possível "critpo" antissemitismo, a provável consequência aqui será a de que as escolas reajam de forma exagerada [...].

> Essa abordagem mutilaria a liberdade de expressão e abriria as portas para tentativas de cercear outras formas de discurso que grupos específicos podem considerar intrinsecamente ofensivas.[15]

Essas preocupações com a liberdade de expressão estão longe de ser fantasiosas; na verdade, já causam um impacto para muito além das universidades graças a políticos engajados, que não se preocupam com o que talvez lhes pareça um mero detalhe semântico, que vêm adotando a fórmula Ihra como forma fácil de mostrar virtude. O problema não se limita apenas aos Estados Unidos. Durante o furor em 2017-8 em torno das alegações de antissemitismo no Partido Trabalhista britânico, por exemplo, foi a adoção da definição Ihra que serviu para sinalizar ao público que a questão estava sendo tratada.[16] Para outros participantes da vida pública — entidades artísticas, organizadores de festivais —, pode ser um bom tribunal de recursos, em vista da incerteza geral sobre o que efetivamente é o antissemitismo. Em decorrência disso, a definição está fazendo em grande escala aquilo que alguns de seus apoiadores pretendem claramente que ela faça: calar os protestos em favor dos palestinos. Um levantamento recente nos países europeus ocidentais revela dezenas de casos entre 2017 e 2023 em que se invocou a definição Ihra em detrimento quase exclusivo de comentadores das questões do Oriente Médio. A velha preocupação dos manifestantes contra o antissemitismo, qual seja, a ameaça de violência da direita, parece ter se convertido num aspecto secundário.[17]

Embora a decadência da liberdade de expressão tenha se feito visível em muitos países da Europa, talvez em lugar nenhum tenha sido maior ou mais perturbadora do que na Alemanha, onde a definição Ihra foi adotada por decisão do gabinete federal. Como a reunificação em 1990 trazia lembranças históricas da última vez em que uma Alemanha poderosa esteve no centro da Europa, sua elite política por muitos anos considerou essencial assinalar a ruptura completa do país com o passado relativo à questão judaica. Isso significou a adoção de uma série de medidas, desde a educação sobre o Holocausto até a formalização de apoio à liderança comunitária oficial, o Conselho Central de Judeus na Alemanha e à prestação de auxílio ao grande número de judeus russos que se assentaram no país após a queda da União Soviética. Laços próximos com Israel datam da época em que Ben-Gurion e o chanceler Adenauer firmaram um acordo de reparações em 1952. Desde 1990 tem vigorado uma espécie de aliança entre os dois países, por meio da cooperação militar e venda de armas, da solidariedade em fóruns internacionais e mesmo em ocasionais reuniões ministeriais conjuntas. Sob a chanceler Angela Merkel, chegou-se até a declarar que a segurança de Israel constituía uma "razão de Estado" para a Alemanha (embora por muito tempo tenha pairado a incerteza de se isso equivalia a um apoio incondicional). Desde 2018, essas medidas passaram também a envolver o combate ao antissemitismo por meio de comissários especialmente nomeados que agora somam várias dezenas em diversos escalões do governo.[18]

O que, então, significa lidar com o antissemitismo permanecendo, nas palavras do sucessor de Merkel, "do lado de Israel"? Significa, por exemplo, basear-se maciçamente nos novos comissários contra o antissemitismo e em sua maneira de conceber seu próprio papel. Apesar das evidências dos dados da polícia alemã, mostrando que a maioria esmagadora dos perpetradores de violência contra os judeus provém da direita, esses novos comissários têm se mostrado relutantes em considerar o antissemitismo de direita um problema, preferindo citar a definição Ihra contra os críticos de esquerda a Israel e reprimindo expressões não violentas de apoio à Palestina.[19] Menciona-se que Felix Klein, o comissário federal para a Vida Judaica na Alemanha e a Luta Contra o Antissemitismo, teria dito em 2022: "É importante que não hierarquizemos que forma de antissemitismo atualmente é a mais perigosa, mas que examinemos as três fontes de antissemitismo, a esquerda, a direita e a religiosa, de maneira imparcial".[20] Na verdade, o problema não é a parcialidade, mas sim a supressão do discurso legítimo sobre a ameaça da violência racista. Os comissários não hesitaram em rotular de antissemitas insignes intelectuais (incluindo pensadores judeus renomados) por terem criticado o governo Netanyahu, e pelo menos um comissário chegou a pôr em dúvida se os judeus alemães críticos de Israel são realmente judeus.

Mas os comissários, em sua parcialidade, apenas refletem a atitude problemática da classe política alemã como um todo, que se permitiu que um sentimento de culpa histórico a desviasse do rumo correto. Um caso expressivo é o do historiador alemão Peter Schäfer, respeitado pesquisador do judaísmo antigo. Autor de um estudo magistral acerca do ódio antijudaico no mundo antigo, Schäfer deixou a Universidade de Princeton em 2013 para se tornar diretor do Museu Judaico em Berlim. Cinco anos depois, o primeiro-ministro israelense deu um passo surpreendente, reclamando que uma exposição sobre Jerusalém no museu era tendenciosa contra Israel. O chefe da comunidade judaica alemã interveio concordando, embora transpirasse que ele não visitara a exposição. Ainda que o ministro da Cultura alemão tivesse defendido o museu, a enxurrada de reclamações foi incessante. No ano seguinte, o Bundestag aprovou uma resolução declarando antissemita o movimento BDS. O debate foi renhido, e mesmo alguns dos que votaram em favor da resolução ficaram receosos de que ela fosse inconstitucional e preocupados com as implicações para a liberdade de expressão. Suas apreensões foram confirmadas poucos meses depois, quando o porta-voz do Museu Judaico tuitou comentários negativos à resolução do BDS. Veio uma tempestade de críticas virulentas contra o museu e contra Schäfer pessoalmente, que então decidiu renunciar. Dessa forma, uma das mais respeitadas autoridades mundiais em antissemitismo foi afastada do cargo acusado antissemita. "A imputação de antissemitismo é um porrete que permite desferir um rapidíssimo golpe mortal", comentou Schäfer mais tarde. "Elementos políticos que têm interesse nisso usaram-na e continuam a usá-la."[21]

O caso Schäfer deveria ser um sinal de alerta de que a luta contra o antissemitismo corria o risco de lançar descrédito sobre o próprio termo. O que ele infelizmente ilustrou foi a suscetibilidade da classe política alemã à chantagem moral. A opinião judaica na Alemanha e no exterior ficou agudamente dividida, mas apenas um dos lados parecia ter relevância política. Uma enxurrada de acusações desvairadas de antissemitismo, que cumpria ver como francamente absurdas no caso de uma figura como Schäfer, se demonstrou suficiente para vencer os protestos contrários de líderes culturais e intelectuais na Alemanha e no exterior. No plano privado, políticos e diplomatas alemães reclamavam do abuso da acusação de antissemitismo; alguns até advertiram que, se as coisas continuassem daquele modo, a tolerância no exterior ante a posição de apoio da Alemanha a Israel logo diminuiria. Mas eram eles que estavam se retirando para o legalismo e impondo a censura a diretores de artes, curadores de museus e intelectuais. Enquanto isso, organizações como o Centro Simon Wiesenthal, sem qualquer credencial acadêmica especial, se sentiram justificadas para se queixar à chanceler Angela Merkel quando pesquisadores do antissemitismo na Universidade Técnica de Berlim deram apoio a estudiosos cujas visões de Israel e do sionismo lhes pareciam insatisfatórias. Longe de melhorar as coisas, os comissários do antissemitismo na Alemanha passaram a impor a linha Ihra de forma ainda mais estrita. Atingiu-se um ápice talvez trágico-cômico do absurdo em 2021, quando o Centro Simon Wiesenthal denunciou um dos comissários alemães contra o antissemitismo como antissemita, classificando-o em sétimo lugar em sua lista dos Dez

Mais do Antissemitismo Global daquele ano. Foi preciso esse ataque a um de seus colegas para que a coordenadora do combate ao antissemitismo da União Europeia, Katharina von Schnurbein, desse uma rara mostra de desaprovação.[22]

Não que, depois disso, surgissem muitos sinais de reavaliação. Pelo contrário, a discussão que se seguiu ao ataque do Hamas a Israel em outubro de 2023 endureceu o clima, introduzindo uma desagradável nota anti-imigrante em todo o debate. Em novembro de 2024, o Bundestag aprovou outra resolução, "Protegendo, preservando e fortalecendo a vida judaica na Alemanha", que reafirmava a ilegalidade do BDS e mais uma vez fundiu a luta contra o antissemitismo com "hostilidade a Israel". Ficou claro até que ponto a classe política alemã se julgava na obrigação de conceder ampla imunidade a Israel diante das críticas; muito menos claro era o que tal abordagem realmente faria para proteger a vida judaica na Alemanha.[23]

Todo esse debate nos obriga a encarar a possibilidade de um conflito fundamental entre os interesses de Israel, tal como definidos por sua liderança política, e os da diáspora judaica. Pois a incômoda verdade é que o interesse no florescimento da vida judaica na Europa não é apenas diferente de uma política de proibir críticas a Israel; em alguns aspectos, pode até ser contrário a ela. Como observou o escritor Ian Buruma: "No ambiente político atual, ser pró-Israel e antissemita não é uma contradição". Na verdade, é cada vez maior o número de antissemitas nos dois lados do Atlântico que encontram em Israel de Netanyahu um espelho de suas próprias aspirações de direita e um potencial parceiro. É nesse espírito, por exemplo, que o partido de extrema direita Alternativa para a Alemanha enaltece Israel como modelo para seu país. Mas o problema não reside apenas na extrema direita. Há a natureza profundamente problemática do "filossemitismo" (em termos talvez mais precisos, o "filoisraelismo") dominante e como que oficial da Alemanha, que tem uma longa história remontando aos primeiros anos da reconstrução da Alemanha Ocidental no pós-guerra e hoje oferece um meio, como mostrou um teórico da cultura, para que grande parte da elite política do país demonstre performaticamente seu amor pelos judeus. Mas essa abordagem, que em teoria daria a resposta ao antissemitismo, pode se assemelhar incomodamente a ele em seus postulados básicos.[24] "Um filossemita", escreveu um importante historiador da Alemanha, não totalmente de brincadeira, "é um antissemita que ama judeus." E talvez principalmente quando moram em Israel. Pois, ao promover a visão de que combater o antissemitismo significa defender Israel, as autoridades alemãs chegam perto de sugerir que Israel é, em algum sentido, o verdadeiro lugar dos judeus. E a Alemanha não é o único país cujos políticos parecem aceitar ao pé da letra a alegação de Israel de ser o garantidor supremo da vida judaica. O presidente Biden comentou mais de uma vez — causando certa consternação nos círculos judaicos americanos liberais — que, "se não houvesse Israel, todos os judeus no mundo estariam em risco". Os antissemitas querem os judeus fora de seu país; os filossemitas sugerem que o verdadeiro protetor deles não é seu próprio Estado, e sim Israel; os governos israelenses dizem que são a salvaguarda dos judeus por todo o mundo. Não é muito grande a distância entre essas três posições.[25]

É hora de fazer uma pergunta bem básica e que não se formula com a frequência necessária: quando cabe combater o antissemitismo, o que funciona? Pois hoje coexistem dois paradigmas de antissemitismo, que geram confusão ao oferecer visões concorrentes sobre ele e sugerir implicitamente tipos de resposta muito diferentes. A versão dominante, que nos trouxe ao ponto onde estamos, insiste, como antes fizera a Escola de Jerusalém, em que o preconceito contra os judeus é, em algum importante sentido, eterno, independente do contexto, e de natureza única. Ela postula uma íntima ligação nos tempos modernos entre antissemitismo e hostilidade a Israel, vendo-a como a mais nova forma do ódio antigo. Na raiz, essa versão duvida da existência de alguma solução para além da interminável vigilância e (à possível exceção da judeidade americana, muitas vezes vista como um caso à parte) considera que a existência das minorias judaicas fora de Israel é precária e talvez até, em última instância, condenada à extinção. A outra visão, que surgiu da experiência do nazismo e da Segunda Guerra Mundial e foi outrora muito mais influente do que é agora, considera que o antissemitismo depende da época — e do contexto — e é capaz de ser estudado, entendido e combatido. Considera que ele afeta a vida das minorias judaicas em Estados nacionais e vigora em íntima ligação com outras formas de racismo. Considera que essas minorias da diáspora têm o mesmo direito a existir que qualquer outro setor do mundo judeu; pela própria natureza de sua perspectiva, desconfia dos extremos do nacionalismo e vê qualquer vínculo com Israel sob uma luz muito mais contingente.

Desnecessário dizer que foi a primeira dessas duas posições que instigou a vigorosa campanha contra o antissemitismo dos últimos anos, baseada na definição Ihra. Mas, pela primeira vez, até mesmo alguns de seus defensores mais conhecidos começam a admitir que ela não funciona. Falando à Knesset israelense em janeiro de 2025, por exemplo, o diretor executivo da ADL admitiu o fracasso e defendeu uma nova reflexão. Seu reconhecimento da derrota não incomodará os que têm apenas usado a luta contra o antissemitismo para outros fins; afinal, muitos deles no passado mostraram pessoalmente sinais de preconceito e fanatismo. Mas qualquer um que se preocupe com o antissemitismo deve agora estar se perguntando onde estão as provas de que a atual abordagem é produtiva. Afinal, pela própria avaliação da ADL, o problema continua piorando cada vez mais. Certamente a solução proposta por ela é mais do mesmo, contudo, na verdade, existem outras abordagens disponíveis.

Um lugar por onde começar seria talvez questionar a ideia de que o antissemitismo é sui generis e que o melhor seria tratá-lo separadamente de outras formas de fanatismo. Afinal, desde longa data há uma base empírica para a ideia de que o preconceito contra os judeus está ligado a outros fatores, mais obviamente, a outras formas de preconceito racial. Uma análise de quase trinta anos dos dados das pesquisas de opinião patrocinadas pelo AJC, realizada em 1964, observou que "quando a hostilidade em relação aos judeus mostrava um crescimento [...], a hostilidade em relação a outras minorias também subia". As estatísticas do FBI mostram correlação semelhante em anos recentes, entre as tendências nos crimes antissemitas e outros crimes de ódio. A implicação prática é que uma estratégia antirracista ampla tem mais capacidade para identificar as raízes ideológicas da violência antissemita — e, portanto, sua probabilidade — do que uma abordagem que trata o antissemitismo isoladamente. "Antissemitismo e islamofobia são dois lados da mesma moeda e nascem da mesma raiz", observou o Runnymede Trust, principal organização de pesquisas em justiça racial do Reino Unido.[26]

Se fontes de dados confiáveis apontam no racismo uma das fontes principais para a violência antissemita, elas também indicam inequivocamente a outra: o turbilhão no Oriente Médio. Analistas do respeitado Centro para o Estudo do Ódio e do Extremismo, da Universidade Estadual da Califórnia, encontraram uma íntima correlação entre picos no conflito do Oriente Médio e episódios de antissemitismo nos Estados Unidos. Segundo o pesquisador Brian Levin, três décadas de dados "mostram claramente enormes picos nas porcentagens do crime de ódio antijudaico nos Estados

Unidos quando há guerra na Terra Santa". Observa Ayal Feinberg: "Não há nenhum fator que explique melhor o aumento do antissemitismo do que os momentos em que Israel está envolvido em violento conflito com seus vizinhos". Constatou-se algo muito parecido nos episódios de islamofobia. Essas descobertas, que se aplicam tanto à Europa quanto aos Estados Unidos, ajudam a explicar por que não existe qualquer sinal de que o novo enquadramento do antissemitismo implícito na definição Ihra tenha efetivamente ajudado a diminuir o preconceito ou a mudar a atitude em relação ao Oriente Médio. Na verdade, elas esclarecem as duas razões principais por trás do profundo fracasso da definição. A condenação geral dos críticos de Israel como antissemitas ignora uma das principais fontes duradouras da violência antissemita no mundo atual, que é a direita racista. E quando as atitudes em relação ao Oriente Médio geram fanatismo, preconceito e violência antissemita, isso é menos por um ódio eterno aos judeus do que pelo que está acontecendo em Israel.[27]

Ao ignorar essas realidades, pode-se afirmar que a recente politização do debate sobre o antissemitismo, longe de ajudar os judeus, deixou-os mais vulneráveis. Um relatório de 2025, avaliando a luta contra o antissemitismo no Reino Unido, afirma inequivocamente que a própria abordagem atual se tornou "prejudicial à segurança e ao bem-estar das comunidades judaicas". Quanto aos próprios Estados Unidos, uma pesquisa recente entre mais de 4 mil estudantes chega a conclusão igualmente severa: a equiparação entre antissemitismo e crítica a Israel não leva a nenhum resultado prático proveitoso, porque encontra relativamente pouco apoio na realidade de que os estudantes, em sua maioria, não são antissemitas, incluindo a maioria dos que se opõem vivamente às políticas israelenses. Os que de fato têm visões antissemitas, constatou a pesquisa, têm maior probabilidade de apoiar, e não de se opor a Israel, e de se posicionar mais no campo da direita do que no da esquerda do espectro político. Não só é possível — na verdade, é corrente — ser antissionista (em muitos sentidos desse termo tão batido) e não antissemita, mas é também ser antissemita *e* pró-sionista. Na verdade, os apoiadores direitistas de Israel na Europa e na extrema direita cristã nos Estados Unidos têm *maior* probabilidade de aderir às ideias antissemitas do que os críticos a Israel.[28]

Desnecessário dizer que essas descobertas vão em sentido contrário ao nervosismo predominante — partilhado por cruzados conservadores *antiwoke* e por grande parte da corrente judaica americana dominante — quanto ao alegado aumento do antissemitismo nos campi e na vida cultural, e sugerem que ele não só tem sido exagerado como na verdade é contraproducente. Elas servem como um lembrete adicional — caso seja necessário — de que a questão da sobreposição entre antissemitismo e discurso político sobre Israel, precisamente onde e como ela se dá, precisa ser elucidada com critério, cuidado e imparcialidade, e não simplesmente suposta ou implantada por decreto. Até hoje não há muito sinal dessas coisas, seja por parte daqueles grupos de defesa que mais fazem lobby sobre a questão, seja por parte dos legisladores incumbidos de elaborar uma resposta. Pelo contrário, a luta contra o antissemitismo tem se cerceado da instrumentalização a que é submetida, primeiramente para fins de política externa, e então para uma guerra cultural interna, com suas preocupações próprias muito distintas.

Hoje é óbvio que a definição Ihra tornou-se muito útil para os políticos que desejam recorrer à questão do antissemitismo para reprimir a dissidência e atacar as liberdades civis. Para eles, as falhas, confusões e contradições internas da definição nada importam; na verdade, são convenientes, porque lhes oferecem uma cobertura para perseguir indefinidamente seus objetivos mais amplos. Outros políticos estão mesmo preocupados e ansiosos com o sentimento antijudaico. No entanto, as múltiplas ambiguidades do Ihra também os enredam. Como os burocratas do governo e os funcionários públicos se envolvem mais, acabamos com uma espécie de Inquisição em que os próprios inquisidores têm dificuldade de definir sua meta. Um relatório de 2024 de comissão do Congresso sobre o antissemitismo nos campi universitários fornece um exemplo marcante. A certa altura, o relatório alega que alguns estudantes "revelam atitudes antissemitas" e critica um deles por dizer: "Não tem como você conseguir fazer uma crítica ao país que se rotula como o primeiro Estado para o povo judeu sem que alguém alegue que você está atacando o povo judeu". Na verdade, a maneira como se relata que esse estudante formulou a questão parece bastante certeira: como vimos, alguns de fato dizem que a identificação de Israel como "o Estado nacional do povo judeu" faz com que qualquer crítica a ele seja antissemitismo, posição que isentaria Israel de toda e qualquer crítica. No entanto, aos olhos dos autores do relatório do Congresso, o mero fato de apontar a dificuldade autoevidente, pelo visto, é prova de antissemitismo. Apontar *essa* dificuldade também é? Fica um moto-perpétuo: ingressamos no reino do absurdo.[29]

Num artigo chamado "Israel and Its Elephants" [Israel e seus elefantes], Steven Beller, autor do mais sensato guia de introdução a todo o tema do antissemitismo, sugere que o problema fundamental é que, hoje, o conceito se tornou um "termo que tenta significar um excesso de coisas para um excesso de pessoas". Ele pergunta se é plausível empregar a mesma palavra — derivada do pensamento racialista do século XIX — para juntar as políticas dos faraós egípcios com as exclusões imobiliárias americanas do pós-guerra.

Evocando uma analogia com os cegos que tentam imaginar a natureza do elefante, Beller indaga se o antissemitismo chega de fato a ser um elefante, em vez de um rótulo único erroneamente aplicado a duas ou mais espécies diferentes de animais. Uma delas é a conhecida versão associada a velhos estereótipos sobre os judeus. Outra é a que ele chama de "elefante relacionado a Israel", que tem algumas características próprias muito específicas. Pois enquanto o antissemitismo clássico, pós-Auschwitz, é visto como a encarnação do mal absoluto, o elefante Israel envolve questões centrais da ética moderna, como os direitos humanos, o direito internacional e os valores democráticos. Como um termo orgulhosamente adotado por fascistas e nazistas pode de fato ter aplicação proveitosa quando liberais ou esquerdistas formulam preocupações desse gênero no caso da disputa Israel-Palestina? A tensão do esforço em descrever como antissemitismo o que eles estão de fato fazendo gera uma espécie de incoerência. A razão, diz Beller, é bastante simples: "O antissemitismo foi historicamente construído em torno da 'Questão Judaica'. O que hoje temos em Israel/Palestina não é tanto uma Questão Judaica, e sim uma Questão Palestina". As pessoas andam caçando o elefante errado.[30]

Assim como nosso entendimento do Holocausto modelou nossa concepção de antissemitismo no passado, Israel lança sua sombra cada vez maior sobre nosso entendimento no presente. É provável que essa sombra aumente. Em 2010, estimava-se a existência de 13,9 milhões de judeus no mundo, meros 0,2% da população global. Projetando para 2050, prevê-se que o número total aumentará para cerca de 16 milhões. Tal como agora, dois países, Israel e Estados Unidos, responderão por mais de 80% do total, mas haverá uma diferença importante. Enquanto a população judaica americana em 1950 ultrapassava enormemente a de Israel e em 2010 ainda a superava, na metade do século XXI Israel provavelmente será o lar de mais da metade da população judaica do mundo.[31]

Se essa é uma perspectiva que sem dúvida deixaria David Ben--Gurion orgulhoso, ela precisa ser situada num contexto que talvez o deixasse nervoso. Em 1950, logo após a criação de Israel, havia cerca de 1,2 milhão de judeus morando lá, quase 90% da população do país: as perspectivas de uma normalidade nacional naqueles primeiros anos não eram implausíveis. Hoje as coisas são muito diferentes. Segundo as estimativas de 2021, elaboradas pelo principal demógrafo israelense, Sergio Della Pergola, há cerca de 6,2 milhões de judeus dentro das fronteiras pré-1967 de Israel, cerca de 77% do total, e cerca de 6,9 milhões de judeus numa população total de mais de 14 milhões na área somada dos territórios israelenses e palestinos. Assim, mesmo que o governo proclame o caráter nacional judaico de Israel, sua avidez por terra, movida pelo movimento de assentamento, está corroendo a alegação e criando uma situação em que a chamada minoria árabe não é mais de jeito algum minoria. À proporção que o conceito de antissemitismo se desprende de suas origens históricas, é provável que ele seja mais e mais profundamente afetado pelo que Israel diz e faz em resposta a essas tendências.[32]

A forma como o país poderia ajudar a combater o antissemitismo foi uma questão que pesou muito na formidável mente de Haim Cohn, ex-procurador-geral e juiz da Suprema Corte. Nascido em 1911 em Lübeck, na Alemanha, Cohn fazia parte de uma geração que levou sua experiência pessoal do fascismo na Europa do entreguerras para sua vida e seu trabalho no novo Estado judeu. Vindo de uma família de rabinos, era um professo "sionista à moda antiga e ardoroso patriota do Estado de Israel". Fugira da Alemanha quando os nazistas tomaram o poder, montou um escritório de advocacia na Palestina pré-guerra e depois veio a se tornar um dos arquitetos do sistema judiciário israelense após 1948.[33]

Em 1985 ele foi convidado a participar de um seminário convocado pelo presidente israelense sobre o tema do antissemitismo contemporâneo. Manifestantes americanos da ADL se somaram a psicólogos sociais, sovietologistas e especialistas desde a Argentina até a Escandinávia. Politicamente, cobriam todo um espectro, desde os anticomunistas à feminista Betty Friedan. Um após o outro, os oradores — que incluíam alguns dos principais pensadores e professores da época — alertaram sobre a ameaça colocada pelo antissemitismo, sua misteriosa expansão pelo mundo e a necessidade de entendê-lo em todas as suas múltiplas encarnações. A única nota destoante foi a de Cohn. Ele questionou como a criação de um Estado judeu, em vez de pôr fim ao antissemitismo, o levara a assumir novas formas. O que, perguntou ele, tinha dado errado? As próprias suposições de todos eles eram equivocadas? Nesse caso, o que realmente era sionismo?

O que o preocupava não eram os erros que haviam cometido. Estes tinham sido inevitáveis, e, afinal, eles não haviam se saído mal naquelas circunstâncias. Não, o problema que o incomodava era a tendência crescente de Israel em se fixar no antissemitismo. Em vez de se apressar em denunciar os preconceitos dos outros, não seria melhor "garantir que nós mesmos estamos totalmente livres de qualquer preconceito desses"? Uma coisa era odiar os góis (não judeus); na diáspora em tempos passados, isso podia ser perdoado como manifestação de respeito próprio diante da humilhação diária. Mas, com a criação de Israel, as coisas haviam mudado: "E o respeito próprio e a dignidade dos judeus não estão mais em perigo". Ele deplorava a propensão dos israelenses, conforme disse, em ver todo árabe como potencial assassino, da mesma forma como "todo judeu tinha sido um potencial assassino" para os alemães. A conclusão de Cohn era simples. Em suas palavras: "Para os judeus em Israel, só há uma forma de combater o antissemitismo. É não imitar".[34]

Epílogo

O que eu vi

Porque os homens acreditam que a razão governa suas palavras. Mas também é verdade que as palavras têm seu próprio poder, diante do qual o entendimento pode ceder e se curvar.

Francis Bacon, *Novum Organun*

Em 7 de outubro de 2023, uma incursão do Hamas vindo de Gaza, no sul de Israel, provocou um banho de sangue: mais de mil pessoas foram mortas e mais de duzentas, entre elas bebês e idosos, foram sequestradas como reféns. O choque causado por esses acontecimentos — o ataque terrorista mais mortal na história do país — levou o governo israelense a lançar um ataque militar na Faixa de Gaza, densamente povoada. Um bombardeio em grau sem precedentes eliminou famílias inteiras e deixou centenas de milhares de mortos sob os destroços. Por todo o mundo irrompeu um debate extraordinário, que refletia o medo mortal em ambos os lados.

Na Universidade de Columbia, onde dou aula, as discussões

se espalharam em manifestações, contramanifestações, greves, acampamentos e ocupações. Os protestos estudantis viraram um espetáculo nacional e desencadearam um movimento internacional, antes de serem detidos, numa demonstração de força, pelo Departamento de Polícia de Nova York, cujas tropas de choque tomaram os gramados e as aleias a fim de prender várias dezenas de manifestantes. Mais tarde, o reitor da universidade falou para as câmeras num campus usualmente cheio de vida, mas agora assustadoramente deserto. Os portões estavam trancados com cadeados e guardados por seguranças privados; estudantes e docentes foram impedidos de entrar; a comunidade de ensino que eu conhecia e amava havia desaparecido. Com a tragédia que se desenrolava no Oriente Médio, assim se encenou na primavera de 2024 outro drama perante meus olhos, muito menos intenso em termos de violência ou de sofrimento humano, mas com suas reverberações políticas e culturais próprias. Ambos estavam interligados, mas a natureza da interligação estava longe de ser óbvia e parecia importante procurar entender em que consistia.

Nos meses precedentes, alguns dos manifestantes haviam empunhado bandeiras vermelho-verde-branco-pretas e acampado em tendas, prestando solidariedade a Gaza e conclamando o mundo a dar atenção ao número crescente de palestinos mortos. Contramanifestantes buscavam conquistar a solidariedade pelas vítimas israelenses. Cravaram bandeiras azul-brancas no gramado do campus e distribuíram panfletos com os rostos dos reféns. A linguagem taquigráfica da contestação política — símbolos, slogans e cantos — é concebida para ter impacto, e não clareza semântica; as ambiguidades eram intrínsecas e as brigas se inflamavam. O apelo à "intifada" era uma instigação ao genocídio ou apenas um encorajamento para que os palestinos se erguessem e lutassem por seus direitos? Um estandarte com a estrela de davi sinalizava a solidariedade com os judeus, com Israel ou com o sionismo? "Do rio ao mar" espelhava velhos slogans por uma Israel Maior, mas era entendido ao contrário: era uma Palestina árabe sem judeus, ou a liberdade para os árabes com os judeus? Alguns diziam que o significado dessas coisas era claro e exigia ação; outros insistiam em que elas podiam significar coisas diferentes para diferentes pessoas. Eu pensava que provavelmente seu significado nem sempre era claro, mesmo para quem as empregava, e que sua utilização era muitas vezes o início de um processo de entendê-lo. Eu via as discussões a meu redor como uma forma de educação, desregrada, mas também admirável. No mundo exterior, porém, muitos tinham outra visão.[1]

Não havia ponto de tensão maior do que o significado de antissemitismo. Ninguém queria ser chamado de antissemita, e no entanto, a crer nos doutos, os antissemitas estavam por todo lado, e era como se Manhattan fosse Berlim às vésperas da Noite dos Cristais. O pico nos crimes de ódio dentro e fora do país era real: a agudização do conflito no Oriente Médio punha em risco judeus e também palestinos. Fora do campus, um sortimento variado de extremistas ideológicos disputava a atenção das câmeras; a fila de fotógrafos que queriam entrar se estendia por três quarteirões. Mas, como reação ao que estava acontecendo no próprio campus, li e ouvi coisas que eram uma distorção do que vi. Os xingamentos antissemitas haviam aumentado, e eu tinha alunos e amigos que haviam sofrido ostracismo por ser israelenses, o que não me parecia ser exatamente antissemita (acontecera algo parecido com estudantes russos após a invasão da Ucrânia), mas tinha certeza de que também era algo errado. Porém o xingamento era dos dois lados, e eu não conseguia ver malvadeza em estudantes de todas as origens e credos por se manifestarem contra as coisas terríveis que estavam acontecendo em Gaza, a matança, semana após semana, de gente inocente numa escala que reduzia drasticamente as dimensões de qualquer coisa que se vira antes na história do conflito. Tornara-se, segundo qualquer critério, uma das grandes questões de nossa época. Havia mesmo quem pensasse a sério que os manifestantes e os docentes seus defensores eram antissemitas? Eu sabia por experiência própria que a alegação de que as universidades americanas são viveiros de antissemitismo institucionalizado era tão absurda quão prejudicial. Em resposta às demandas de políticos, administradores e doadores, foram montadas forças-tarefa para investigar e acabar com "esse antigo flagelo". Só que antes precisavam entender o que ele era.[2]

Havia muitos anos eu ensinava, escrevia e refletia sobre a perseguição, a violência e o nacionalismo na história europeia, e se alguma coisa estava clara para mim era que as linhas divisórias entre o antissemitismo e a oposição a políticas israelenses e crítica ao sionismo haviam se borrado irreversivelmente. Coisas que alguns achavam que deviam ser ditas num momento de catástrofe eram inapelavelmente condenadas por outros. Você podia negar a Israel o "direito de existir" sem ser rotulado de antissemita? Você podia falar de Gaza como genocídio, e, se não pudesse, por que não? Eu me perguntava quem eram os sionistas que agora alguns mencionavam com tanta repulsa. Aliás, falando nisso, o que era o antissionismo, e ele agora era também antissemitismo? Ampliada e distorcida na câmara de eco de uma opinião pública inflamada, a acusação de antissemitismo parecia abranger um amplo leque de pecados — alguns graves, alguns venais, alguns inexistentes.

Raros, na verdade, foram os incidentes no campus de Columbia envolvendo qualquer violência física.[3] Mas, passados apenas seis anos desde o massacre na sinagoga Árvore da Vida em Pittsburgh e cinco após a chacina perpetrada por um neofascista na cidade alemã de Halle, nenhuma pessoa sensata é capaz de crer que a ameaça de força contra os judeus desapareceu na história. A extrema direita estava prosperando nos dois lados do Atlântico, e as velhas teorias da conspiração mais uma vez ganhavam impulso.

O populismo racista estava em fase ascendente. Uma crise com reféns numa sinagoga do Texas em 2022, que poderia facilmente ter resultado em morte, serviu para lembrar o risco persistente dos simpatizantes da Al-Qaeda. Em suma, parecia haver boas razões para combater o antissemitismo onde ele trazia graves ameaças. Todavia, foi o campus que ganhou a atenção da mídia americana e dos políticos do país. Em Washington, DC, congressistas que até então não eram conhecidos por sua solicitude em relação aos judeus ou às universidades desenvolveram um agudo interesse por ambos, realizando audiências de tom macarthista e às vezes surreais. Um membro do Legislativo perguntou se Deus amaldiçoaria as universidades que não tomassem uma atitude. Outro se sentiu incomodado com a palavra *Ashkenormativity* [asquenormatividade], neologismo canhestro com o qual provavelmente ninguém no Capitólio tinha se deparado antes, até que um pesquisador apareceu com ele num livro didático, e então todo mundo se mostrou indignado perante as câmeras. Como ficou evidente, a palavra não tinha nada a ver com antissemitismo. Se continha algum tipo de crime, era contra a língua inglesa. Mas esta era a última coisa com que as pessoas estavam se preocupando.[4]

Enquanto eu observava, vieram-me duas perguntas. Primeiro indaguei a mim mesmo qual era a questão que essas denúncias de antissemitismo nos impediam de comentar. Pois parecia-me cada vez mais claro que a invocação constante do antissemitismo precisava ser entendida como uma recusa em reconhecer outras coisas: eu sentia que, se a exigência é que sempre se deve combater em primeiro lugar o antissemitismo, e se praticamente qualquer defesa pró-Palestina desperta brados de antissemitismo, então criou-se um tremendo obstáculo para enxergar o outro lado da luta que está no centro de tudo isso — qual seja, a existência de um povo palestino sofredor e seu anseio por liberdade — como algo minimamente digno de nota. O senso de vitimação coletiva que tem assolado o entendimento contemporâneo de Israel quanto a si mesmo e a seu lugar no mundo é uma inversão assombrosa daquilo que os pais fundadores do sionismo esperavam ou desejavam. O antissemitismo oferece uma justificativa: invocar a velha maldição se tornou uma espécie de recusa de encarar os fatos e aceitar as críticas. Mas hoje grande parte do mundo recusa a recusa: ela diz que podemos prantear os mortos israelenses e os mortos palestinos também.[5]

Foi isso que levou à pergunta por trás deste livro: o que *acontecera* com o conceito de antissemitismo? Tentar entender as contradições hoje presentes nele é como entrar numa sala de espelhos. Um termo que começou como forma de descrever a hostilidade enfrentada por judeus como minoria lutando por seus direitos legais agora é usado para defender um Estado de maioria judaica que priva de direitos a minoria dentro dele. Antes, lutar contra o antissemitismo significava combater o etnonacionalismo; agora muitas vezes justifica os excessos do etnonacionalismo. Para alguns, o antirracismo e os direitos humanos são a solução; para outros, são o problema. Antissionismo é antissemitismo, dizem alguns; o sionismo é que é antissemitismo, dizem outros. Mesmo os racistas hoje dizem combater o antissemitismo, coisa que seria inimaginável quando o termo foi cunhado e que por si só deveria ser uma espécie de sinal de que agora se está abusando do termo.

Em sua encíclica de 2020, *Fratelli Tutti* [Todos irmãos], o papa Francisco ecoava o apelo de seu homônimo medieval por um sentimento renovado de fraternidade universal e manifestava sua preocupação com o surgimento de ódios nacionalistas em anos recentes, bem como advertia que tudo piorava pela falta cada vez maior de consciência histórica e, em decorrência disso, pela facilidade com que as palavras podiam ser manipuladas: "Uma maneira eficaz de dissolver a consciência histórica, o pensamento crítico, o empenho pela justiça e os percursos de integração é esvaziar de sentido ou manipular as 'grandes' palavras", para que possam ser "manipuladas e desfiguradas para utilizá-las como instrumento de domínio, como títulos vazios de conteúdo que podem servir para justificar qualquer ação". Quarenta anos atrás, Antony Lerman já alertava que de pouco serviria à luta contra o antissemitismo se a palavra viesse a ser usada "de maneira tão ampla que ao mesmo tempo signifique tudo — e nada". Embora o termo por ora consiga abranger suas contradições atuais, é impossível sabermos como ele se sairá nos anos vindouros. Apesar das tentativas de estabelecer o sentido das palavras, elas são coisas recalcitrantes, e o que determina o que lhes acontece geralmente é o curso futuro dos acontecimentos, e não um "cumpra-se" administrativo. Irá a atual mistura de significados e associações sobreviver, ou alguns deles serão alterados, descartados ou substituídos? O filólogo Victor Klemperer comentou o processo "pelo qual uma expressão altamente elegante em voga, aparentemente destinada a nunca ser expurgada, de súbito cai no silêncio [e] desaparece com o contexto que lhe deu origem".[6]

A única coisa que podemos dizer é que é improvável que a divergência sobre o antissemitismo termine logo. A razão de procurar esclarecer termos como ele não é ajudar a resolver os conflitos subjacentes: isso está além do alcance da análise. É antes adquirirmos maior consciência das profundezas ocultas das ideias, associações e implicações que herdamos, vermos que os significados podem variar com as circunstâncias que os motivaram e, ao nos entendermos com as palavras, nos tornarmos assim participantes do processo de mudança no mundo.

Agradecimentos

Este livro tem uma grande dívida para com meu lar intelectual das duas últimas décadas, a Universidade de Columbia. Ele não teria sido possível, mais particularmente, sem os recursos de sua magnífica biblioteca e sem o trabalho, a amizade e a solicitude de colegas docentes. Seth Anziska e Zvi Ben-Dor Benite foram meus guias desde o começo: não há como agradecer-lhes o suficiente pelas sugestões e pelo incentivo. Pela disposição em ler o manuscrito e a generosidade intelectual, tenho uma enorme dívida de gratidão com Lee Bollinger, Saul Dubow, David Feldman, Carol Gluck, Gil Hochberg, Kostis Karpozilos, Ira Katznelson, Rashid Khalidi, Rebecca Kobrin, Peter Mandler, David Pozen, Camille Robcis, Adam Shatz, Maria Stepanova e Alan Tansman. Elisheva Carlebach, Seth Schwartz e Michael Stanislawski forneceram não só listas de leituras, mas também, com sua bagagem de conhecimentos, um exemplo vivo da tradição excepcionalmente rica na história judaica que prossegue no Departamento de História. Agradeço também a Tareq Baconi, Leonard Bernardo, Dan Bouk, Florent Brayard, Betsy, Ed e Daniel Cohen, Molly Crabapple,

Zohar Elmakias, Katherine Fleming, Sarah Gensburger, Isabella Hammad, Lorien Kite, Paul LeClerc, Geoffrey Levin, Jason Ludwig, Alexis Papahelas, Gerry Rosberg, Robert Rubin, Victoria Sanger, Yasmine Seale, Adam Tooze e Alexandre Toumarkine, por proveitosas conversas. Meu irmão David Mazower, com seu conhecimento enciclopédico da cultura iídiche, foi de inigualável recurso para mim, como para tantos outros. Várias conversas com Fred Wiseman abriram novos caminhos: ele foi uma inspiração. Nenhuma das pessoas citadas tem qualquer responsabilidade pelo que escrevi. Sou especialmente agradecido a meus estudantes pelas múltiplas conversas que mantivemos, interrompidas apenas de vez em quando pelo som de helicópteros policiais sobrevoando o campus, num ano memorável na história da universidade. Em Paris, Marie d'Origny, Brune Biebuyck, Sari Castro e Meredith Hunter-Mason foram muito tolerantes com minha distração e os melhores colegas.

Tem sido um prazer e um privilégio trabalhar com Scott Moyers e Simon Winder por mais de duas décadas. Eles apoiaram a ideia deste livro desde o início e muito me beneficiei com a atenção, a experiência e o olho editorial treinado de ambos. Foi uma alegria trabalhar com Helen Rouner e a equipe da Penguin. E devo, como sempre, meus agradecimentos a James Pullen, Sarah Chalfant e Andrew Wylie pelo apoio. Hiya Jain me prestou inestimável auxílio e feedback na pesquisa, o que me ajudou a relembrar a que ponto esta história é, em grande medida, estranha: aguardo ansiosamente para ver por onde ela vai na elaboração de seu próprio livro.

Sir Arthur Conan Doyle, o criador de Sherlock Holmes, confiou certa vez a seu diário pessoal: "A gente deveria forçar o ombro contra a porta o máximo possível para manter a insanidade do lado de fora". Durante a pesquisa deste tema, às vezes me senti da mesma maneira e gostaria de agradecer à minha família pelo apoio que me deu, especialmente Miriam Mazower, Jed e Selma

Mazower, e acima de tudo Julie Fry, que não só ouviu falar sobre o antissemitismo muito mais do que qualquer um jamais desejaria, mas também foi o melhor antídoto imaginável para a loucura do mundo e um exemplo vivo de suas belezas.

Comecei a escrever este livro nos meses finais de vida de Michael Davies, um velho e querido amigo. Ele era um professor de história intrépido e carismático, e, depois de liderar uma viagem escolar a Israel e à Cisjordânia, desenvolveu uma pedagogia para trazer à sala de aula o estudo dos mais intratáveis conflitos do mundo, criando uma entidade beneficente chamada Parallel Histories [Histórias Paralelas], que agora presta auxílio a educadores de todo o mundo. A coragem com que ele enfrentou sua morte deixou uma impressão indelével em todos os que o conheciam. Este livro é dedicado à sua memória e à sua esposa, Carys Davies, escritora de maravilhosos talentos.

Um breve guia de leituras adicionais

Embora muito do que se escreve atualmente sobre o tema do antissemitismo seja polêmica de baixa qualidade, também há diversos estudos de alta categoria. Um bom lugar para começar é David Feldman, "Toward a History of the Term 'Anti-Semitism'" (*American Historical Review*, v. 123, n. 4, pp. 1139-50, out. 2018), bem como os ensaios de Scott Ury e Guy Miron (Orgs.), *Antisemitism and the Politics of History* (Waltham: Brandeis University Press, 2024). Os relatos bem informados de Antony Lerman, *Whatever Happened to Antisemitism?* (Londres: Pluto, 2022), e de Kenneth Stern, *The Conflict over the Conflict: The Israel/Palestine Campus Debate* (Toronto: University of Toronto Press, 2020), são indispensáveis. Derek Penslar, "Who's Afraid of Defining Antisemitism?" (*Antisemitism Studies*, v. 6, n. 1, pp. 133-45, primavera 2022), é bem atento. A abordagem deste livro foi influenciada por três grandes obras sobre as palavras e sua degradação política: o ensaio de George Orwell, "Politics and the English Language" (1946) ["A política e a língua inglesa". In: *Como morrem os pobres e outros ensaios*. Trad. de Pedro Maia Soares. São Paulo: Companhia das

Letras, 2011], Victor Klemperer, *The Language of the Third Reich: LTI. Lingua Tertii Imperii* (Londres: Bloomsbury Academic, 2021) [Ed. bras.: *LTI: A linguagem do Terceiro Reich*. Trad. de Miriam Bettina Paulina Oelsner. Rio de Janeiro: Contraponto, 2009]), e Raymond Williams, *Keywords: A Vocabulary of Culture and Society* (Oxford: Oxford University Press, 1976 [Ed. bras.: *Palavras-chave: Um vocabulário de cultura e sociedade*. Trad. de Sandra Guardini Vasconcelos. São Paulo: Boitempo, 2007]. A mesma era em que foram produzidos também inspirou aquele que continua a ser um dos maiores livros escritos sobre o tema do antissemitismo: Hannah Arendt, *The Origins of Totalitarianism* (Nova York: Harcourt Brace, 1951 [Ed. bras.: *Origens do totalitarismo*. Trad. de Roberto Raposo. São Paulo: Companhia das Letras, 2012]). Também são proveitosos os ensaios de Arendt reunidos em: Jerome Kohn e Ron H. Feldman (Orgs.). *The Jewish Writings* (Nova York: Schocken Books, 2007 [Ed. bras.: *Escritos judaicos*. Trad. de Laura Mascaro. São Paulo: Amarilys, 2016]).

Uma seleção representativa dos brilhantes estudos produzidos sobre o tema em anos recentes poderia incluir: David Sorkin, *Jewish Emancipation: A History Across Five Centuries* (Princeton: Princeton University Press, 2019); Laura Engelstein, *The Resistible Rise of Antisemitism* (Waltham: Brandeis University Press, 2020); David Feldman, *Englishmen and Jews: Social Relations and Political Culture, 1840-1914* (New Haven: Yale University Press, 1994); Ruth Harris, *Dreyfus: Politics, Emotion, and the Scandal of the Century* (Nova York: Metropolitan Books, 2011); Eugene M. Avrutin e Elissa Bemporad (Orgs.), *Pogroms: A Documentary History* (Oxford: Oxford University Press, 2021); William W. Hagen, *Anti-Jewish Violence in Poland, 1914-1920* (Cambridge: Cambridge University Press, 2018); Mark Levene, *War, Jews, and the New Europe: The Diplomacy of Lucien Wolf, 1914-1919* (Oxford: Oxford University Press, 1992); Jeffrey Veidlinger, *In the Midst of Civilized Eu-*

rope: The Pogroms of 1918-1921 and the Onset of the Holocaust (Nova York: Metropolitan Books, 2021); Elissa Bemporad, *Becoming Soviet Jews: The Bolshevik Experiment in Minsk* (Bloomington: Indiana University Press, 2013); Alexander Stille, *Benevolence and Betrayal: Five Italian Families Under Fascism* (Londres: Picador, 1991); Thomas Weber, *Becoming Hitler: The Making of a Nazi* (Nova York: Basic Books, 2017); Alon Confino, *A World without Jews: The Nazi Imagination from Persecution to Genocide* (New Haven: Yale University Press, 2014). Sobre a Solução Final, um bom lugar para começar é qualquer obra de Christopher Browning, incluindo, mais recentemente, "Hitler, Antisemitism, and the Final Solution" (*Antisemitism Studies*, v. 7, n. 1, pp. 80-99, primavera 2003). Seu *The Origins of the Final Solution: The Evolution of Nazi Jewish Policy, September 1939-March 1942* (Lincoln: University of Nebraska Press, 2007) ainda não foi superado. Os elementos de uma nova síntese do Holocausto estão em: Florent Brayard, *La "Solution Finale de la question juive"* (Paris: Fayard-Pluriel, 2023). Duas obras literárias de valor duradouro são: Mihail Sebastian, *For Two Thousand Years* (Nova York: Other Press, 2017 [Ed. bras.: *Por dois mil anos*. Trad. de Eugenia Flavian. São Paulo: Amarilys, 2017]), e Curzio Malaparte, *Kaputt!* [Ed. bras.: *Kaputt*. Trad. de Federico Carotti. Rio de Janeiro: Alfaguara, 2021]). Gregor von Rezzori, *Memoirs of an Anti-Semite*. (Nova York: Vicking, 1981; reed.: New York Books Review, 2007), também vale a leitura.

Para o pós-guerra, há Nathan Kurz, *Jewish Internationalism and Human Rights After the Holocaust* (Cambridge: Cambridge University Press, 2021); Joshua Rubenstein e Vladimir Naumov (Orgs.), *Stalin's Secret Pogrom: The Postwar Inquisition of the Jewish Anti-Fascist Committee* (New Haven: Yale University Press, 2001); e Robert Levy, *Ana Pauker: The Rise and Fall of a Jewish Communist* (Oakland: University of California Press, 2001). Como levantamento, François Fejtö, *Les Juifs et l'antisémitisme dans les pays communistes* (Paris: Plon, 1960), nunca foi superado. Para a França, ver Alexandre Bande et al. (Orgs.), *Histoire politique de l'antisémitisme en France: De 1967 à nos jours* (Paris: Robert Laffont, 2024).

O contexto do Oriente Médio é tratado em: Daniel J. Schroeter, "'Islamic Antisemitism' in Historical Discourse" (*American Historical Review*, v. 123, n. 4, pp. 1172-89, out. 2018). Jonathan Gribetz, *Reading Herzl in Beirut: The PLO Effort to Know the Enemy* (Princeton: Princeton University Press, 2024), é fascinante; infelizmente, ainda não temos o equivalente para os esforços análogos do outro lado. Para o racismo judaico antiárabe, ver Shaul Magid, *Meir Kahane: The Public Life and Political Thought of an American Jewish Radical* (Princeton: Princeton University Press, 2021). Yaacov Yadgar, *Israel's Jewish Identity Crisis* (Cambridge: Cambridge University Press, 2020), é fascinante, assim como Idith Zertal, *Israel's Holocaust and the Politics of Nationhood* (Cambridge: Cambridge University Press, 2005). Para as questões mais amplas que Israel e as atitudes sionistas colocam para a vida judaica fora de suas fronteiras, ver Arnold Eisen, "Zionism, American Jewry and the 'Negation of Diaspora'", em: Michael A. Meyer e David Myers (Orgs.), *Between Jewish Tradition and Modernity: Rethinking an Old Opposition: Essays in Honor of David Ellenson* (Detroit: Wayne State University Press, 2014, pp. 175-91), e Amnon Raz-Krakotzkin, "Exile within Sovereignty: Critique of the 'Negation of Exile' within Israeli Culture", em: Zvi Ben-Dor Benite, Stefanos Geroulanos e Nicole Jerr (Orgs.), *The Scaffolding of Sovereignty: Global and Aesthetic Perspectives on the History of a Concept* (Nova York: Columbia University Press, 2017, pp. 393-420).

Para os Estados Unidos, um artigo que oferece o vislumbre de um mundo desaparecido é Marshall Sklare, "Lakeville and Israel: The Six-Day War and Its Aftermath" (*Midstream*, pp. 1-18, out. 1968); também relevante é Frederic Cople Jaher, "The Search for the Ultimate Shiksa" (*American Quarterly*, v. 35, n. 5, pp. 518-42, inverno de 1983). O vivaz *Antisemitism in America*, de Leonard Dinnerstein (Oxford: Oxford University Press, 1995), é contestado por Pierre Birnbaum, *Tears of History: The Rise of Political Antisemitism in the United States* (Nova York: Columbia University Press, 2023). Arthur Hertzberg, *The Jews in America* (Nova York: Columbia University Press, 1997), é sóbrio e equilibrado. O clássico *The Holocaust in American Life* (Boston: Houghton Mifflin, 1999), de Peter Novick, e *The Price of Whiteness: Jews, Race, and American Identity* (Princeton: Princeton University Press, 2006), de Eric Goldstein, são essenciais e de leitura fluente, bem como Amy Kaplan, *Our American Israel: The Story of an Entangled Alliance* (Cambridge, MA: Harvard University Press, 2018). Os dissidentes são tratados em Geoffrey Levin, *Our Palestine Question: Israel and American Jewish Dissent, 1948-1978* (New Haven: Yale University Press, 2023). De muito valor é David Leeming, *James Baldwin: A Biography* (Nova York: Alfred Knopf, 1994). O poder judaico americano é discutido em: J. J. Goldberg, *Jewish Power: Inside the American Jewish Establishment* (Nova York: Basic Books, 1996), e Henry Feingold, *Jewish Power in America: Myth and Reality* (Piscataway, NJ: Transaction, 2008). O melhor de tudo é um breve ensaio de Peter Medding, "The 'New Jewish Politics'", em: Zvi Gitelman (Org.), *The Quest for Utopia: Jewish Political Ideas and Institutions Through the Ages* (Armonk, NY: M.E. Sharper, 1992). Uma análise penetrante e desmistificadora do pensamento em torno do antissemitismo nos Estados Unidos em 2023-4 é Musa al-Gharbi, "Misunderstanding Antisemitism in America" (*Slow Boring*, 11 jan. 2024). Igualmente penetrante é Samuel Catlin, "The Campus Does Not Exist: How Campus War Is Made" (*Parapraxis*, n. 4, pp. 40-7).

Duas histórias institucionais do AJC são muito mais abrangentes do que o tema poderia sugerir: Naomi W. Cohen, *Not Free to Desist: The American Jewish Committee, 1906-1966* (Filadélfia:

Jewish Publication Society of America, 1972), a que se segue Marianne R. Sanua, *Let Us Prove Strong: The American Jewish Committee, 1945-2006* (Waltham: Brandeis University Press, 2007). Para os interessados em dados, as edições passadas do *American Jewish Year Book* são fontes inestimáveis, um exemplo fantástico das pesquisas extraordinárias outrora apoiadas pelo AJC. Para tempos mais recentes, os relatórios do Pew Research Center são confiáveis e reveladores. As estatísticas de crimes de ódio do FBI são úteis e possibilitam a comparação com outros grupos-alvo; os dados da ADL devem ser tomados com certa reserva.

Para concluir onde começamos, com as palavras: Richard Chevenix Trench, *On the Study of Words* (Nova York: Macmillan, 1878), é um clássico. Nesse espírito filológico, de modo surpreendente, pouca atenção foi dada ao antissemitismo como membro do clã das *anti*palavras. Ver Allen Walker Read, "The Scope of the American Dictionary" (*American Speech*, v. 8, n. 3, pp. 10-20, out. 1933). Walker Read observa: "No campo da política, em que os sentimentos estão exaltados, as palavras ANTI- têm sido particularmente predominantes" (p. 14). Outra dessas palavras, claro, é antissionismo, sobre a qual, de longe, a melhor introdução é a de James Loeffler, "Anti-Zionism", no excelente volume de ensaios de S. Goldberg et al. (Orgs.), *Key Concepts in the Study of Antisemitism* (Londres: Palgrave, 2021, pp. 39-51).

Notas

INTRODUÇÃO: CONFUSÃO [pp. 9-20]

1. Lewis Carroll, *Alice's Adventures in Wonderland and Through the Looking--Glass*. Oxford: Oxford University Press, 2009, p. 191. [Ed. bras.: *Aventuras de Alice no País das Maravilhas e Através do espelho*. Trad. de Maria Luiza X. de A. Borges. Rio de Janeiro: Zahar, 2009.]

2. Victor Klemperer, *The Language of the Third Reich: LTI-Lingua Tertii Imperii. A Philologist's Notebook*. Londres: Bloomsbury Academic, 2021. [Ed. bras.: *LTI: A linguagem do Terceiro Reich*. Trad. de Miriam Bettina Paulina Oelsner. Rio de Janeiro: Contraponto, 2009.]

3. Salo Baron, prefácio a Koppel S. Pinson (Org.), *Essays on Antisemitism*. Nova York: Conference on Jewish Relations, 1942, p. vii. Sobre Marr e o surgimento do movimento, ver Moshe Zimmermann, *Wilhelm Marr: The Patriarch of Anti-Semitism*. Oxford: Oxford University Press, 1986; e Frederick C. Beiser, *The Berlin Antisemitism Controversy*. Nova York: Routledge, 2024.

4. Feldman, apud Antony Lerman, *Whatever Happened to Antisemitism?: Redefinition and the Myth of the "Collective Jew"*. Londres: Pluto, 2022, pp. 1-19; sobre o antiantissemitismo, ver Elad Lapidot, *Jews Out of the Question: A Critique of Anti-Anti-Semitism*. Albany: State University of New York Press, 2020. Sobre o hífen, ver: Jonathan Judaken, "Rethinking Anti-Semitism", *American Historical Review*, v. 123, n. 4, pp. 1125-7, 2018; ver Robert Musil (*The Man Without Qualities*. Londres: Picador, 1988, livro 1, cap. 8 [Ed. bras.: *O homem*

sem qualidades. Trad. de Lya Luft e Carlos Abbenseth. Rio de Janeiro: Nova Fronteira, 1989]), para uma discussão anterior sobre o hífen. Minha posição quanto ao hífen é que isso não interessa muito, de uma maneira ou de outra: há coisas mais importantes para nos preocuparmos.

5. Para um argumento muito bem fundamentado sobre como o Holocausto mudou a abordagem dos historiadores sobre o antissemitismo, ver David Engel, *Historians of the Jews and the Holocaust*. Redwood: Stanford University Press, 2010, pp. 202-6; Tony Kushner, *We Europeans?: Mass-Observation, "Race" and British Identity in the Twentieth Century*. Farnham: Ashgate, 2004; Thomas Wheatland, *The Frankfurt School in Exile*. Minneapolis: University of Minnesota Press, 2009; Stephen Frosh, "Studies in Prejudice: Theorising Antisemitism in the Wake of the Nazi Holocaust". In: Daniel Pick e M. Ffytch (Orgs.). *Psychoanalysis in the Age of Totalitarianism*. Nova York: Routledge, 2016, pp. 29-42; Norman Cohn, *Warrant for Genocide*. Londres: Eyre and Spotiswoode, 1981, p. 12. Os melhores pontos de acesso à situação atual dos estudos são: "AHR Roundtable: Rethinking Anti-Semitism". *American Historical Review*, v. 123, n. 4, 2018; e Scott Ury e Guy Miron (Orgs.), *Antisemitism and the Politics of History*. Waltham: Brandeis University Press, 2024. Proveitoso também é Jonathan Judaken, *Critical Theories of Anti-Semitism*. Nova York: Columbia University Press, 2024. Sobre o "pensando com a história", ver Carl Schorske, *Thinking with History and Other Essays: Explorations in the Passage to Modernism*. Princeton: Princeton University Press, 2014. [Ed. bras.: *Pensando com a história*. Trad. de Pedro Maia Soares. São Paulo: Companhia das Letras, 2000.]

6. Evyatar Friesel, *The Days and the Seasons: Memoirs*. Detroit: Wayne State University Press, 1996, pp. 184-5.

7. Edward Rothstein, "Bearing Witness Beyond the Witnesses". *The New York Times*, 24 mar. 2011; a pesquisa dos rabinos está em: "Freedom for Russian Jews, Less Anti-Semitism Predicted for Year 2000". *Jewish Telegraphic Agency*, 21 out. 1960; Eric Alterman, *We Are Not One: A History of America's Fight over Israel*, Nova York: Basic Books, 2022, pp. 84-5; Leon Wieseltier, "Hitler Is Dead", *New Republic*, 27 maio 2002.

8. Uriel Heilman, "Abe Foxman Looks Back at Changing — and Declining — Face of Anti-Semitism", *Forward*, 19 fev. 2014.

9. European Union Agency for Fundamental Rights [FRA], *Antisemitism: Summary Overview of the Situation in the European Union, 2001-2010*, Working Paper, abr. 2011.

10. Yehoshafat Harkabi, "On Arab Antisemitism Once More". In: Shmuel Almog (Org.), *Antisemitism Through the Ages*. Oxford; Jerusalém: Pergamon Press; Vidal Sassoon Center, 1988, p. 228.

11. Josh Richman, "State Department Opposes New Antisemitism Office". *Forward*, 6 ago. 2004; disponível em: <https://forward.com/news/5089/state-department-opposes-new-antisemitism-office/>; H.R. 4230 (108th): Global Anti-Semitism Awareness Act of 2004; disponível em: <https://www.govtrack.us/congress/bills/108/hr4230/text>; Global Anti-Semitism Review Act of 2004; disponível em: <https:www.congress.gov/108/plaws/publ332/PLAW-108publ332.pdf>.

12. Charles S. Kamen, resenha de *Jews in the Mind of America*, de Charles Herbert Stember et al., *Sociological Analysis*, v. 28, n. 1, pp. 44-8, primavera 1967, aqui p. 46; Stuart Svonkin, *Jews Against Prejudice: American Jews and the Fight for Civil Liberties*. Nova York: Columbia University Press, 1997. Bons levantamentos gerais são: Jack Wertheimer, "American Jews and Israel: A 60Year Retrospective". *American Jewish Year Book*, v. 108, pp. 3-79, 2008; e Britt Tevis, "Trends in the Study of Antisemitism in United States History". *American Jewish History*, v. 105, n. 1-2, pp. 255-84, jan.-abr. 2021.

13. Nancy Sinkoff, *From Left to Right: Lucy Dawidowicz, the New York Intellectuals and the Politics of Jewish History*. Detroit: Wayne State University Press, 2019, p. 111; Kenneth Stern, *The Conflict over the Conflict: The Israel/Palestine Campus Debate*. Toronto: University of Toronto Press, 2020, p. 11; Lila Corwin Berman, "Jewish Philanthropies Acted as If Their Work Was Above Politics: Until Now". *The Washington Post*, 12 dez. 2019; Corwin Berman, *The American Jewish Philanthropic Complex*. Princeton: Princeton University Press, 2022; "Switzeland Returns as No. 1 in 2024 Best Countries Rankings", *US News*, set. 2024; Peter Beinart, "Has the Fight against Antisemitism Lost Its Way?", *The New York Times*, 26 ago. 2022.

14. Cnaan Liphshiz, "EU Official Says the Simon Wiesenthal Center's Annual Antisemitism List Has Gone Too Far". *Jewish Telegraphic Agency*, 10 jan. 2022.

15. James Jacobs e Jessica Henry, "The Social Construction of a Hate Crime Epidemic". *Journal of Criminal Law and Criminology*, v. 86, n. 2, pp. 366-91, inverno 1996; "ADL Officials say Anti-Semitism Rampant Throughout the World". *Jewish Telegraphic Agency*, 6 mar. 1974; Arthur Hertzberg, "Is Anti-Semitism Dying Out?". *New York Review of Books*, 24 jun. 1993; Lerman, *Whatever Happened to Antisemitism?*, p. 21. Ver também Mari Cohen, "A Closer Look at the 'Uptick' in Antisemitism". *Jewish Currents*, 27 maio 2021; Shane Burley e Jonah ben Avraham, "Examining the ADL's Antisemitism Audit". *Jewish Currents*, 17 jun. 2024; Emmaia Gelman, "The Anti-Defamation League Is Not What It Seems". *Boston Review*, 23 maio 2019; Jonathan Guyer e Tom Perkins, "Anti-Defamation League Staff Decry 'Dishonest' Campaign Against Israel Critics". *The Guardian*,

5 jan. 2024. Em termos mais básicos, ver Smith e Schapiro, "Antisemitism", p. 122. Sobre o antissemitismo motivando doadores, ver P. M. Rooney et al., *American Jewish Philanthropy 2022: Giving to Religious and Secular Causes in the U.S. and to Israel*. Bloomington: Indiana University Press, dez. 2023, pp. 36-7. Jodi Rudoren, "Calling Everything a Crisis is Bad for the Jews", *Forward*, 7 mar. 2025.

16. Este livro não está interessado em teorizar o antissemitismo, esforço que se prolongou por décadas com poucos resultados duráveis. Ver Judaken, *Critical Theories*; e "Um breve guia de leituras adicionais", neste livro, para mais referências sobre o tema.

17. Shlomo Bergman, "Some Methodological Errors in the Study of Antisemitism". *Jewish Social Studies*, v. 5, n. 1, pp. 43-60, jan. 1943; Yehuda Bauer, "Problems of Contemporary Antisemitism", 2003; disponível em: <https://web.archive.org/web/20080307094003/http://humwww.ucsc.edu/jewishstudies/docs/YBauerLecture.pdf>; Ben Halpern, "What Is Antisemitism?". *Modern Judaism*, v. 1, n. 3, pp. 251-62, dez. 1981; David Engel, "Away from a Definition of Antisemitism: An Essay in the Semantics of Historical Description". In: Jeremy Cohen e Moshe Rosman (Orgs.). *Rethinking European Jewish History*. Oxford: Oxford University Press, 2008, pp. 30-53.

18. Uma boa análise acadêmica recente é Derek Penslar, "Who's Afraid of Defining Antisemitism?". *Antisemitism Studies*, v. 6, n. 1, pp. 133-45, primavera 2022.

19. Ver A. Lange et al. *An End to Antisemitism!*, v. 1: *Comprehending and Confronting Antisemitism*. Berlim; Boston: De Gruyter, 2020, para ensaios de muitos dos proponentes da Ihra. Outro defensor da Ihra é Kenneth Marcus, "The Definition of Antisemitism". In: Charles Small (Org.). *Global Antisemitism: A Crisis of Modernity*. Boston: Brill Nijhoff, 2013, pp. 97-109; ver Erica Green, "Wider Definition of Judaism Is Likely to Aid Crackdown on Colleges". *New York Times*, 11 dez. 2019; e Vimal Patel, "The Man Who Helped Redefine Campus Antisemitism". *New York Times*, 24 mar. 2024. HR 6090 (118º): Lei de Conscientização sobre Antissemitismo, de 2023, apresentado em 26 out. 2023, Seção 3 (5); disponível em: <https://www.congress.gov/bill/118th-congress/house-bill/6090/text>. Ver Stern, *Conflict over the Conflict*; e Eyal Press, "The Problem with Defining Antisemitism". *New Yorker*, 13 mar. 2024. Para uma crítica fundamentada, ver Jan Deckers e Jonathan Coulter, "What Is Wrong with the International Holocaust Remembrance Alliance's Definition of Antisemitism?". *Res Publica*, v. 28, n. 4, pp. 733-52, 2022. O texto de 1981 é: Halpern, "What Is Antisemitism?".

20. Sobre essa distinção, ver o debate, em: Ben Gidley et al., "Labour and Antisemitism: A Crisis Misunderstood". *Political Quarterly*, v. 91, n. 2, pp. 413-21, abr.-jun. 2020.

21. Raymond Williams, *Keywords: A Vocabulary of Culture and Society*. Oxford: Oxford University Press, 1985 [Ed. bras.: *Palavras-chave: Um vocabulário de cultura e sociedade*. Trad. de Sandra Guardini Vasconcelos. São Paulo: Boitempo, 2007]; Richard Chevenix Trench, *English Past and Present*. Nova York: Macmillan, 1870, pp. 275-6; George Orwell, *Politics and the English Language*. Oxford: Bodleian Library, 2022, pp. 53 e 56. [Ed. bras.: "A política e a língua inglesa". In: *Como morrem os pobres e outros ensaios*. Trad. de Pedro Maia Soares. São Paulo: Companhia das Letras, 2011.]

1. DEUS, NAÇÃO E ETERNIDADE [pp. 23-39]

1. Judah L. Magnes, apud Max Grossman (Org.), *A Tribute to Professor Morris Raphael Cohen, Teacher and Philosopher*. Nova York: "The Youth Who Sat at his Feet", 1928, p. 24.

2. Abram Leon, *The Jewish Question: A Marxist Interpretation*. Cidade do México: Ediciones Pioneras, 1950, p. 174. [Ed. bras.: *Concepção materialista da questão judaica*.Trad. de Sônia Rangel. São Paulo: Global, 1981.]

3. *La Question juive en Allemagne: Extrait du Correspondant*. Paris: Jules Gervais, 1881, pp. 7-8.

4. Josef Hayyim Brenner, "Self-Criticism" [1914]. In: Arthur Hertzberg (Org.), *The Zionist Idea*. Filadélfia: Jewish Publication Society, 1997, p. 308; em geral, ver Michael Stanislawski, *Zionism: A Very Short Introduction*. Oxford: Oxford University Press, 2017.

5. Leo Pinsker, "Auto-Emancipation" [1882]. In: Hertzberg. *Zionist Idea*, pp. 187 e 198.

6. Ibid., p. 186; David Feldman, "Toward a History of the Term 'Anti-Semitism'". *American Historical Review*, v. 123, n. 4, pp. 1139-50, out. 2018, aqui p. 1147; sobre alternativas sionistas, ver Dmitry Shumsky, *Beyond the Nation-State: The Zionist Political Imagination from Pinsker to Ben-Gurion*. New Haven: Yale University Press, 2018; sobre dificuldades com o termo "Palestina otomana", Jonathan Marc Gribetz, *Defining Neighbors: Religion, Race and the Early Zionist-Arab Encounter*. Princeton: Princeton University Press, 2014, cap. 1.

7. Henryk Erlich, "Is Zionism a Liberating Democratic Movement?: An Answer to Simon Dubnow", partes 1-3. *Di Tsukunft* [Nova York], out. 1938; disponível em: <foroys.wordpress.com/2017/06/20/iszionismaliberating-democratic-movement>. Meus agradecimentos a Molly Crabapple pela referência.

8. William Zukerman, *Voices of Dissent*. Londres: Bookman Associates, 1964, p. 74. Para mais sobre Zukerman, ver capítulo 6.

9. David Vital, *A People Apart: A Political History of the Jews in Europe, 1789--1939*. Oxford: Oxford University Press, 2001; Robert Wistrich, *Antisemitism: The Longest Hatred*. Nova York: Pantheon, 1991; Olga Litvak, "The God of History". In: Uzi Rebhun (Org.). *The Social Scientific Study of Jewry: Sources, Approaches, Debates*. Oxford: Oxford University Press, 2014, pp. 290-302; Michael Berkowitz, "Robert S. Wistrich and European Jewish History: Straddling the Public and Scholarly Spheres". *Journal of Modern History*, v. 70, n. 1, pp. 119-36, mar. 1998. Ver David Myers, "'Was There a Jerusalem School?': An Inquiry into the First Generation of Historical Researchers at the Hebrew University". *Studies in Contemporary Jewry*, v. 10, pp. 66-92, 1994.

10. Jean Daniel, *La Prison juive*. Paris: Odile Jacob, 2003, p. 133; Shmuel Ettinger, "Jew-Hatred in its Historical Context". In: Shmuel Almog (Org.). *Antisemitism Through the Ages*. Oxford: Pergamon, 1988, pp. 1-12.

11. Martin Lockshin, "*Sinat Yisrael* [Hatred of Jews]". In: Sol Goldberg et al. (Orgs.). *Key Concepts in the Study of Antisemitism*. Londres: Palgrave Macmillan, 2021, pp. 273-85. Ver, por exemplo, Abraham Besdin (Org.), *Reflections of the Rav: Lessons in Jewish Thought Adapted from Lectures of Rabbi Joseph B. Soloveitchik*. Nova York: KTAV, 1993, pp. 1-110; ver também Adi Ophir e Ishay Rosen-Zvi, *Goy: Israel's Multiple Others and the Birth of the Gentile*, Oxford: Oxford University Press, 2018.

12. Adam Sutcliffe, *What Are Jews For?: History, Peoplehood and Purpose*. Princeton: Princeton University Press, 2020, cap. 4; Yosef Yerushalmi, "Modern Dilemmas". In: *Zakhor: Jewish History and Jewish Memory*. Seattle: University of Washington Press, 1996, p. 89.

13. Ettinger, apud Scott Ury e Guy Miron, "Antisemitism: On the Meanings and Uses of a Contested Term". In: Scott Ury e Guy Miron (Orgs.). *Antisemitism and the Politics of History*. Waltham: Brandeis University Press, 2024, p. 10; Yitzhak F. Baer, *Galut*. Nova York: Schocken, 1947, p. 120; ver também Yiftach Ofek, "Politics and Theology in the Historical Works of Yitzhak Baer". *Religions*, v. 13, n. 6, 2022, p. 537.

14. O melhor guia atual apresentando o que era ser judeu na Antiguidade é, provavelmente, Shaye Cohen. Ver seu "'Anti-Semitism' in Antiquity: The Problem of Definition". In: David Berger (Org.). *History and Hate: The Dimensions of Anti-Semitism*. Filadélfia: Jewish Publication Society, 1986, pp. 43-9; também seu interessante "'Those Who Say They Are Jews and Are Not': How Do You Know a Jew in Antiquity When You See One?". In: Shaye Cohen e Ernest Frerichs (Orgs.). *Diasporas in Antiquity*. Providence: Brown University Press, 2020, pp. 1-46.

15. Carlo Ginzburg, "Postface". In: Jonathan Adams e Cordelia Hess (Orgs.). *The Medieval Roots of Antisemitism*. Nova York: Routledge, 2018, pp. 428-9; Simon Rawidowicz, "Israel, the Ever-Dying People". In: Benjamin Ravid (Org.). *Israel, the Ever-Dying People and Other Essays*. Plainsboro, NJ: Associated University Presses, 1986, p. 53.

16. David Nirenberg, *Anti-Judaism: The Western Tradition*. Nova York: W. W. Norton, 2013.

17. David Engel, "The Concept of Antisemitism in the Historical Scholarship of Amos Funkenstein". *Jewish Social Studies*, v. 6, n. 1, pp. 111-9, outono 1999, aqui p. 118.

18. Sobre continuidades dos tempos medievais, ver Adams e Hess, *Medieval Roots of Antisemitism*; Magda Teter, *Blood Libel: On the Trail of an Antisemitic Myth*. Cambridge, MA: Harvard University Press, 2020.

19. Adam Horkheimer, apud Philip Spencer, "European Marxism and the Question of Antisemitism". *European Societies*, v. 14, n. 2, pp. 275-94, 2012, aqui p. 280; Salo Baron, prefácio a Koppel S. Pinson (Org.), *Essays on Antisemitism*. Conference on Jewish Relations, 1942, p. vii; Hannah Arendt, *The Origins of Totalitarianism*, prefácio à primeira edição. Nova York: Harcourt Brace Jovanovich, 1973, p. viii. [Ed. bras.: *As origens do totalitarismo*. Trad. de Roberto Raposo. São Paulo: Companhia das Letras, 2012.]

20. Sergio Della Pergola, "Jews in the European Community: Sociodemographic Trends and Challenges". *The American Jewish Year Book*, v. 93, pp. 25-82, 1993.

21. Joseph Jacobs, "Statistics", *Jewish Encyclopedia*, 1906; disponível em: <https://jewishencyclopedia.com/articles/13992-statistics>; Leon Shapiro, "World Jewish Population". *American Jewish Year Book*, v. 52, pp. 195-200, 1951; Pew Research Center, "The Future of World Religions: Population Growth Projections, 2010-2050", 2 abr. 2015; disponível em: <https://www.pewresearch.org/religion/2015/04/02/religious-projection-table/>.

22. W. E. B. Du Bois, resenha de Koppel S. Pinson (Org.), *Essays on Antisemitism*; Isacque Graeber e Steuart Henderson Britt (Orgs.). *Jews in a Gentile World*: *Annals of the American Academy of Political and Social Science*, n. 223, pp. 199-200, set. 1942.

2. A EMANCIPAÇÃO E SEUS INIMIGOS: 1880-1914 [pp. 40-68]

1. Amos Funkenstein, *Perceptions of Jewish History*. Oakland: University of California Press, 1993, p. 324; ver Theodor Herzl, *Der Judenstasst*. Leipzig: Jüdischer, 1920, p. 20.

2. Arthur Hertzberg (Org.). *The Zionist Idea: A Historical Analysis and Reader*. Filadélfia: Jewish Publication Society, 1997, p. 21.

3. David Sorkin, *Jewish Emancipation: A History across Five Centuries*. Princeton: Princeton University Press, 2019, p. 2.

4. Heinrich Heine, apud Jacob Katz, "The Term 'Jewish Emancipation': Its Origin and Historical Impact". In: Alexander Altmann (Org.). *Studies in Nineteenth-Century Jewish Intellectual History*. Cambridge, MA: Harvard University Press, 1964, pp. 1-27, aqui p. 21.

5. Apud N. M. Gelber, "The Intervention of German Jews at the Berlin Congress 1878". *Leo Baeck Institute Year Book*, v. 5, n. 1, pp. 221-48, jan. 1960, aqui pp. 221-2; Max Kohler, "Educational Reforms in Europe in Their Relation to Jewish Emancipation, 1778-1919". *Publications of the American Jewish Historical Society*, n. 28, pp. 83-112, 1922.

6. Sobre a Itália, ver Shira Klein, *Italy's Jews: From Emancipation to Fascism*. Cambridge: Cambridge University Press, 2017, cap. 1.

7. P. J. Proudhon, *Carnets* [26 dez. 1847] (M. Rivière, 1960); Enzo Traverso, *The Marxists and the Jewish Question: The History of a Debate (1843-1943)*. Amherst, NY: Humanity, 1994, pp. 13-25.

8. P. Mendes-Flohr, "The Emancipation of European Jewry: Why Was It Not Self-Evident?". *Studia Rosenthaliana*, v. 30, n. 1, pp. 7-20, 1996, p. 15; Christopher Clark, *Revolutionary Spring: Europe Aflame and the Fight for a New World, 1848-1849*. Nova York: Crown, 2023, pp. 444-57.

9. Clark, *Revolutionary Spring*, op. cit.

10. Ibid., p. 445; Michael Stanislawski, *A Murder in Lemberg: Politics, Religion, and Violence in Modern Jewish History*. Princeton: Princeton University Press, 2007.

11. Kohler, "Educational Reforms in Europe", p. 85; memórias do rabino Lifschitz, apud Abigail Green, "Old Networks, New Connections: The Emergence of the Jewish International". In: Abigail Green e Vincent Viaene (Orgs.). *Religious Internationals in the Modern World*. Londres: Palgrave Macmillan, 2012, pp. 53-81, aqui p. 63.

12. Clark, op. cit., pp. 455-62.

13. Ivan Davidson Kalmar, "Moorish Style: Orientalism, the Jews, and Synagogue Architecture". *Jewish Social Studies*, v. 7, n. 3, pp. 68-100, primavera/verão 2001; L. Scott Lerner, "Narrating Over the Ghetto of Rome". *Jewish Social Studies*, v. 8, n. 2/3, pp. 1-38, inverno/primavera 2002.

14. Otto Glagau, prefácio a *Der Börsen-und-Gründungs-Schwindel in Berlin*. Leipzig: P. Frohberg, 1876.

15. Peter Pulzer, *The Rise of Political Anti-Semitism in Germany and Austria*, ed. rev. Cambridge, MA: Harvard University Press, 1988, p. 49.

16. James F. Harris, *The People Speak! Anti-Semitism and Emancipation in Nineteenth-Century Bavaria*. Ann Arbor, MI: University of Michigan Press, 1994.

17. Moshe Zimmermann, "Two Generations in the History of German Antisemitism: The Letters of Theodor Fritsch to Wilhelm Marr". *Leo Baeck Institute Year Book*, v. 23, n. 1, pp. 89-99, 1978, aqui p. 97.

18. Frederick Busi, *The Pope of Antisemitism: The Career and Legacy of Edouard-Adolphe Drumont*. Millburn, NJ: University Press of America, 1986, pp. 43-5.

19. Apud Thomas P. Anderson. "Édouard Drumont and the Origins of Modern Anti-Semitism". *Catholic Historical Review*, v. 53, n. 1, pp. 28-42, abr. 1967 aqui p. 33.

20. Philip Nord, *Paris Shopkeepers and the Politics of Resentment*. Princeton: Princeton University Press, 1986, caps. 7-9; Stephen Wilson, "The Antisemitic Riots of 1898 in France". *Historical Journal*, v. 16, n. 4, pp. 789-806, dez. 1973.

21. Robert Byrnes, "Antisemitism in France Before the Dreyfus Affair". *Jewish Social Studies*, v. 11, n. 1, pp. 49-68, jan. 1949; Steven Schwarzschild, "The Marquis de Mores, the Story of a Failure (1858-896)". *Jewish Social Studies*, v. 22, n. 1, pp. 3-26, jan. 1960; Raphaël Viau, *Vingt Ans de l'antisémitisme, 1889-1909*. Paris: Bibliothèque-Charpentier, 1910, p. 344.

22. Robert Michael, *A History of Catholic Antisemitism: The Dark Side of the Church*. Londres: Palgrave Macmillan, 2008, pp. 107-10, aqui p. 108; Robert Wistrich, "Karl Lueger and the Ambiguities of Viennese Antisemitism". *Jewish Social Studies*, v. 45, n. 3-4, pp. 251-62, verão/outono 1983, pp. 251, 253 e 255.

23. Pulzer, op. cit., pp. 150-8.

24. Deborah Cohen, "Who Was Who?: Race and Jews in Turnofthe-Century Britain". *Journal of British Studies*, v. 41, n. 4, pp. 460-83, out. 2002, p. 470; também o magistral David Feldman, *Englishmen and Jews: Social Relations and Political Culture, 1840-1914*. New Haven: Yale University Press, 1994; Kevin Haddick Flynn, "The Limerick Pogrom, 1904". *History, Ireland*, v. 12, n. 2, pp. 31-3, verão 2004; "Letter Shows First Dictionary Editor Thought 'Anti-Semite' Wouldn't Be Used". *The Times of Israel*, 4 maio 2020.

25. John Röhl, *The Kaiser and His Court*. Cambridge: Cambridge University Press, 1996, pp. 205 e 211.

26. Dietz Bering, *The Stigma of Names: Antisemitism in German Daily Life, 1812-1933*. Ann Arbor, MI: University of Michigan Press, 1992, pp. 94-8.

27. Daniel Unowsky, "The 1898 Anti-Jewish Violence in Habsburg Galicia". In: Eugene M. Avrutin e Elissa Bemporad (Orgs.). *Pogroms: A Documentary History*. Oxford: Oxford University Press, 2021, pp. 46-69.

28. Irena Grosfeld et al., “Middleman Minorities and Ethnic Violence: Anti-Jewish Pogroms in the Russian Empire”. *Review of Economic Studies*, v. 87, n. 1, pp. 289-342, jan. 2020.

29. Steven J. Zipperstein, *Pogrom: Kishinev and the Tilt of History*. Nova York: Liveright, 2018.

30. Ver Steven J. Zipperstein, “Fateless: The Beilis Trial a Century Later”. *Jewish Review of Books*, inverno 2015.

31. Julia Huston Nguyen, “Jewish Americans: Securing Rights and Responsibility to Others”. 30 maio 2024, EDSITEment!. Disponível em: <https://edsitement.neh.gov/closer-readings/jewish-americans-securing-rights-and-responsibility-others>.

32. Abigail Green, “Nationalism and the ‘Jewish International’: Religious Internationalism in Europe and the Middle East c.1840-c.1880”, *Comparative Studies in Society and History*, v. 50, n. 2, pp. 535-58, abr. 2008; e Green e Viaene (Orgs.), *Religious Internationals in the Modern World*.

3. O ANTISSEMISTISMO EM ASCENSÃO: 1914-33 [pp. 69-84]

1. Israel Cohen, “The Reign of Antisemitism”. *New Statesman and Nation*, pp. 96-7, 23 jul. 1932.

2. O estudo clássico é de Derek Penslar, *Jews and the Military*. Princeton: Princeton University Press, 2013, em esp. cap. 5; sobre a notável figura de Hertz, entre outros, ver Nicolas Mariot, “Social Encounters in the French Trenches”. *French Politics, Culture and Society*, v. 36, n. 2, pp. 1-27, verão 2018.

3. Alan Kramer, *Dynamic of Destruction: Culture and Mass Killing in the First World War*. Oxford: Oxford University Press, 2007.

4. Joshua Sanborn, *Imperial Apocalypse: The Great War and the Destruction of the Russian Empire*. Oxford: Oxford University Press, 2014; William W. Hagen, *Anti-Jewish Violence in Poland, 1914-1920*. Cambridge: Cambridge University Press, 2018, pp. 75-86.

5. Eugene Kulischer, *Europe on the Move: War and Population Changes, 1917-1947*. Nova York: Columbia University Press, 1948, pp. 31-2 e 109.

6. Wolf, apud Mark Levene, *War, Jews, and the New Europe: The Diplomacy of Lucien Wolf, 1914-1919*. Oxford: Oxford University Press, 1992, p. 48.

7. Ibid., pp. 51 e 59.

8. Ibid., p. 95.

9. Israel Finestein, “Lucien Wolf (1857-1930): A Study in Ambivalence”. *Jewish Historical Studies*, n. 35, pp. 239-54, 1996-8, aqui p. 251; Levene, op. cit., p. 110.

10. Levene, op. cit., pp. 175 e 195-6.

11. Jeffrey Veidlinger, *In the Midst of Civilized Europe: The Pogroms of 1918-1921 and the Onset of the Holocaust*. Nova York: Metropolitan Books, 2021; Abraham Rechtman, *The Lost World of Russia's Jews: Ethnography and Folklore in the Pale of Settlement*. Bloomington: Indiana University Press, 2021, p. 6; Aviel Roshwald, *Ethnic Nationalism and the Fall of Empires: Central Europe, Russia and the Middle East, 1914-1923*. Nova York: Routledge, 2002.

12. Herman Bernstein, "The Polish-Jewish Pact to End Antisemitism". *Current History*, v. 23, n. 1, pp. 77-81, out. 1925; Laura Engelstein, *The Resistible Rise of Antisemitism*. Waltham: Brandeis University Press, 2020, p. 79.

13. David Fraser, *Nazi Antisemitism and Jewish Legal Self-Defense: The Turn to Law in Liberal Democracies, 1932-39*. Nova York: Routledge, 2023, em esp. pp. 38-41.

14. Michael Hagemeister, *The Perennial Conspiracy Theory: Reflections on the History of "The Protocols of the Elders of Zion"*. Nova York: Routledge, 2021, cap. 1.

15. Brian Crim, "'Our Most Serious Enemy': The Specter of Judeo-Bolshevism in the German Military Community, 1914-1923". *Central European History*, v. 44, n. 4, pp. 624-41, dez. 2011, aqui p. 627.

16. Thomas Weber, *Hitler's First War: Adolf Hitler, the Men of the List Regiment, and the First World War*. Oxford: Oxford University Press, 2010, p. 215; id., *Becoming Hitler: the Making of a Nazi*. Nova York: Basic Books, 2017, cap. 1; Michael Brenner, *In Hitler's Munich: Jews, the Revolution and the Rise of Nazism*. Princeton: Princeton University Press, 2022, p. 147.

17. "Hitlers 'grundlegende' Rede über den Antisemitismus". *Vierteljahrshefte für Zeitgeschichte*, n. 16, pp. 390-420, 1968; Oded Heilbronner, "German or Nazi Antisemitism?". In: Dan Stone (Org.). *The Historiography of the Holocaust*. Londres: Palgrave Macmillan, 2004, pp. 9-23; Thomas Weber, *Becoming Hitler*, pp. 167-70.

18. Brenner, op. cit., p. 48.

19. Paul Hanebrink, "Transnational Culture War: Christianity, Nation, and the Judeo-Bolshevik Myth in Hungary, 1890-1920". *Journal of Modern History*, v. 80, n. 1, pp. 55-80, mar. 2008; Paul Hanebrink, *A Specter Haunting Europe: The Myth of Judeo-Bolshevism*. Cambridge, MA: Belknap Press of Harvard University Press, 2018.

4. O ANTISSEMITISMO COMO POTÊNCIA MUNDIAL: 1933-45 [pp. 85-109]

1. John Emerich Edward Dalberg-Acton, *The History of Freedom and Other Essays*. Londres: Macmillan, 1907, p. 12.

2. Alon Confino, *A World Without Jews: The Nazi Imagination from Persecution to Genocide*. New Haven: Yale University Press, 2014, p. 183.

3. Sobre a ambivalência dos judeus e o fascismo, ver Alexander Stille, *Benevolence and Betrayal: Five Italian Jewish Families Under Fascism*. Londres: Picador, 1991; sobre Betar e os revisionistas, ver Colin Shindler, "Models for the Radicals: Nationalism and the Origins of the Israeli Right". *Revue Européenne des Études Hébraïques*, n. 11, pp. 63-83, 2005.

4. Hermann Beck, "Between the Dictates of Conscience and Political Expediency: Hitler's Conservative Alliance Partner and Antisemitism During the Nazi Seizure of Power". *Journal of Contemporary History*, v. 41, n. 4, pp. 611-40, 2006; Hermann Beck, *Before the Holocaust: Antisemitic Violence and the Reaction of German Elites and Institutions During the Nazi Takeover*. Oxford: Oxford University Press, 2022. Ver também: Noel Cary, "Antisemitism, Everyday Life and the Devastation of Public Morals in Nazi Germany". *Central European History*, v. 35, n. 4, pp. 551-89, 2002, resenha.

5. Lawrence Stokes, "The German People and the Destruction of the European Jews". *Central European History*, v. 6, n. 2, pp. 167-90, 1973.

6. Bernard Dov Weinryb, *Jewish Emancipation Under Attack: Its Legal Recession Until the Present War*. Nova York: American Jewish Committee, 1942, p. 7.

7. Oscar Janowsky, *People at Bay: The Jewish Problem in East-Central Europe*. Oxford: Oxford University Press, 1938, p. 127.

8. Leon Volovici, *Nationalist Ideology and Antisemitism: The Case of Romanian Intellectuals in the 1930s*.Oxford: Pergamon, 1991, pp. 116, 121-2 e 125; Mihail Sebastian, *For Two Thousand Years*. Nova York: Other Press, 2017, p. 215. [Ed. bras.: *Por dois mil anos*. Trad. de Eugenia Flavian. São Paulo: Amarilys, 2017.]

9. Victor Klemperer, *The Language of the Third Reich: LTI — Lingua Tertii Imperii: A Philologist's Notebook*. Londres: Bloomsbury Academic, 2021, p. 178 ("The Jewish War").

10. Bela Vago, *The Shadow of the Swastika: The Rise of Fascism and Antisemitism in the Danube Basin, 1936-39*. Farnborough: Saxon House for the Institute of Jewish Affairs, 1975, pp. 58, 69 e 103.

11. Ibid., pp. 394-5; Shmuel Almog (Org.), *Antisemitism Through the Ages*. Oxford: Pergamon, 1988, p. 340.

12. Confino, op. cit.

13. "Stenographic Report for a Portion of the Interministerial Meeting on the Jewish Question", 12 nov. 1938, German History in Documents and Images; disponível em: <https://germanhistorydocs.ghi-dc.org/pdf/eng/english34.pdf>.

14. G. K. Chesterton, *The New Jerusalem*. Londres: Hodder and Stoughton,

1920, pp. 264-5. [Ed. bras.: *A Nova Jerusalém*. Porto Alegre: Sociedade Chesterton Brasil, 2023.]

15. William W. Hagen, "Before the 'Final Solution': Toward a Comparative Analysis of Political Anti-Semitism in Interwar Germany and Poland". *Journal of Modern History*, v. 68, n. 2, pp. 351-81, jun. 1996.

16. Dados extraídos de Eugene Kulischer, *Europe on the Move: War and Population Changes, 1917-1947*. Nova York: Columbia University Press, 1948, pp. 191-2.

17. Christopher Browning, "Hitler, Antisemitism, and the Final Solution". *Antisemitism Studies*, v. 7, n. 1, pp. 80-99, primavera 2023, aqui p. 84.

18. "Pax Romanizing". *Time*, 31 dez. 1934; ver também as observações in Oded Heilbronner, "Großraum Europa: The Nazi Concept of 'Greater European Space' in Recent Literature". *English Historical Review*, v. 135, n. 583, pp. 1574-94, dez. 2021, aqui pp. 1592-3.

19. Discurso de Hitler, Sportspalast, Berlim, 30 set. 1942; disponível em: <https://www.jewishvirtuallibrary-org.translate.goog/adolf-hitler-address-at-the-opening-of-the-winter-relief-campaign-september-1942?_x_tr_sl=en&_x_tr_tl=pt&_x_tr_hl=pt&_x_tr_pto=tc>; Florent Brayard, *La "Solution finale de la question juive"*. Paris: Fayard, 2023, p. 154; a questão geral da diplomacia europeia da própria Solução Final está bem tratada em: Dan Stone, *The Holocaust: An Unfinished History*. Elmwood: Pelican, 2023, cap. 5.

20. Christopher Browning, *The Final Solution and the German Foreign Office*. Teaneck, NJ: Holmes & Meier, 1978, p. 83.

21. A questão do sigilo e seu surgimento durante a Guerra é magnificamente tratada por Florent Brayard, *Auschwitz, enquête sur un complot nazi*. Paris: Éditions Points, 2023, pp. 442-9; a questão da fotografia é detalhadamente analisada em: Fabian Schmidt e Alexander Olive Zöller, *Images criminelles sous nazisme*. Paris: Association Française de Recherche sur l'Histoire du Cinéma, 2024.

22. Lorna Waddington, "The Anti-Komintern and Nazi Anti-Bolshevik Propaganda in the 1930s". *Journal of Contemporary History*, v. 42, n. 4, pp. 573-94, 2007; Hanno Plass e Bill Templer, "*Der Welt-Dienst*: International Anti-Semitic Propaganda". *Jewish Quarterly Review*, v. 103, n. 4, pp. 503-22, outono 2013; Martin Kristoffer Hamre, "'Nationalists of All Countries, Unite!': Hans Keller and Nazi Internationalism in the 1930s". *Contemporary European History*, v. 33, n. 2, pp. 447-96, 2024; Dirk Rupnow, "'The Antisemite Internationale': The Exporting of Anti-Jewish Scholarship and Propaganda by the Third Reich". In: Johannes Dafinger e Dieter Pohl (Orgs.). *A New Nationalist Europe Under Hitler*. Nova York: Routledge, 2018, pp. 259-70.

23. Bruno Blau, "The Jewish Population of Germany, 1939-1945". *Jewish Social Studies*, v. 12, n. 2, pp. 161-72, abr. 1950.

24. Bettina Stangneth, *Eichmann before Jerusalem: The Unexamined Life of a Mass Murderer*. Nova York: Alfred Knopf, 2014, pp. 49-55; Raphael Lemkin, *Axis Rule in Occupied Europe: Laws of Occupation, Analysis of Government, Proposals for Redress*. Washington, DC: Carnegie Endowment for International Peace, 1944; Koppel Pinson, "Antisemitism in the Post-War World". *Jewish Social Studies*, v. 7, n. 2, pp. 99-118, abr. 1945, aqui p. 99.

25. "Statement on Atrocities", out. 1943. Disponível em: <https://avalon.law.yale.edu/wwii/moscow.asp>.

26. S. W. D. Rowson, "Some Private International Law Problems Arising out of European Racial Legislation, 1933-1945". *Modern Law Review*, v. 10, n. 4, pp. 345-62, out. 1947, e textos de vários tratados de armistício no Yale Avalon Law Project. Ver também: id., "The Abolition of Nazi and Fascist Anti-Jewish Legislation by British Military Administrations of the Second World War". *Jewish Yearbook of International Law*, n. 1, pp. 261-8, 1948. Sobre Rowson, ver Rotem Giladi, "Shabtai Rosenne: The Transformation of Sefton Rowson". In: James Loeffler e Moria Paz (Orgs.). *The Law of Strangers*. Cambridge: Cambridge University Press, 2019, pp. 221-48, e a resposta de Philippe Sands no mesmo volume.

27. James Parkes, *The Emergence of the Jewish Problem, 1878-1939*. Oxford: Oxford University Press, 1946, p. 230.

5. CONSEQUÊNCIAS: A EUROPA DA GUERRA FRIA [pp. 110-41]

1. Dittmer, Lowell, "The German NPD". *Comparative Politics*, v. 2, n. 1, pp. 79-110, out. 1969, aqui p. 98.

2. Martin Conway, *Western Europe's Democratic Age, 1945-1973*. Princeton: Princeton University Press, 2020, pp. 72-5.

3. Alexander S. Kohanski, "Germany". *American Jewish Year Book*, n. 47, pp. 375-6, 1945-6; Geraldine Rosenfield, "Germany" e "Austria". *American Jewish Year Book*, n. 48, pp. 314-9, 1946-7; Boris Sapir, "Germany and Austria". *American Jewish Year Book*, n. 49, p. 373, 1947-8.

4. Nathan Reich, "The Year in Retrospect". *American Jewish Year Book*, n. 50, 1948-9, p. 114.

5. "NPD Antisemitism". *Patterns of Prejudice*, v. 1, n. 1, p. 9, 1967.

6. "Western Germany". *American Jewish Year Book*, n. 56, p. 366, 1955; "Growing Antisemitism". *Patterns of Prejudice*, pp. 9-12, 1967; Pauline Picco, "Extrême

droite et antisémitisme en Italie: L'Exemple du Centro Studi Ordine Nuovo (1955-1971)". *Laboratoire Italien*, n. 11, pp. 17-52, 2011. A melhor apresentação geral é de Jean-Yves Camus e Nicolas Lebourg, *Far-Right Politics in Europe*. Cambridge, MA: Harvard University Press, 2017.

7. Bardèche, apud Martin Conway, *Western Europe's Democratic Age, 1945--1968*. Princeton: Princeton University Press, 2020, p. 74; Jean-Pierre Rioux, resenha de *La Tentative néo-fasciste en France de 1944 à 1965*, de Joseph Algazy. *Vingtième siecle*, n. 5, pp. 199-200, 1985.

8. Richard Vinen, "The End of an Ideology?: Right-Wing Antisemitism in France, 1944-1970". *Historical Journal*, v. 37, n. 2, pp. 365-88, 1994, aqui p. 365.

9. Ibid., pp. 376-81.

10. Decreto, apud Elissa Bemporad, "Empowerment, Defiance and Demise: Jews and the Blood Libel Specter Under Stalinism". *Jewish History*, v. 26, n. 3-4, pp. 343-61, dez. 2012, aqui p. 345; Jan Rybak, *Everyday Zionism in East-Central Europe: Nation-Building in War and Revolution, 1914-1920*. Oxford: Oxford University Press, 2020, p. 273; Brendan McGeever, *Antisemitism and the Russian Revolution*. Cambridge: Cambridge University Press, 2019.

11. Bemporad, "Empowerment, Defiance, and Demise"; id., "Behavior Unbecoming a Communist: Jewish Religious Practice in Soviet Minsk". *Jewish Social Studies*, v. 14, n. 2, pp. 1-31, inverno 2008. Yuri Slezkine, *The Jewish Century*. Princeton: Princeton University Press, 2004, pp. 242-9. Agradeço a Maria Stepanova por discutir essas questões comigo.

12. William Korey, "The Origins and Development of Soviet Antisemitism". *Slavic Review*, v. 31, n. 1, pp. 111-35, mar. 1972; Yohanan Petrovsky-Shtern, *Lenin's Jewish Question*. New Haven: Yale University Press, 2010.

13. Victoria Khiterer, "Unwelcome Return Home: Jews, Antisemitism and the Housing Problem in Postwar Kyiv". *East European Holocaust Studies*, v. 1, n. 1, pp. 155-74, 2023.

14. Milovan Djilas, *Conversations with Stalin*. Nova York: Harcourt Brace, 1963, p. 120.

15. Joshua Rubenstein e Vladimir Naumov (Orgs.), *Stalin's Secret Pogrom: The Postwar Inquisition of the Jewish Anti-Fascist Committee*. New Haven: Yale University Press, 2001, introdução; Allan L. Kagedan, "Revival, Reconstruction or Rejection: Soviet Jewry in the Postwar Years, 1944-48". In: Yaacov Ro'i (Org.). *Jews and Jewish Life in Russia and the Soviet Union*. Londres: Frank Cass, 1995, pp. 189-98; Allan L. Kagedan, *Soviet Zion: The Quest for a Russian Jewish Homeland*. Nova York: St. Martin's, 1994.

16. Yaacov Ro'i, "Soviet Policy in the Middle East: The Case of Palestine During World War II". *Cahiers du Monde Russe et Soviétique*, v. 15, n. 3-4, pp.

373-408, jul.-dez. 1974; Matityahu Mintz, "Ben-Gurion and the Soviet Union's Involvement in the Effort to Establish a Jewish State in Palestine". *Journal of Israeli History*, v. 26, n. 1, pp. 67-78, 2007.

17. Rubenstein e Naumov, op. cit., pp. 39-41.

18. Ibid., pp. 281 e 284.

19. Arkady Vaksberg, *Stalin Against the Jews*. Nova York: Knopf, 1994, pp. 247-8; Bemporad, "Empowerment, Defiance, and Demise".

20. Alexander Lokshin, "The Doctors' Plot: The Non-Jewish Response". In: Yaacov Ro'i (Org.). *Jews and Jewish Life in Russia and the Soviet Union*. Londres: Frank Cass, 1995, pp. 157-65, aqui pp. 157 e 161.

21. Mark Wischnitzer, *To Dwell in Safety: The Story of Jewish Migration Since 1800*. Filadélfia: Jewish Publication Society of America, 1948, pp. 266-7; números extraídos de François Fejtö, *Les Juifs et l'antisémitisme dans les pays communists*. Paris: Plon, 1960, p. 60.

22. Robert Levy, *Ana Pauker: The Rise and Fall of a Jewish Communist*. Oakland: University of California Press, 2001, p. 179.

23. Ibid., pp. 178 e 203.

24. Ibid., p. 219.

25. Benjamin Pinkus, *The Soviet Government and the Jews, 1948-1967*. Cambridge: Cambridge University Press, 1984, p. 104.

26. Yaacov Ro'i, *The Struggle for Soviet Jewish Emigration, 1948-1967*. Cambridge: Cambridge University Press, 1991.

27. Fejtö, op. cit., p. 215.

28. Dariusz Stola, "Anti-Zionism as a Multipurpose Policy Instrument: The Anti-Zionist Campaign in Poland, 1967-1968". *Journal of Israeli History*, v. 25, n. 1, pp. 75-201, 2006; Paul Lendvai, *Anti-Semitism Without Jews: Communist Eastern Europe*. Long Island: Doubleday, 1971.

6. PRELÚDIO: ESTADOS UNIDOS, ISRAEL E ORIENTE MÉDIO: 1940-60 [pp. 147-88]

1. Ben Halpern, "The Impact of Israel on American Jewish Ideologies". *Jewish Social Studies*, v. 21, n. 1, pp. 68-81, jan. 1959, aqui p. 65.

2. Lewis Namier, introdução, in: Arthur Ruppin. *The Jews in the Modern World*. Londres: Macmillan, 1934, pp. xxiii-xiv.

3. Joseph Roth, "A Jew Emigrates to America". In: *The Wandering Jews*. Nova York: W. W. Norton, 2001, p. 102. [Ed. bras.: *Judeus em exílio*. Trad. de Marcus Tulius Franco Morais. São Paulo: Mundaréu, 2017.]

4. Jacob Weinstein, "Antisemitism". In: Oscar Janowsky (Org.). *The American Jew: A Composite Portrait*. Nova York: Harper & Brothers, 1942, p. 191; Milton Konvitz, "Inter-Group Relations". In: Oscar Janowsky (Org.). *The American Jew: A Reappraisal*. Filadélfia: Jewish Publication Society of America, 1964, pp. 78-9; Leo Ribuffo, "Henry Ford and 'The International Jew'". *American Jewish History*, v. 69, n. 4, pp. 437-77, jun. 1980; Harold S. Wechsler, "The Rationale for Restriction: Ethnicity and College Admission in America, 1910-1980". *American Quarterly*, v. 36, n. 5, pp. 643-67, inverno 1984; Alan Brinkley, *Voices of Protest*. Nova York: Vintage, 1982.

5. Leonard Dinnerstein, *Antisemitism in America*. Oxford: Oxford University Press, 1995, cap. 57, p. 145; Koppel Pinson, "Antisemitism in the Postwar World". *Jewish Social Studies*, v. 7, n. 2, pp. 99-118, abr. 1945; Susan Welch, "American Opinion Toward Jews During the Nazi Era". *Social Science Quarterly*, v. 95, n. 3, pp. 615-35, set. 2014.

6. Arthur Liebman, *Jews and the Left*. Hoboken, NJ: Wiley, 1979, p. 588; Anne Sebba, *Ethel Rosenberg: A Cold War Tragedy*. Londres: Weidenfeld & Nicolson, 2021; Sinkoff, op. cit., p. 121.

7. Dinnerstein, op. cit., p. 150; Deborah Dash Moore, "Who Built New York?: Jewish Builders in the Interwar Decades". *American Jewish History*, v. 101, n. 3, pp. 311-35, jul. 2017; Marshall Sklare, "Jews, Ethnics, and the American City". *Commentary*, abr. 1972.

8. Nate Bloom, "Woodstock: The Jewish Connection". *Jewish Standard*, v. 14, ago. 2009; "Jewish Population in the U.S. Shifting towards the Sun Belt". *Jewish Telegraphic Agency*, 14 fev. 1979.

9. Dinnerstein, op. cit., pp. 150 e 170; "Freedom for Russian Jews, Less Anti-Semitism Predicted for Year 2000". *Jewish Telegraphic Agency*, 21 out. 1960, p. 4; Bert Gold, apud Marianne R. Sanua, *Let Us Prove Strong: The American Jewish Yar Book*, n. 91, pp. 555-8, 1991.

10. Ibid., p. 160; Weinstein, op. cit., pp. 202-3; Sinkoff, op. cit., pp. 111-3; Murray Friedman, "John Slawson (1896-1989)". *American Jewish Year Book*, n. 91, pp. 555-8, 1991.

11. Peter Grose, *Israel in the Mind of America*. Nova York: Schocken, 1984, pp. 4-5.

12. Zvi Ganin, *An Uneasy Relationship: American Jewish Leadership and Israel, 1948-1957*. Syracuse, NY: Syracuse University Press, 2005, pp. 3-4; Naomi Cohen, *Not Free to Desist: The American Jewish Committee, 1906-1966*. Filadélfia: Jewish Publication Society, 1972, p. 222.

13. Nathan Kurz, *Jewish Internationalism and Human Rights After the Holocaust*. Cambridge: Cambridge University Press, 2021, p. 26.

14. William Zukerman, *Voices of Dissent: Jewish Problems, 1948-1961*. Londres: Bookman Associates, 1964, pp. 115, 316 e 3740.

15. Ibid., pp. 316, 3740, 6470; sobre a campanha contra ele: Geoffrey Levin, *Our Palestine Question: Israel and American Jewish Dissent, 1948-1978*. Princeton: Princeton University Press, 2023, pp. 67-75; e Marjorie N. Feld, *Threshold of Dissent: A History of American Jewish Critics of Zionism*. Nova York: New York University Press, 2024; Doug Rossinow, "'The Edge of the Abyss': The Origins of the Israel Lobby, 1949-1954". *Modern American History*, v. 1, n. 1, pp. 23-43, 2018.

16. Judd Teller, "Zionism, Israel and American Jewry". In: Oscar Janowsky (Org.). *The American Jew: A Reappraisal*. Filadélfia: Jewish Publication Society of America, 1964, p. 317; Rossinow, op, cit., p. 28. Sobre a crise no sionismo americano, ver Zohar Segev, "American Zionists' Place in Israel After Statehood: From Involved Partners to Outside Supporters". *American Jewish History*, v. 93, n. 3, pp. 277-302, set. 2007.

17. Tal Elmaliach, "Beyond Mamlakhtiyut and Halutziyut: The Ben-Gurion--Blaustein Understanding in Light of Ben-Gurion's Theory of Revolution". *Israel Studies*, v. 25, n. 3, pp. 65-80, outono 2020; Ganin, op. cit.; Marc Dollinger, *Black Power, Jewish Politics: Reinventing the Alliance in the 1960s*. Waltham: Brandeis University Press, 2018, p. 153.

18. Ganin, op. cit., pp. 36-7; "An Exchange of Views: American Jews and the State of Israel". *Israel Studies*, v. 25, n. 3, pp. 8-14, outono 2020.

19. Adam S. Ferziger, "Ben-Gurion and American Jewish Students at the Cusp of the Sixties: Between Solidarity and Persuasion". *Jewish Quarterly Review*, v. 113, n. 2, pp. 273-303, primavera 2023.

20. Dollinger, op. cit., p. 154.

21. Ganin, op. cit., pp. 127 e 146-8; Charles S. Liebman, "Diaspora Influence on Israel: The Ben-Gurion-Blaustein 'Exchange' and Its Aftermath". *Jewish Social Studies*, v. 36, n. 3-4, pp. 271-80, jul.-out. 1974.

22. Halpern, op. cit.; Dollinger, op. cit., p. 150.

23. Evyatar Friesel, "The Influence of American Zionism on the American Jewish Community, 1900-1950". *American Jewish History*, v. 75, n. 2, pp. 130-48, dez. 1985, aqui p. 146; Henry Feingold, *Jewish Power in America: Myth and Reality*. Piscataway, NJ: Transaction, 2008, p. 68.

24. Marshall Sklare, "Lakeville and Israel: The Six-Day War and Its Aftermath". *Midstream*, pp. 1-8, out. 1968; sobre a figura fascinante de Sklare, ver Jonathan D. Sarna, "Marshall Sklare (1921-1992)". *Proceedings of the American Academy for Jewish Research*, n. 58, pp. 33-5, 1992. Sklare foi descrito como "o progenitor de todo um complexo industrial da identidade judaica": Jonathan

Krasner, "On the Origins and Persistence of the Jewish Identity Industry in Jewish Education". In: Jon Levisohn e Ari Kelman (Orgs.). *Beyond Jewish Identity Rethinking Concepts and Imagining Alternatives*. Boston: Academic Studies Press 2019, p. 52.

25. Dados da UJA, apud Martin Raffel, "History of Israel Advocacy". In: Alan Mittleman et al. (Orgs.). *Jewish Polity and American Civil Society*, Maryland: Rowman & Littlefield, 2002, p. 117; Lawrence Grossman, "Transformation Through Crisis: The American Jewish Committee and the Six-Day War". *American Jewish History*, v. 86, n. 1, pp. 27-54, mar. 1998, pp. 49-51.

26. Arnold Forster e Benjamin Epstein, *Cross Currents*. Long Island: Doubleday, 1956, p. 14; ADL e National Council of Churches, *Current Problems of Anti-Semitism: Proceedings of a Conference*, Nova York, s. n., 1962.

27. Apud Elie Podeh, "Demonizing the Other: Israeli Perceptions of Nasser and Nasserism". In: Elie Podeh e Onn Winckler (Orgs.). *Rethinking Nasserism: Revolution and Historical Memory in Modern Egypt*. Gainesville: University Press of Florida, 2004, pp. 72-9, aqui p. 78.

28. Nahum Goldmann, *The Jewish Paradox*. Londres: Weidenfeld & Nicolson, 1978, p. 99.

29. Peretz Bernstein, apud Todd Endelman e Zvi Gitelman (Orgs.). *Crisis and Creativity Between World Wars, 1918-1939* (*The Posen Library of Jewish Culture and Civilization*), v. 8. New Haven: Yale University Press, 2020, p. 54; V. Jabotinsky, "The Iron Wall", 1923; Arthur Ruppin, *The Jews in the Modern World*. Londres: Macmillan, 1934, p. 258; Anita Shapira, "Israeli Perceptions of Anti-Semitism and Anti-Zionism". In: Jeffrey Herf (Org.). *Anti-Semitism and Anti-Zionism in Historical Perspective: Convergence and Divergence*. Londres: Routledge, 2007, pp. 228-50, aqui pp. 230-1.

30. Amnon Raz-Krakotzkin, "Exile within Sovereignty: Critique of the 'Negation of Exile' within Israeli Culture". In: Zvi Ben-Dor Benite, Stefanos Geroulanos e Nicole Jerr (Orgs.). *The Scaffolding of Sovereignty: Global and Aesthetic Perspectives on the History of a Concept*. Nova York: Columbia University Press, 2017, pp. 393-420, aqui pp. 411-3. Uma exceção parcial foram os primeiros orientalistas sionistas; ver Jonathan Marc Gribetz, *Defining Neighbors: Religion, Race and the Early Zionist-Arab Encounter*. Princeton: Princeton University Press, 2015; Yaron Peleg, *Orientalism and the Hebrew Imagination*. Ithaca, NY: Cornell University Press, 2005.

31. Yosef Gorny, *Zionism and the Arabs, 1882-1948: A Study of Ideology*. Oxford, Ingl.: Clarendon, 1987, pp. 34-5 e 43.

32. Adi Gordon, *Toward Nationalism's End: An Intellectual Biography of Hans Kohn*. Waltham: Brandeis University Press, 2017, pp. 145-50.

33. Evyatar Friesel, "It All Depends on the Point of View: David Ben-Gurion in the 1940s". *Journal of Israeli History*, v. 26, n. 1, pp. 79-89, 2007, resenha do volume 4 de *David's Zeal*, a biografia em vários volumes de Ben-Gurion escrita por Shabtai Teveth; sobre Weizmann, ver Gorny, op. cit., pp. 204 e 246; Ruppin, *The Jews in the Modern World*. Londres: Macmillan, 1934.

34. Dois excelentes guias recentes para o labirinto são: Daniel J. Schroeter, "'Islamic Antisemitism' in Historical Discourse". *American Historical Review*, v. 123, n. 4, pp. 1172-89, out. 2018; e Dario Miccoli, "The Jews of the Middle East and North Africa: A Historiographic Debate". *Middle Eastern Studies*, v. 56, n. 3, pp. 511-20, 2020.

35. Jonathan Frankel, "'Ritual Murder' in the Modern Era: The Damascus Affair of 1840". *Jewish Social Studies*, v. 3, n. 2, pp. 1-6, inverno 1997. Sobre a violência anticristã também estar ligada à intensificação do imperialismo europeu nas terras otomanas, ver Eugene Rogan, *The Damascus Events: The 1860 Massacre and the Making of the Modern Middle East*. Nova York: Basic Books, 2024.

36. René Wildangel, "More than the Mufti: Other Arab-Palestinian Voices on Nazi Germany 1933-1945, and Their Postwar Narrations". In: Israel Gershoni (Org.). *Arab Responses to Fascism and Nazism: Attraction and Repulsion*. Austin: University of Texas Press, 2014, pp. 101-27.

37. Wildangel, op. cit., p. 122. Ver também os ensaios na coleção com introdução de Ulrike Freitag e Israel Gershoni, "The Politics of Memory: The Necessity for Historical Investigation into Arab Responses to Fascism and Nazism". *Geschichte und Gesellschaft*, v. 37, n. 3, pp. 311-31, jul.-set. 2011; sobre a liderança palestina, a obra clássica é Rashid Khalidi, *The Iron Cage: the Story of the Palestinian Struggle for Statehood*. Armonk, NY: M. E. Sharpe, 2006.

38. Benny Morris, *The Birth of the Palestinian Refugee Problem, 1947-1949*. Cambridge: Cambridge University Press, 1988; Avi Shlaim, "The Debate About 1948". *International Journal of Middle Eastern Studies*, v. 27, n. 3, pp. 287-304, 1995; "Intelligence Brief from 1948 Hidden for Decades Indicates Jewes Fighters' Actions Were the Major Cause of Arab Displacement, not Calls from Arab Leadership", Instituto Akevot, disponível em: <https://www.akevot.org.il/en/article/intelligence-brief-from-1948-hidden-for-decades-indicates-jewish-fighters-actions-were-the-major-cause%20of%20arab-displacement-not-calls-from-arab-leadership/>; Benny Morris, "The Causes and Character of the Arab Exodus from Palestine: The Israel Defence Forces Intelligence Branch Analysis of June 1948". *Middle Eastern Studies*, v. 22, n. 1, pp. 5-19, jan. 1986.

39. Esther Webman (Org.), *The Global Impact of "The Protocols of the Elders of Zion": A Century-Old Myth*. Nova York: Routledge, 2018, cap. 11; Michael

Hagemeister *The Perennial Conspiracy Theory: Reflections on the History of "The Protocols of the Elders of Zion"*. Nova York: Routledge, 2021.

40. Gilbert Achcar, *Les Arabes et la Shoah: La Guerre israélo-arabe des récits*. Arles: Actes Sud, 2009; sobre o Irã, ver Meir Litvak, "The Islamic Republic of Iran and the Holocaust: Anti-Semitism and Anti-Zionism". In: Herf, op. cit., pp. 250-69; Imã Khomeini, *Islamic Government: Governance of the Jurist*. Teerã: Institute for Compilation and Publication of Imam Khomeini's Works, 2008 [1970], p. 114.

41. Há uma boa discussão de Sayegh in: Geoffrey Levin, *Our Palestine Question: Israel and American Jewish Dissent, 1948-1978*. New Haven: Yale University Press, 2023, pp. 110-3 passim.

42. Ibid., p. 132; Zukerman, op. cit., p. 65.

43. Ver o novo estudo fascinante de Jonathan Gribetz, *Reading Herzl in Beirut: The PLO's Effort to Know the Enemy*. Princeton: Princeton University Press, 2024, cap. 6.

44. Nissim Rejwan, op. cit. *Israel's Years of Bogus Grandeur: From the Six-Day War to the First Intifada*. Austin: University of Texas Press, 2006, pp. 69-70.

45. Ibid., pp. 133-4.

7. UM NOVO ANTISSEMITISMO?: A ARENA INTERNACIONAL [pp. 189-237]

1. Anthony Lerman, "Continuity and Change". *Jewish Quarterly*, v. 31, n. 3-4, pp. 1-3, 1984, apud Lerman, *The Making and Unmaking of a Zionist: A Personal and Political Journey*. Londres: Pluto, 2012, p. 76.

2. Howard Ehrlich, "The Swastika Epidemic of 1959-60: Anti-Semitism and Community Characteristics". *Social Problems*, v. 9, n. 3, pp. 264-72, inverno 1962; Sidney Liskofsky, "International Swastika Outbreak". *American Jewish Year Book*, n. 62, pp. 209-13, 1961.

3. Ministério das Relações Exteriores dos Estados Unidos da América, *More Than a Century of Antisemitism: How Successive Occupants of the Kremlin Have Used Antisemitism to Spread Disinformation and Propaganda*, 24 jan. 2004; disponível em: <https://2021-2025.state.gov/more-than-a-century-of-antisemitism-how-successive-occupants-of-the-kremlin-have-used-antisemitism/>.

4. John Barron, *KGB: The Secret Work of Soviet Secret Agents*. Chappaqua, NY: Reader's Digest, pp. 173-4, 1972; François Fejtö, *Les Juifs et l'antisémitisme dans les pays communists*. Paris: Plon, 1960, pp. 171-2; Thomas Rid, *Active Measures: The Secret History of Disinformation and Political Warfare*. Nova York: Farrar, Straus & Giroux, 2020, pp. 131-2.

5. Assembleia Geral da ONU, Terceiro Comitê, 20ª Sessão, 132ª Reunião, Registros Oficiais, 20 out. 1965: UN Doc. A/C.3/S.R.1312; Liskofsky, op. cit., pp. 209-13; Nathan Kurz, *Jewish Internationalism and Human Rights After the Holocaust*. Cambridge: Cambridge University Press, 2021, pp. 117-20.

6. Nathan Kurz, op. cit., p. 134.

7. Zeineddine, apud Assembleia Geral da ONU, Comitê ad hoc sobre a Palestina, 13ª Reunião, 14 out. 1947: Summary Records, pp. 80-1, disponível em: <https: //www.un.org/unispal/document/ad%20hoc-committee%20on%20the-palestine-question-summary-record%2013%2014%20october-1947/; 1964 PLO Charter, disponível em: <http://web.archive.org/web/20101130144018/http://www.un.int/wcm/content/site/palestine/pid/12363>; Fayez Sayegh, "Zionist Colonialism in Palestine". *Settler Colonialism Studies*, v. 2, n. 1, pp. 206-25, 2012.

8. ONU, "Elimination of All Forms of Racial Discrimination: Zionism as Racism". Resolução adotada pela Assembleia Geral; disponível em: <www.un.org/unispal/document/auto-insert-181963>.

9. Leonard Dinnerstein, "Is There a New Antisemitism in the United States?", *Society*, v. 41, n. 2, pp. 53-8, jan. 2004, aqui p. 57; Jerome Chanes, "What's 'New' — And What's Not — About the New Antisemitism?". *Jewish Political Studies Review*, v. 16, n. 1-2, pp. 111-24, primavera 2004; Nathan Perlmutter e Ruth Ann Perlmutter, *The Real Antisemitism in America*. Westminster: Arbor House, 1982, p. 281; Neil Kressel, "How to Interpret American Poll Data on Jews, Israel and Antisemitism". In: Steven K. Baum et al. (Orgs.). *Antisemitism in North America: New World, Old Hate*. Boston: Brill Nijhoff, 2016, p. 12.

10. Henry L. Feingold, "Finding a Conceptual Framework for the Study of American Antisemitism". *Jewish Social Studies*, v. 47, n. 3-4, verão-outono, 1985, p. 313; Chanes, op. cit., p. 113.

11. Edward S. Shapiro, "The Cognitive Dissonance of American Jews". *Culture and Society*, n. 49, pp. 547-52, 2012. Para mais elementos sobre a questão, ver Jeffrey E. Cohen, "Perceptions of Anti-Semitism Among American Jews, 2000-5: A Survey Analysis". *Political Psychology*, v. 31, n. 1, pp. 85-107, fev. 2010; Kressel, op. cit., pp. 5-6.

12. Henry L. Feingold, "The Continued Vitality of the American Jewish Committee at 80". *American Jewish Year Book*, n. 87, 1987, p. 341; Arnold Forster, *Square One*. Nova York: Donald I. Fine, 1988, pp. 302-4; Chanes, op. cit., p. 114; Harry Wallmarch, "Appreciation: Arnold Forster, ADL Leader and Israel Advocate". *Jerusalem Post*, 14 mar. 2010; Arnold Forster e Benjamin Epstein, *The New Anti-Semitism*. Nova York: McGraw-Hill, 1974, pp. 1, 3, 5, 7-8 e 324.

13. Forster, op. cit., pp. 302-3.

14. Forster e Epstein, op. cit., pp. 128-49.

15. Eric L. Goldstein, *The Price of Whiteness: Jews, Race and American Identity*. Princeton: Princeton University Press, 2006, p. 84.

16. Charles Seguin e David Rigby, "National Crimes: A New National Data Set of Lynchings in the United States, 1883-1941". *Socius*, n. 5, pp. 1-9, 2019; James Baldwin e Budd Schulberg, "Dialogue in Black and White". *Playboy*, n. 13, dez. 1966, p. 136, apud David Leeming, *James Baldwin: A Biography*. Nova York: Arcade, 2015, p. 274.

17. Leonard Rogoff, "Is the Jew White?: The Racial Place of the Southern Jew". *American Jewish History*, v. 85, n. 3, pp. 195-230, set. 1997, aqui pp. 195 e 203

18. Philip S. Foner, "Black-Jewish Relations in the Opening Years of the Twentieth Century". *Phylon*, v. 36, n. 4, pp. 359-67, 1995, aqui pp. 360 e 364-5.

19. Foner, op. cit.; Goldstein, op. cit., pp. 69 e 81. Max Kohler, "The Jew and the American Anti-Slavery Movement". *Publication of the American Jewish Historical Society*, n. 5, pp. 137-55, 1897; Richard Kreitner, *Fear No Pharoah*. Farrar, Straus and Giroux, 2025.

20. Howard N. Rabinowitz, "Nativism, Bigotry and Anti-Semitism in the South". *American Jewish History*, v. 77, n. 3, pp. 437-51, mar. 1988; Seth Forman, "The Unbearable Whiteness of Being Jewish: Desegregation in the South and the Crisis of Jewish Liberalism". *American Jewish History*, v. 85, n. 2, pp. 121-42, 1997, aqui p. 124; Hasia Diner, *In the Almost Promised Land: Jews and Blacks, 1915-1935*. Westport, Conn.: Greenwood, 1977.

21. Harvard Sitkoff, *Toward Freedom Land: The Long Struggle for Racial Equality in America*. Lexington, KY.: University Press of Kentucky, 2010, pp. 147-74; W. E. B. Du Bois, "The Negro and the Warsaw Ghetto". *Jewish Life*, v. 6, n. 7, pp. 14-5, maio 1952; AJC, apud Seth Forman, op. cit., p. 128; ver também, de modo geral: David Feldman, "A History of Prejudice". *The Ideas Letter*, 19 set. 2024.

22. Forman, op. cit., pp. 134-5; Frederick Simonelli, "The American Nazi Party, 1958-1967". *The Historian*, v. 57, n. 3, pp. 553-66, primavera 1955; Pierre Birnbaum, *Tears of History: The Rise of Political Antisemitism in the United States*. Nova York: Columbia University Press, 2023, pp. 115-23.

23. Cornel West, *Race Matters*. Boston: Beacon Press, 1993, p. 71.

24. Dawidowicz in Sinkoff, op. cit., p. 122; Silberman, apud Marianne Sanua, *Let Us Prove Strong: The AJC, 1945-2006*. Waltham, NEB: Branden University Press, 2007, p. 184.

25. Marjorie N. Feld, *The Threshold of Dissent: A History of American Jewish Critics of Zionism*. Nova York: New York University Press, 2024, cap. 3; M. R. Fischbach, "The New Left and the Arab-Israel Conflict in the U.S.". *Journal of Palestine Studies*, v. 49, n. 3, pp. 7-12, primavera 2020.

26. Harold Cruse, *The Crisis of the Negro Intellectual*. Nova York: William Morrow and Co., 1967, p. 480.

27. Hugh Davis Graham, "The Origins of Affirmative Action: Civil Rights and the Regulatory State". *Annals of the American Academy of Political and Social Science*, n. 523, pp. 50-62, set. 1992.

28. Albert Mindlin, "The Designation of Race or Color on Forms". *Public Administration Review*, v. 26, n. 2, pp. 110-8, jun. 1966, aqui p. 111; sobre a política da inovação tecnológica, ver Jason Ludwig, "Politics — Not Tech — Can Save Black jobs from AI". *Public Books*, 22 fev. 2024. Um trabalho fundamental nessa área é o de Michael F. McGovern, "Justice in Numbers: Statistics and the Transformation of Civil Rights". Princeton: Princeton University, 2023. Tese de doutorado em História da Ciência. Meus agradecimentos a Dan Bouk por sua ajuda.

29. Comissão Federal sobre os Direitos Civis dos Estados Unidos da América, "To Know or Not to Know: Collection and Use of Racial and Ethnic Data in Federal Assistance Programs", fev. 1973; Diretriz de Política Estatística nº 15, maio 1978; disponível em: <https://www2.census.gov/about/ombraceethnicityitwg/1978-statistical-policy-handbook.pdf>.

30. *Crisis at Columbia: Report of the Fact-Finding Commission Appointed to Investigate the Disturbances at Columbia University in April and May 1968*. Nova York: Vintage, 1968, p. 14; Goldstein, op. cit., p. 227.

31. Eric Goldstein, "Contesting the Categories: Jews and Government Racial Classification in the United States". *Jewish History*, v. 19, n. 1, pp. 79-107, 2005.

32. Ibid., p. 102.

33. Nathan Glazer, *Affirmative Discrimination*. Nova York: Basic Books, 1975.

34. Baldwin e Schulberg, op. cit., p. 135; James Baldwin, "Negroes Are Anti-Semitic Because They're Anti-White". *New York Times*, 9 abr. 1967.

35. Shaul Magid, *Meir Kahane: The Public Life and Political Thought of an American Jewish Radical*. Princeton: Princeton University Press, 2021, pp. 82-5.

36. Peter Novick, *The Holocaust in American Life*. Boston: Houghton Mifflin, 1999, pp. 121-3.

37. Sanua, op. cit., p. 351.

38. Amy Kaplan, *Our American Israel: The Story of an Entangled Alliance*. Cambridge, MA: Harvard University Press, 2018, pp. 179-80.

39. Sinkoff, op. cit., pp. 250ss.; Evyatar Friesel, *The Days and the Seasons: Memoirs*. Detroit: Wayne State University Press, 1996, pp. 185-6.

40. Tom W. Smith, "A Review: The Holocaust Denial Controversy". *Public Opinion Quarterly*, v. 59, n. 2, pp. 269-95, verão 1995.

41. Philip Gleason, "Identifying Identity: A Semantic History". *Journal of American History*, v. 69, n. 4, pp. 910-31, mar. 1983, esp. pp. 929-31; Jonathan Krasner, "On the Origins and Persistence of the Jewish Identity Industry in Jewish Education". In: Jon Levisohn e Ari Kelman (Orgs.). *Beyond Jewish Identity: Rethinking Concepts and Imagining Alternatives*. Boston: Academic Studies Press, 2019, pp. 36-64.

42. Nathan Glazer, "Jewish Loyalties". *Wilson Quarterly*, v. 5, n. 4, pp. 134-45, outono 1981; Pew Research Center, "A Portrait of Jewish Americans", 1 out. 2013.

43. Yuri Slezkine, *The Jewish Century*. Princeton: Princeton University Press, 2004, pp. 351-2.

44. Dinnerstein, op. cit., pp. 53-8.

45. Nathan Glazer, "Jewish Loyalties". *Wilson Quarterly*, v. 5, n. 4, pp. 134--45, outono 1981; Charles Silberman, *A Certain People: American Jews and their Lives Today*. Nova York: Summit, 1985; Silberman é citado na *Newsweek* numa discussão sobre suas conclusões. Sobre o impacto da política de identidade americana na ligação judaica americana com Israel, ver Derek Penslar, *Zionism: An Emotional State*. New Brunswick, NJ: Rutgers University Press, 2023, p. 205; Marc Dollinger, *Quest for Inclusion: Jews and Liberalism in Modern America*. Princeton: Princeton University Press, 2000, pp. 215-21; e também Henry Feingold, op. cit., p. 325.

46. Sobre Pollard, ver Martin Raffel, "History of Israel Advocacy". In: Alan Mittleman et al. (Orgs.). *Jewish Polity and American Civil Society*. Nova York: Rowman & Littlefield, 2002, pp. 128-31; Peter Medding, "The New Jewish Politics in the United States". In: Zvi Gitelman (Org.). *The Quest for Utopia: Jewish Political Ideas and Institutions through the Ages*. Armonk, NY: M. E. Sharpe, 1992, pp. 119-55, aqui pp. 127-8; "Sumner Shapiro, Long-Serving Director of Naval Intelligence". *Washington Post*, 16 nov. 2006.

47. Jacob David Herzog, *A People That Dwells Alone: Speeches and Writings of Yaacov Herzog*. Londres: Weidenfeld & Nicolson, 1975, pp. 48-53.

48. Ilan Peleg (Org.), *Victimhood Discourse in Contemporary Israel*. Lanham, MD: Lexington, 2019, pp. 3-4; Shmuel Rosner, "Israel and a Hostile World". *New York Times*, 8 out. 2014; Paul Scham, "'A Nation That Dwells Alone': Israeli Religious Nationalism in the 21st Century". *Israel Studies*, v. 23, n. 3, pp. 207-15, outono 2018.

49. Forster, op. cit., p. 244.

50. Eric J. Hobsbawm, "Ethnicity and Nationalism in Europe Today". *Anthropology Today*, v. 8, n. 1, pp. 3-8, fev. 1992; Olga Litvak, "The God of History". In: Uzi Rebhun (Org.). *The Social Scientific Study of Jewry: Sources, Approaches, Debates*. Oxford: Oxford University Press, 2014, pp. 290-302; Michael Brenner, *Prophets of the Past: Interpreters of Jewish History*. Princeton: Princeton Univer-

sity Press, 2010, pp. 184-5; Avner Ben-Zaken, "The Father, the Son (Bibi) and the Spirit of Catastrophe". *Haaretz*, 24 maio 2015; Michael Berkowitz, "Robert S. Wistrich and European Jewish History: Straddling the Public and Scholarly Spheres". *Journal of Modern History*, v. 70, n. 1, pp. 119-36, mar. 1998.

51. Ettinger, apud Antony Lerman, *Whatever Happened to Antisemitism?: Redefinition and the Myth of the "Collective Jew"*. Londres: Pluto, 2022, p. 49; Scott Ury, "Strange Bedfellows?: Anti-Semitism, Zionism, and the Fate of 'the Jews'". *American Historical Review*, v. 123, n. 4, pp. 1151-71, out. 2018.

52. Asaf Turgeman e Gal Hadari, "'Arab Anti-Semitism Debate': The Birth of New Anti-Semitism in Public and Academic Discourse in Israel". *Journal of Modern Jewish Studies*, v. 14, n. 3, pp. 501-19, 2015; Lerman, op. cit., p. 77.

53. Yehoshafat Harkabi, "On Arab Antisemitism Once More". In: Shmuel Almog (Org.). *Antisemitism Through the Ages*. Oxford: Pergamon, 1988, p. 239; Harkabi relembrado por Rashid Khalidi, entrevistado por Tariq Ali. In: "The Neck and the Sword". *New Left Review*, n. 147, pp. 5-38, maio-jul. 2024; Ami Pedahzur e Yael Yishai, "Hatred by Hated People: Xenophobia in Israel". *Studies in Conflict and Terrorism*, v. 22, n. 2, pp. 101-17, 1999. Agradeço Adam Shatz pelas conversas sobre essa questão.

54. Dov Waxman, *The Pursuit of Peace and the Crisis of Israeli Identity*. Londres: Palgrave Macmillan, 2006, pp. 28-9; Anita Shapira, "Israeli Perceptions of Anti-Semitism and Anti-Zionism". In: Jeffrey Herf (Org.). *Anti-Semitism and Anti-Zionism in Historical Perspective: Convergence and Divergence*. Londres: Routledge, 2007, pp. 242-3.

55. Carlo Ginzburg, "Postface". In: Jonathan Adams e Cordelia Hess (Orgs.). *The Medieval Roots of Antisemitism*. Nova York: Routledge, 2018, p. 433.

56. Magid, op. cit., pp. 129-35.

57. Pierre Vidal-Naquet, "Theses on Revisionism" (1985). In: *Assassins of Memory*. Nova York: Columbia University Press, 1992 [1985]; Novick, op. cit., p. 161; Tom Segev, op. cit., pp. 400-1; Amos Oz, "Better a Living Judeo-Nazi than a Dead Saint". *Journal of Palestine Studies*, v. 12, n. 3, pp. 202-9, primavera 1983.

58. Yael Aronoff, "Israeli Prime Ministers: Transforming the Victimhood Discourse". In: Ilan Peleg (Org.). *Victimhood Discourse in Contemporary Israel*. Lanham, MD: Lexington, 2019, pp. 37-57; Waxman, op. cit., p. 128.

59. Pedahzur e Yishai, op. cit., pp. 111 e 115; Weiss, apud Hanna Herzog et al., "Racism and the Politics of Signification: Israeli Public Discourse on Racism Towards Palestinian Citizens". *Ethnic and Racial Studies*, v. 31, n. 6, pp. 1091--109, 2008, aqui p. 1104.

60. Dados extraídos de Sivan Hirsch-Hoefler e Cas Mudde, *The Israeli Settler Movement: Assessing and Explaining Social Movement Success*. Cambridge: Cambridge University Press, 2021. Sobre o futebol, ver "Israeli Soccer Fans Attacked in Incident Linked to Antisemitism in Amsterdam". *USA Today*, 8 nov.

2024; poucos estabeleceram a ligação com um episódio anterior ocorrido no centro de Atenas, quando um grupo de torcedores do time Maccabi espancou um paquistanês (ver "Opadoi edrasan anenochlitoi sto kentro tis Athinas". *Efimeris Syntakton*, 7 mar. 2024). Para o cenário de fundo, ver Rami Younis, "Israel's Most Racist Soccer Club Isn't Shouting 'Death to Arabs'". *+ 972 Magazine*, 27 abr. 2016; "Inside Beitar Jerusalem, One of the World's Most Racist Soccer Clubs". *Haaretz*, 4 jul. 2022; Larry Derfner, "When an Israeli Soccer Game Looks Like a Klan Rally". *+ 972 Magazine*, 2 nov. 2012.

61. Jacob Marcus, "Background for the History of American Jewry". In: Oscar Janowsky (Org.). *The American Jew: A Reappraisal*. Filadélfia: Jewish Publication Society of America, 1964, pp. 23-4.

62. J. J. Goldberg, *Jewish Power: Inside the American Jewish Establishment*, Nova York: Basic Books, 1996, p. 7; Medding, op. cit.

63. Shaul Kelner, *A Cold War Exodus: How American Activists Mobilized to Free Soviet Jews*. Nova York: New York University Press, 2024, p. 9.

64. Dollinger, op. cit., pp. 221-2.

65. Marc Dollinger, *Black Power, Jewish Politics: Reinventing the Alliance in the 1960s*. Waltham: Brandeis University Press, 2018.

66. Kurz, op. cit., p. 158; Benjamin Nathans, *To the Success of Our Hopeless Cause: The Many Lives of the Soviet Dissident Movement*. Princeton: Princeton University Press, 2024, sobre as complexas interligações entre o movimento Judeidade Soviética e a dissidência soviética, incluindo o papel de Natan Sharansky.

67. Theodore H. Friedgut, "Soviet Anti-Zionism: Origins, Forms and Development". In: Robert S. Wistrich (Org.). *Anti-Zionism and Antisemitism*, pp. 26-45, aqui pp. 41-2; Mark Tolts, "A Half Century of Jewish Emigration from the Former Soviet Union: Demographic Aspects", artigo apresentado no Project for Russian and Eurasian Jewry, Davis Center for Russian and Eurasian Studies, Universidade de Harvard, 20 nov., agora disponível em: Mikhail Denisenko et al. (Orgs.), *Migration from the Newly Independent States*. Londres: Springer Nature, 2020, pp. 323-44. As estatísticas demográficas judaicas são um campo problemático. Ver Sergio Della Pergola, "World Jewish Population, 2020". *The American Jewish Year Book*, n. 120, pp. 273-370, 2020.

8. AS ARMAS DA PALAVRA [pp. 238-67]

1. Lewis Carroll, *Alice's Adventures in Wonderland and Through the Looking-Glass*. Oxford: Oxford University Press, 2009, p. 190. [Ed. bras.: *Aventuras de Alice no País das Maravilhas e Através do espelho*. Trad. de Maria Luiza X. de A. Borges. Rio de Janeiro: Zahar, 2009.]

2. Saul Dubow, "Apartheid in South Africa and Israel/Palestine: A Case of Convergent Evolution?". *Palestine/Israel Review*, v. 1, n. 2, pp. 257-88, 2024.

3. Sobre o sionismo entre os judeus americanos na atualidade, ver Dov Waxman, *Trouble in the Tribe: The American Jewish Conflict over Israel*. Princeton: Princeton University Press, 2016, pp. 28-9; sobre Israel, ver Pew Research Center Report, "Israel's Divided Society", 8 mar. 2016; Reinhart em carta ao *The Times*, apud Rory Miller, *Divided Against Zion: Anti-Zionist Opposition in Britain to a Jewish State in Palestine, 1945-48*. Londres: Frank Cass, 2000, p. 144. A bibliografia sobre o sionismo é imensa. O melhor lugar por onde começar é: Michael Stanislawski, *Zionism: A Very Short Introduction*. Oxford: Oxford University Press, 2017; também Noam Pianko, *Zionism and the Roads Not Taken: Rawidowicz, Kaplan, Kohn*. Bloomington: Indiana University Press, 2010. Aqui a discussão se refere aos argumentos intelectuais pró e contra a identificação do sionismo com o racismo. A questão muito diferente se a equiparação entre ambos deveria ser proibida é tratada no próximo capítulo.

4. Ministério das Relações Exteriores dos Estados Unidos da América, "Report on Global Antisemitism", 5 jan. 2005; disponível em: <https://2001-2009.state.gov/g/drl/rls/40258.htm>.

5. Craig S. Smith, "Free Speech and Hate Speech: French Ruling Roils the Waters". *The New York Times*, 27 jun. 2005.

6. Brian Klug, "The Myth of the New Anti-Semitism". *The Nation*, 15 jan. 2004; Leon Wieseltier, "Hitler Is Dead". *New Republic*, 27 maio 2002.

7. W. Bergmann, "Xenophobia and Antisemitism After the Unification of Germany". *Patterns of Prejudice*, v. 28, n. 1, pp. 67-80, 1994, aqui p. 69.

8. A anterior demonização direitista de Israel e do sionismo é descrita em: Pierre Birnbaum, "The French Radical Right: From Anti-Semitic Zionism to Anti-Semitic Anti-Zionism". In: Jeffrey Herf (Org.). *Anti-Semitism and Anti-Zionism in Historical Perspective: Convergence and Divergence*. Londres: Routledge, 2007, pp. 145-59; sobre a Frente Nacional na França, ver Alexandre Bande et al. (Orgs.). *Histoire politique de l'antisémitisme en France: De 1967 à nos jours*. Paris: Robert Laffont, 2024, em esp. pp. 68-9. Sobre o aspecto geral da sanitização: Tony Judt, *Postwar: A History of Europe Since 1945*. Nova York: Penguin, 2005. [Ed. port.: *Pós-guerra: Uma história da Europa desde 1945*. Lisboa: Edições 70, 2017.]

9. Reza Zia-Ebrahimi, "When the Elders of Zion Relocated to Eurabia". *Patterns of Prejudice*, v. 52, n. 4, pp. 314-37, 2018; ver também: Adi Schwartz, "The Protocols of the Elders of Brussels". *Haaretz*, 20 jun. 2006; Andrew Brown, "The Myth of Eurabia: How a Far-Right Conspiracy Theory Went Mainstream". *The Guardian*, 16 ago. 2019.

10. "Israel's Diaspora Affairs Minister Chikli Says Le Pen as French President "Excellent for Israel"". *Haaretz*, 1 jul. 2024; "Romania accuses Israel of Election Interference after Netanyahu Minister's Call with Pro-Nazi Candidate". *Haaretz*, 30 nov. 2024; "The New Pro-Israeli Clothes of Europe's Far Right". *Le Monde*, 31 maio 2024; disponível em: <https://united-jed.org/combating-antisemitism/>; "Israel Invites Europe's Far Right to Conference 'Combating Antisemitism'". *Haaretz*, 13 mar. 2025; "Ex-ADL Head Slams Successor for Sharing Stage at Israel Antisemitism Confab with Europe's Far Right". *Haaretz*, 16 mar. 2025.

11. David Feldman, "Jeremy Corbyn, 'Imperialism' and Labour's Antisemitism Problem". *History Workshop*, 12 jun. 2019; disponível em: <https://www.historyworkshop.org.uk/anti-racism/imperialism-and-labours-antisemitism-problem>; ver também, sobre o contexto do Partido Trabalhista, Jeremy Corbyn, "What I'm doing to Banish Anti-Semitism from the Labour Party". *The Standard*, 24 abr. 2018. O tema mais amplo tem uma boa discussão em: Owen Jones, *This Land: The Struggle for the Left*. Londres, 2020, cap. 7.

12. Número de visitas a Auschwitz; disponível em: <https://www.auschwitz.org/en/visiting/attendance>.

13. C. M. Baker, "Challenges of 'The Jewish People': Promises and Perils of Collective Identities". In: Feldman e Volovici, op. cit., pp. 94-7; ver também a proveitosa discussão em: Doris Bergen, "Studying the Holocaust: Is History Commemoration?". In: Dan Stone (Org.), *The Holocaust and Historical Methodology*. Nova York: Berghahn, 2012, pp. 158-77.

14. Anthony Lerman, "Sense on Antisemitism". *Prospect*, 19 ago. 2002; Romano Prodi, "Against Anti-Semitism: For a Union of Diversity". Comunicação oral. Bruxelas, 19 fev. 2004; disponível em: <https://ec.europa.eu/commission/presscorner/detail/en/SPEECH_04_85>.

15. Lerman, op. cit.; Arthur Hertzberg, "Is Anti-Semitism Dying Out?". *New York Review of Books*, 24 jun. 1993.

16. James B. Jacobs e Kimberly A. Potter, "Hate Crimes: A Critical Perspective". *Crime and Justice*, n. 22, pp. 1-50, 1997, aqui pp. 13-5.

17. Ibid., pp. 13-4; o problema da dupla missão é tratado em: Alex Kane e Jacob Hutt, "How the ADL's Israel Advocacy Undermines its Civil Rights Work". *Jewish Currents*, primavera 2021. Jim Sleeper, resenhando Jacobs and Potter: *Hate Crimes: Criminal Law and Identity Politics*. Oxford: Oxford University Press, 1998. Para uma discussão acerca dos crimes de ódio e o antissemitismo, ver Paul Iganski (Org.). *The Hate Debate: Should Hate Be Punished as a Crime?*. Profile, 2002.

18. Antony Lerman, *Whatever Happened to Antisemitism?: Redefinition and the Myth of the "Collective Jew"* Londres: Pluto, 2022, pp. 91-2.

19. Ibid., p. 94.

20. Apud Jacob Aasland Ravndal et al., "RTV Trend Report 2022: Right-Wing Terrorism and Violence in Western Europe 1990-2021"; disponível em: <https://www.sv.uio.no/c-rex/english/publications/reports/2022/rtv_trend_report_2022.pdf>; Global Project Against Hate and Extremism, "Generation Identity"; disponível em: <https://globalextremism.org/reports/generation-identity>; Lerman, op. cit., pp. 98-9.

21. Lerman, op. cit., p. 84; para o contexto, ver Hertzberg, op. cit.; um bom exame é: Martin Raffel, "History of Israel Advocacy". In: Alan Mittleman et al. (Orgs.). *Jewish Polity and American Civil Society*. Maryland: Rowman & Littlefield, 2002, pp. 103-81.

22. Lerman, *Whatever Happened?*, p. 176; Michael Galchinsky, *Jews and Human Rights: Dancing at Three Weddings*. Lanham, MD, 2008, pp. 121-2; Marianne Sanua, *Let Us Prove Strong: the American Jewish Committee, 1945-2006*. Brandeis, 2007, p. 345.

23. "A 101-Year-Old Nazi Is Convicted: Late Justice Is Still Justice". Simon Wiesenthal Center, 5 jul. 2022; disponível em: <https://blogs.timesofisrael.com/conviction-of-a-101-year-old-nazi-late-justice-is-still-justice/>; também em ADL: Rashid Khalidi, "The Case of the Mamilla Cemetery: Deligitimization or Desecrations?". Center for Palestine Studies, Columbia University; disponível em: <https://palestine.mei.columbia.edu/event-extras/2017/5/22/the-caseofthe-mamilla-cemetery-delegitimizationordesecration>; "Fundraising the Rabbi Hier Way". *Jewish Journal*, 16 nov. 2007.

24. Raffel, op. cit., pp. 166-81; Waxman, op. cit., passim; Edward Tivnan, *The Lobby Jewish Political Power and American Foreign*. Nova York: Simon and Schuster, 1987.

25. Weinstein, op. cit.; N. Sharansky, "3D Test of Antisemitism: Demonization, Delegitimation, Double-Standards". *Jewish Political Studies Review*, outono 2004; as atividades de Sharansky na era soviética são abordadas em: Benjamin Nathan, *To Our Success of Our Hopeless Cause: The Many Lives of the Soviet Dissident Movement*. Princeton University Press, 2024, op. cit.; um bom tratamento jornalístico que inclui suas atividades políticas israelenses é: "Natan Sharansky: Act III, Scene I", *Moment*, jul.-ago. 2012; disponível em: <https://momentmag.com/natan-sharansky-act-iii-scenei2>.

26. Colin Powell, "Remarks at the Conference on Antisemitism of the Organization for Security and Cooperation in Europe", 28 abr. 2004; disponível em: <https://2001-2009.state.gov/secretary/former/powell/remarks/31885.htm>.

27. Stephen Roth Institute for the Study of Contemporary Antisemitism and Racism, *Antisemitism Worldwide, 2004*. Universidade de Tel Aviv, 2006, p. 24.

28. Lerman, op. cit., pp. 70-3.

29. Sobre Dinur, ver David Myers, "History as Ideology: The Case of Ben Zion Dinur, Zionist Historian 'Par Excellence'". *Modern Judaism*, v. 8, n. 2, pp. 167-93, maio 1988; texto da Lei de Rememoração de Mártires e Heróis (Yad Vashem) 5713-1953, 1953; disponível em: <https://www.yadvashem.org/about/yad-vashem-law.html>; ver também: Dina Porat, *Israeli Society, the Holocaust and Its Survivors*. Vallentine Mitchell, 2008, p. 347.

30. Simon Rawidowicz, "Israel, the Ever-Dying People". In: Benjamin Ravid (Org.). *Israel, the Ever-Dying People and Other Essays*. Plainsboro, NJ: Associated University Presses, 1986, pp. 192-203; sobre Rawidowicz, de modo mais geral, ver Pianko, op. cit., pp. 6-69; David Myers, *Between Jew and Arab: The Lost Voice of Simon Rawidowicz*. Waltham: Brandeis University Press, 2008; Yoram Shachar, "Jefferson Goes East: The American Origins of the Israeli Declaration of Independence". *Theoretical Inquiries in Law*, v. 10, n. 2, pp. 589-618, jul. 2009; Martin Kramer, "Why Israel Is Called Israel and Not Judea". *Mosaic*, jun. 2021; sobre Ben-Gurion e o iídiche: Zach Golden, "How Yiddish Became a 'Foreign Language' in Israel Despite Having Been Spoken There Since the 1400s". *Forward*, 11 set. 2023.

31. Sobre o debate, um lugar por onde começar são as obras de Yaacov Yadgar, sobretudo *Israel's Jewish Identity Crisis* (Cambridge: Cambridge University Press, 2020) e "The Great Sin of Today Is the 'Politicization' of Our Judaism, the Great Need, the 'Judaization' of Our Politics: Leon Roth and the Possibilities of a Jewish Critique of Zionist Politics" (*Journal of Modern Jewish Studies*, v. 22, n. 4, pp. 412-37, 2023); também Michael Brenner, *In Search of Israel: The History of an Idea* (Princeton: Princeton University Press, 2018), em esp. cap. 4. Sobre a crítica ultraortodoxa, ver Porat, op. cit., pp. 367-70. Teitelbaum, apud David Myers, "Can There Be a Principled Anti-Zionism?: On the Nexus Between Anti--Historicism and Anti-Zionism in Modern Jewish Thought". In: Herf, op. cit., pp. 20-38, aqui p. 29.

32. Baker, op. cit., pp. 102-3; Noam Pianko, *Jewish Peoplehood: An American Innovation*. New Brunswick, NJ: Rutgers University Press, 2015; "Natan Sharansky: ato III, cena I".

33. Stroock, apud Marc Dollinger, *Black Power, Jewish Politics: Reinventing the Alliance in the 1960s*. Waltham: Brandeis University Press, 2018, p. 155; Netanyahu, apud Baker, op. cit., pp. 104-5.

34. Diana Pinto, "Israel Poses a Serious Dilemma for Europe's Jews". *Haaretz*, 14 fev. 2013; Gershom Gorenberg, "A Jew of No Religion". *American Prospect*, 19 out. 2011; Baker, op. cit., pp. 89-90.

35. Martin Jay, "Ariel Sharon and the Rise of the New Anti-Semitism". *Salmagundi*, n. 137-8, pp. 12-29, inverno-primavera 2003, p. 25.

9. A PRÓPRIA NATUREZA DA COISA [pp. 268-83]

1. [Ed. bras.: *Leviatã*. Goiânia: Logos, 2025.] Raymond Williams, *Keywords: A Vocabulary of Culture and Society*. Oxford: Oxford University Press, 1985, p. 16. [*Palavras-chave: Um vocabulário de cultura e sociedade*. Trad. de Sandra Guardini Vasconcelos. São Paulo: Boitempo, 2007.]

2. Thomas Wilson, *The Rule of Reason, Conteinyng the Arte of Logique, Set Forth in Englishe*. Londres, 1551, "Of a Diffinition". Sobre Wilson, ver Albert J. Schmidt, "Thomas Wilson, Tudor Scholar-Statesman". *Huntington Library Quarterly*, v. 20, n. 3, pp. 205-18, maio 1957.

3. Ben Halpern, "What Is Antisemitism?". *Modern Judaism*, v. 1, n. 3, pp. 251-62, dez. 1981; Feingold, "Finding a Conceptual Framework for the Study of American Antisemitism". *Jewish Social Studies*, p. 313; David Engel, "Away from a Definition of Antisemitism: An Essay in the Semantics of Historical Description". In: Jeremy Cohen e Moshe Rosman (Orgs.). *Rethinking European Jewish History*. Oxford: Oxford University Press, 2008, pp. 30-53.

4. Anthony Lerman, op. cit., pp. 127-9; Kenneth Stern, *The Conflict over the Conflict: The Israel/Palestine Campus Debate*. Toronto: University of Toronto Press, 2020, pp. 149-51.

5. Dina Porat, "What Makes an Anti-Semite?". *Haaretz*, 28 jan. 2007.

6. Williams, op. cit., pp. 16-7; David Feldman e Marc Volovici, "'The Pure Essence of Things': Contingency, Controversy and the Struggle to Define Antisemitism and Islamophobia". In: David Feldman e Marc Volovici (Orgs.). *Antisemitism, Islamophobia and the Politics of Definition*. Londres: Palgrave Macmillan, 2023, pp. 3-19; Frederick Harrison, apud Antony Anghie, *Imperialism, Sovereignty and the Making of International Law*. Cambridge: Cambridge University Press, 2004, p. 51.

7. Mark Weitzman, "The IHRA Working Definition of Antisemitism". In: Armin Lange et al. (Orgs.). *Comprehending and Confronting Antisemitism*. Berlim: De Gruyter, 2020, pp. 463-74; Jamie Stern-Weiner, *The Politics of a Definition: How the IHRA Working Definition of Antisemitism Is Being Misrepresented*. Oxford: Wolfson College, 2021. Tese de doutorado; disponível em: <https://freespeechonisrael.org.uk/wp-content/uploads/2021/04/Politics-of-a-Definition-Exec.pdf>.

8. Há uma boa discussão em: Derek Penslar, "Who's Afraid of Defining Antisemitism?". *Antisemitism Studies*, v. 6, n. 1, pp. 133-45, primavera 2022; e também: Jan Deckers e Jonathan Coulter, "What Is Wrong with the International Holocaust Remembrance Alliance's Definition of Antisemitism?". *Res Publica*, v. 28, n. 4, pp. 733-52, 2022; George Orwell, *Politics and the English Language*.

Bodleian Library, Oxford, 2022, p. 43. [Ed. bras.: "A política e a língua inglesa". In: *Como morrem os pobres e outros ensaios*. Trad. de Pedro Maia Soares. São Paulo: Companhia das Letras, 2011.]

9. Peter Beattie, "Anti-Semitism and Opposition to Israeli Government Policies: The Roles of Prejudice and Information". *Ethnic and Racial Studies*, v. 40, n. 15, pp. 2749-67, 2017.

10. Irwin Cotler, "The Responsability to Protect: The Promise of Stopping Mass Atrocities in Our Time". Oxford: Oxford University Press, 2011.

11. Rupert Emerson, "Self-Determination". *Proceedings of the American Society of International Law at its Annual Meeting*, n. 60, pp. 135-41, 28-30 abr. 1966, aqui p. 136; ver Yeshayahu Leibowitz, *Judaism, Human Values, and the Jewish State*. Cambridge, MA: Harvard University Press, 1992, p. 241.

12. Apud Jean Améry, "Virtuous Antisemitism". In: *Essays on Antisemitism, Anti-Zionism, and the Left*. Bloomington: Indiana University Press, 2021 [1969], pp. 38-9.

13. Declaração do primeiro-ministro Begin ao Parlamento sobre a apresentação de seu governo, 20 jun. 1977; disponível em: <https://www.gov.il/en/pages/1-statement-to-the-knesset-by-pm-begin-20-june-1977>.

14. Declaração de Jerusalém sobre o antissemitismo; disponível em: <https: //jerusalemdeclaration.org>; Documento Nexus; disponível em: <https: //nexusproject.us/nexus-resources/the-nexus-document>. A Definição Nexus afirma: "O antissemitismo consiste em crenças, atitudes, ações ou condições sistêmicas antijudaicas. Inclui crenças e sentimentos negativos sobre os judeus, comportamento hostil dirigido contra judeus (por serem judeus) e condições que discriminam os judeus e impedem significativamente sua capacidade de participar como iguais na vida política, religiosa, cultural, econômica ou social". A Declaração de Jerusalém afirma: "Antissemitismo é discriminação, preconceito, hostilidade ou violência contra judeus enquanto judeus (ou instituições judaicas enquanto judaicas)". Ambos deixam clara a linha divisória entre crítica a Israel e antissemitismo.

15. Declaração de Jerusalém sobre o antissemitismo, disponível em: <https: //jerusalemdeclaration.org>.

16. Stern, op. cit., p. 171.

17. Dados apud Neve Gordon, "Antisemitism and Zionism: The Internal Operations of the Ihra Definition". *Middle East Critique*, v. 33, n. 3, pp. 345-60, mar. 2024.

18. Aparna Gopalan, "The Hindu Nationalists Using the Pro-Israel Playbook". *Jewish Currents*, 28 jun. 2023; Azad Essa, *Hostile Homelands: The New Alliance Between India and Israel*. Londres: Pluto, 2023.

10. CAÇANDO O ELEFANTE ERRADO [pp. 284-314]

1. Irving Greenberg, "Jewish Survival and the College Campus". *Judaism*, v. 17, n. 3, pp. 259-81, verão 1968, aqui p. 260.

2. Avraham Burg, "Germany Provides a Kosher Stamp for the Israeli Occupation". *Haaretz*, 6 jul. 2022.

3. David Rozado, Musa al-Gharbi e Jamin Halberstadt, "Prevalence of Prejudice-Denoting Words in News Media Discourse: A Chronological Analysis". *Social Science Computer Review*, v. 41, n. 1, pp. 99-122, 2023.

4. Irving Greenberg, op. cit., p. 260; e ainda: Frederic Couple Jaher, "The Search for the Ultimate *Shiksa*". *American Quarterly*, v. 35, n. 5, pp. 518-42, inverno 1983.

5. Bret Stephens sobre maoistas: "'It Is Facing a Campaign of Annihilation': Three Columnists on Trump's War Against Academia". *The New York Times*, 15 mar. 2025; sobre o que a interpretação geracional equivocada da cultura universitária faz de errado, ver Musa al-Gharbi, "Misunderstanding Antisemitism in America". *Slow Boring*, 11 jan. 2024.

6. "Business Titans Privately Urged NYC Mayor to Use Police on Columbia Protestors". *The Washington Post*, 17 maio 2024; sobre o predomínio de moças nos acampamentos, ver Hilary Hallett e Rebecca Kobrin, "Notes from the Encampment", inédito. Agradeço as autoras pela ajuda. Entre os 91 estudantes suspensos após a primeira onda de detenções pela polícia, 81 eram mulheres. Sobre a distância entre as gerações, ver Becka A. Alper, "How U.S. Jews Are Experiencing the Israel-Hamas War". Pew Research Center, 2 abr. 2024; e Jordan Muchnick e Elaine Kamarck, "The Generation Gap in Opinions Toward Israel", 9 nov. 2023; disponível em: <http://brookings.edu/articles/the-generation-gap-in-opinions-toward-israel>.

7. Deborah E. Lipstadt, "How to Study Anti-Semitism". *Forward*, 15 jun. 2011; Conselho Consultivo do Isgap; disponível em: <isgap.org/isgap-advisory-board>; Aiden Pink, "Think Tank Failed to Disclose Six-Figure Grant from Israeli Government". *Forward*, 31 ago. 2020; id., "U.S. Pro-Israel Groups Failed to Disclose Grants from Israeli Government". *Forward*, 31 ago. 2020. Sobre as tentativas de Vaknin-Gil, ver <https://jpost.com/international/a-former-brigadier-generals- battle-against-bds-sima-vaknin-gill-504686>; sobre as operações israelenses de influência, ver Derek B. Johnson, "Israeli Influence Operation Highlights Global Disinformation Industry". *CyberScoop*, 5 jun. 2004; Sheera Frenkel, "Israel Secretly Targets U.S. Lawmakers with Influence Campaign on Gaza War". *The New York Times*, 5 jun. 2024.

8. Kenneth Stern, *Conflict over the Conflict*. University of Toronto Press, 2020, pp. 154-61; Rex Weiner, "Line Between Anti-Israel and Anti-Semitic Protests Splits AJC". *Forward*, 16 ago. 2011.

9. Zach Montague, "Campus Protest Investigations Hang over Schools as New Academic Year Begins". *The New York Times*, 5 out. 2024; Lila Levi, "Politicizing Antisemitism Amidst Today's Educational Culture Wars". University of Miami Law School, 2024; disponível em: <http://repository.law.miami.edu/fac_articles/1198>.

10. PEN America, "The Wrong Way to Fight Campus Antisemitism", 15 abr. 2024.

11. Para o contexto, ver "Middle East Group Wants Anti-Defamation League to Disown List". *The New York Times*, 30 jan. 1985; Joel Beinin, "The New American McCarthyism Policing Thought About the Middle East". *Race and Class*, v. 46, n. 1, pp. 101-15, 2004; mais recentemente: James Bamford, "Who Is Funding Canary Mission?: Inside the Doxxing Operation Targeting Anti-Zionist Students and Professors". *Nation*, 22 dez. 2023; Gabriella Borter et al., "Name and Shame: Pro-Israel Website Ramps Up Attacks on Pro-Palestinian Student Protesters", Reuters, 11 maio 2024; "Jewish Groups Targeted Columbia Grad Mahmoud Khalil, then ICE Arrested Him". *Forward*, 10 mar. 2025.

12. Nahum Goldmann, "The Present Chance for Mideast Peace". *Worldview*, v. 23, n. 3, pp. 11-3, mar. 1989; Rachel Burnett, "I'm a Recent Jewish Grad from a University the ADL Deems to Be 'Failing' at Campus Antisemitism. Their 'Grade' Is Misleading". *Forward*, 12 jul. 2024; Lauren Haines, "I'm a Jewish College Student: I Wish External Activists Were Promoting Education, Not Confrontation". *Forward*, 11 abr. 2024.

13. Brian Klug, "The Myth of the New Antisemitism". *Nation*, 15 jan. 2004; Antony Lerman, "Fictive Anti-Zionism: Third World, Arab and Muslim Variations". In: Robert S. Wistrich (Org.). *Anti-Zionism and Antisemitism in the Contemporary World*. Londres: Macmillan, 1990, pp. 121-39; David Myers, "Can There Be a Principled Anti-Zionism?". In: Jeffrey Herf (Org.). *Anti-Semitism and Anti-Zionism in Historical Perspective: Convergence and Divergence*. Londres: Routledge, 2007, p. 31

14. Anthony Lerman, op. cit., pp. 166-7; Hugo Gye e Jane Merrick, "Honeymoon Ends with Fuel Payouts and Arms Sales to Israel". *The Independent*, 7 set. 2024; James Loeffler, "Anti-Zionism". In: S. Goldberg et al. (Orgs.). *Key Concepts in the Study of Antisemitism*. Londres: Palgrave, 2021, pp. 39-51.

15. Jacques Derrida, "Autoimmunity: Real and Symbolic Suicides". In: Giovanna Borradori, *Philosophy in a Time of Terror: Dialogues with Jürgen Habermas and Jacques Derrida*. Chicago: University of Chicago Press, 2003, pp. 103-4. [Ed. bras.: *Filosofia em tempo de terror: Diálogos com Habermas e Derrida*.

Trad. de Roberto Muggiati. Rio de Janeiro: Zahar, 2004]; Jan Deckers e Jonathan Coulter, "What Is Wrong with the International Holocaust Remembrance Alliance's Definition of Antisemitism?". *Res Publica*, v. 28, n. 4, pp. 733-52, 2002; Rebecca Ruth Gould, "Legal Form and Legal Legitimacy: The Ihra Definition of Antisemitism as a Case Study in Censored Speech". *Law, Culture and the Humanities*, v. 18, n. 1, pp. 153-86, fev. 2022; "The Wrong Way to Fight Campus Antisemitism", PEN America, 15 abr. 2024.

16. "Labour Adopts Ihra Definition in Full". *The Guardian*, 4 set. 2018; a melhor análise é: Ben Gidley et al., "Labour and Antisemitism: A Crisis Misunderstood". *Political Quarterly*, v. 91, n. 2, pp. 413-21, abr.-jun. 2020. Ver também: Owen Jones, *This Land: The Struggle for the Left*. Londres: Penguin UK, 2020, cap. 7.

17. Hebh Jamal, "Ihra Definition Is Silencing Palestine Advocacy Across Europe, Says Report". + *972 Magazine*, 7 jun. 2023.

18. Felix Berenskötter e Mor Mitrani, "Is It Friendship?: An Analysis of Contemporary German-Israeli Relations". *International Studies Quarterly*, n. 66, pp. 1-3 e 202; Daniel Marwecki, *Germany and Israel: Whitewashing and Statebuilding*. Oxford: Oxford University Press, 2020; Peter Kuras, "The Strange Logic of Germany's Antisemitism Bureaucrats". *Jewish Currents*, 18 jul. 2023.

19. Thorsten Brenner, "'Reason of State': Germany's Support for Israel and Its Limits". *Agenda Publica*, 11 dez. 2023; Peter Kuras, "The Strange Logic of Germany's Antisemitism Bureaucrats".

20. Apud Irit Dekel e Esra Öyzürek, "The Logic of the Fight Against Antisemitism in Germany in Three Cultural Shifts". *Patterns of Prejudice*, v. 56, n. 2-3, pp. 157-87, 2022.

21. Kuras, "Strange Logic"; ver também: Hebh Jamal, "Germany's Anti-Palestinian Censorship Turns on Jews". + *972 Magazine*, 4 abr. 2023; "Germany Passes Controversial Antisemitism Resolution". *Deutsche Welle*, 6 nov. 2024; Itay Mashiach, "In Germany, a Witch Hunt is Raging against Critics of Israel: Cultural Leaders Have Had Enough". *Haaretz*, 10 dez. 2020.

22. Simon Wiesenthal Center, "Global Antisemitism 2021 Top Ten"; disponível em: <https://www.wiesenthal.com/assets/pdf/global_ anti-semitism_ 2021_top_ten.pdf>; Cnaan Liphshiz, "EU Slams Simon Wiesenthal Center, Says its Annual Antisemitism List Goes Too Far". *Times of Israel*, 11 jan. 2022.

23. Shira Miron, "In the Fraught Debate over Antisemitism in Germany, Jews Are Just a Pawn in a Larger Battle". *Haaretz*, 11 jan. 2025.

24. Irit Dekel, "Philosemitism in Contemporary German Media", *Media, Culture and Society*, 44, n. 4, maio 2022, pp. 746-63; Ian Buruma, "Israel's Flirtation with Anti-Semites", *Project Syndicate*, 8 maio 2023; Daniel Cohen, *Good Jews: Philosemitism since the Holocaust*. Cambridge: Cambridge University Press,

2025; Christopher Clark, *The Politics of Conversion*. Oxford: Clarendon, 1995, p. 281. Há uma extensa bibliografia sobre o filossemitismo. Ver Jonathan Karp e Adam Sutcliffe, *Philosemitism in History*. Cambridge: Cambridge University Press, 2011; Pierre-André Taguieff, *Sortir de l'antisémitisme?: Le philosémitisme en question*. Paris: Odile Jacob, 2022. Também A. Dirk Moses, "The German Catechism", *Geschichte des Gegenwart*, 23 maio 2021.

25. Sophie Hurwitz, "Why Does Biden Keep Making the Same Dangerous Comment About Jews?". *Nation*, 6 mar. 2024; Ben Samuels, "Biden: Without Israel, Every Jew in the World Would Be at Risk". *Haaretz*, 16 jul. 2024; Martin Jay, "Ariel Sharon and the Rise of the New Antisemitism". *Salmagundi*, v. 137/138, pp. 12-20, inverno-primavera 2003.

26. "In the Knesset, ADL Chief Admits Failure to Extinguish the Post-Oct. 7 'Inferno of Antisemitism,' Calls for New Strategies". *eJP*, 7 jan. 2025; disponível em: <https://ejewishphilanthropy.com/in-the-knesset-adl-chiefadmits-group-has-failed-to-combat-antisemitism-calls-for-new-strategies/>; Charles Herbert Stember, *Jews in the Mind of America*. Nova York: Basic Books, 1964, p. 233, apud Dennis Wrong, "The Psychology of Prejudice and the Future of Anti-Semitism in America". *European Journal of Sociology*, v. 6, n. 2, pp. 311-28, 1965, aqui p. 311; Runnymede Trust, "Our Statement on Rising Antisemitism and Islamophobia", 19 fev. 2024.

27. Masood Farivar, "'Backlash Effect': Why the Middle East Conflict Triggers Hate Crimes in the U.S.". *Voice of America*, 2 nov. 2023; Comissão Europeia Contra o Racismo e a Intolerância [Conselho Europeu], "Annual Report on ECRI's Activities Covering the Period January 1 to December 31, 2023", pp. 10-1; disponível em: <https://rm.coe.int/annual-report-on-ecri-s-activities-covering-the-period-from-1-january-/16808ae6bd>.

28. David Feldman, Ben Gidley e Brendan McGeever, "Facing Antisemitism: The Struggle for Safety and Solidarity". *Runnymede*, jan. 2025; disponível em: <https://www.runnymedetrust.org/publications/facing-antisemitism-the-struggle-for-safety-and-solidarity>; Graham Wright et al., *Antisemitism on Campus: Understanding Hostility to Jews and Israel*, ago. 2024; disponível em <https://www.brandeis.edu/cmjs/antisemitism/antisemitism-on-campus.html>; Eitan Hersch e Laura Royden, "Antisemitic Attitudes across the Ideological Spectrum". *Political Research Quarterly*, v. 76, n. 2, pp. 697-711, 2023; Arno Rosenfeld, "Separating Anti-Zionists from Antisemites on Campus". *Forward*, 27 ago. 2024.

29. Para uma abordagem cultural conservadora da campanha contra o antissemistimo, ver "Project Esther: A National Strategy to Combat Antisemitism", 7 out. 2024, Heritage Foundation, em: <https://www.heritage.org/progressivism/report/project-esther-national-strategy-combat-antisemitism>; para suas bases

dúbias, "Internal Project Esther Documents Describe Conspiracy of Jewish 'Masterminds Seeking' to Dismantle Western Values", *Forward*, 6 dez. 2024. Relatório da Equipe Republicana, Comissão sobre a Educação e a Força de Trabalho: Câmara Federal dos Representantes, "Antisemitism on College Campuses Exposed", 31 out. 2024, p. 78.

30. Steven Beller, "Israel and Its Elephants: Problems of Definition, Narration and Analogy in Discussing Antisemitism". *Antisemitism Studies*, v. 8, n. 2, pp. 272-83, outono 2024, aqui p. 272.

31. Pew Research Center, "The Future of World Religions: Population Growth Projections, 2010-2050", 2 abr. 2015.

32. Sergio Della Pergola, "World Jewish Population, 2021". *American Jewish Year Book*, n. 121, pp. 313-412, 2021.

33. Sobre Cohn, ver Shira Robinson, *Citizen Strangers: Palestinians and the Birth of Israel's Liberal Settler State*. Redwood, CA: Stanford University Press, 2013, p. 99.

34. Haim Cohn, "Antisemitism, Zionism and the State of Israel". In: Yehuda Bauer (Org.). *Present-Day Antisemitism: Proceedings of the Eighth International Seminar of the Study Circle on World Jewry Under the Auspices of the President of Israel, Chaim Herzog, Jerusalem, 29-31 December 1985*. Jerusalém: Universidade Hebraica de Israel, 1988, pp. 329-5. Também apud Lerman, *Whatever Happened to Antisemitism?*, p. 64.

EPÍLOGO: O QUE EU VI [pp. 315-21]

1. Para o uso mais antigo do slogan, ver Ethan Bronner, "Why 'Greater Israel' Never Came to Be". *The New York Times*, 14 ago. 2005; ver também: Nadav Shelef, "From 'Both Banks of the Jordan' to the 'Whole Land of Israel': Ideological Change in Revisionist Zionism". *Israel Studies*, v. 9, n. 1, pp. 125-48, primavera 2004. Tentei transmitir minhas impressões sobre o clima no campus na época em: "The Week That Shook Columbia". *Financial Times*, 27 abr. 2024; e "A Diary of the Tumultuous Days at Columbia". *Kathimerini*, 10 maio 2024.

2. Lee C. Bollinger, *In Search of an Open Mind*. Nova York: Columbia University Press, 2025, p. 261.

3. Amira McKee, "DA to Drop Hate Crime Charges against Former Student Accused of Assaulting Israeli Student with Stick". *Columbia Spectator*, 20 jun. 2024.

4. Para o debate sobre a *Ashkenormativity* [asquenormatividade], ver o senador Jim Banks à reitora Shafik da Universidade de Colúmbia; disponível em:

<https://www.congress.gov/committees/video/house-education-and-workforce/hsed00/31Eu-xEZKzQ>, em 1:51:41; ver também: Sarah Benor, "I'm a Jewish Linguist, and I Think 'Ashkenormativity' Is a Perfectly Fine Word". *Jerusalem Post*, 3 maio 2024. A asquenormatividade se refere à ideia de que os judeus asquenazes são mais privilegiados na sociedade israelense do que os judeus sefarditas e mizrahim.

5. Sobre a vitimação coletiva, ver Ilan Peleg (Org.). *Victimhood Discourse in Contemporary Israel*. Lanham, MD: Lexington, 2019. Sobre o luto para ambos os lados, a política e as operações da "máquina de dor", ver o debate entre Joshua Liefer e Gabriel Winant, em: Liefer, "Toward a Humane Left". *Dissent*, 12 out. 2023; Winant, "On Mourning and Statehood: A Response to Joshua Leifer". *Dissent*, 13 out. 2023.

6. Antony Lerman, "The Politics of Antisemitism". *Jewish Quarterly*, v. 32, n. 1, 1985, apud Lerman, *The Making and Unmaking of a Zionist: A Personal and Political Journey*. Londres: Pluto, 2012, p. 77; Francisco, *Fratelli Tutti*, 4 out. 2020; disponível em: <https://www.vatican.va/content/francesco/en/encyclicals/documents/papa-francesco_20201003_enciclica-fratelli-tutti.html#ftn2> [em português: <https://www.vatican.va/content/francesco/pt/encyclicals/documents/papa-francesco_20201003_enciclica-fratelli-tutti.html>]; Victor Klemperer, *The Language of the Third Reich*, p. 1.

Índice remissivo

Números de página em *itálico* referem-se a imagens.

ESTA OBRA FOI COMPOSTA PELO ACQUA ESTÚDIO EM MINION E IMPRESSA EM OFSETE PELA GRÁFICA BARTIRA SOBRE PAPEL PÓLEN NATURAL DA SUZANO S.A. PARA A EDITORA SCHWARCZ EM NOVEMBRO DE 2025